/ 城市红色记忆丛书 /

重庆 我的1949

刘未鸣　韩淑芳 / 主编

中国文史出版社
CHINA CULTURAL AND HISTORICAL PRESS

图书在版编目（CIP）数据

重庆：我的 1949 / 刘未鸣，韩淑芳主编 . — 北京：中国文史出版社，2020.7

（"城市红色记忆"丛书）

ISBN 978-7-5205-2096-6

Ⅰ . ①重… Ⅱ . ①刘… ②韩… Ⅲ . ①革命史－史料－重庆－ 1949 Ⅳ . ① K297.19

中国版本图书馆 CIP 数据核字（2020）第 112933 号

责任编辑：高　贝

出版发行：**中国文史出版社**

社　　址：北京市海淀区西八里庄路 69 号院　邮编：100142

电　　话：010–81136606　81136602　81136603（发行部）

传　　真：010–811366553

印　　装：廊坊市海涛印刷有限公司

开　　本：787mm × 1092mm　　1/16

印　　张：18

字　　数：262 千字

版　　次：2021 年 3 月北京第 1 版

印　　次：2022 年 7 月第 2 次印刷

定　　价：59.80 元

编辑说明

EDITORIAL

（一）本套丛书旨在纪念中华人民共和国成立70周年及重要城市解放70周年，将视线重点投向新中国成立前后八个具有代表性的大城市的解放过程，通过亲历者的回忆，再现中国共产党领导下的伟大的人民解放战争，赞颂为建立新中国牺牲奉献的无数英雄儿女。

（二）丛书秉持“亲历、亲见、亲闻”原则，依托全国各级政协文史资料及有关党史、军史的亲历者回忆文章，全景呈现了70多年前城市解放重获新生的历史场景。

（三）鉴于原始资料来源纷杂，为增强丛书的可读性与连贯性，并统一全书体例，在编辑过程中对部分选文的标题、内容作了删减和修改，均在文中以注释方式作了说明。

（四）城市解放主题图书涉及内容广泛而复杂，由于编者水平、资料掌握情况和时间所限，难免存在不足之处，还望广大读者多批评指正。

编　者

2019年9月

目 录
CONTENTS

第三章　江边激战，突破重重防线

第一章

血染黎明，奋斗与牺牲

郭旭*：解放前夕，国民党破坏重庆的阴谋

毛人凤奉命商讨破坏计划

1949年11月中旬，蒋介石由台湾第二次飞到重庆，亲自指挥蒋军抗拒解放，毛人凤也随同前往。我于是月20日应毛人凤的电召，由香港飞往重庆就任国防部保密局重庆办事处处长。当我抵重庆后去见毛人凤时，毛告诉我说："广州撤退时，广州卫戍总司令李及兰对广州的建筑和空军的物资，破坏不彻底，致空军3000多吨的物资都未破坏，被共军得去了，总裁（指蒋介石）极为震怒。现在总裁指示在重庆撤退前，将重庆的各兵工厂、水电厂、广播大厦及飞机场等大建筑物予以破坏，叫我负责主持，这件事情真是责任重大。"

次日，毛人凤在他的住所嘉陵新村六号召集保密局西南特区区长徐远举、兵工署稽查处处长廖宗泽、重庆卫戍总司令部保防处（即原稽查处）处长周养浩、交通警察总局局长马志超、重庆警察局副局长李济中、第五区公路工程局警卫稽查组组长陈粟冬、保密局第七处（总务处）处长成希超及保密局第五处（经理处）处长兼重庆办事处处长郭旭等开会商讨，决定事项大致如下：

---

* 作者时为国防部保密局重庆办事处处长。

（一）成立一个重庆破厂办事处（又称破坏指挥部），形式上由重庆卫戍总司令杨森担任总指挥，实际上由毛人凤领导。以廖宗泽为处长，秉承毛人凤的命令，负责领导布置执行。

（二）办事处下设参谋、技术和运输三个组，由唐伯岳、杜长城和陈粟冬分任组长。

（三）由徐远举拟具破坏计划，郭旭拟具破坏经费预算。

（四）军统在重庆的公开单位，尽力协助破厂工作的进行，给予工作和交通运输的便利。

（五）各兵工厂破坏程度，以一年不能恢复生产为原则。在破坏技术上由各兵工厂稽查组组长带同西南长官公署技术总队队员分赴各厂先行调查各兵工厂发电设备和机器设备情况，预算所需炸药和雷管器材，预计使用黄色炸药共 210 吨到 300 吨。所需炸药及运输汽车，由国防部第四厅和兵工署器材总库拨发。

（六）破厂掩护部队，主要由交通警察总局所属第一、第二两个交警总队担任，各兵工厂的警卫大队予以协助。在破厂前，掩护部队准备强行进厂，以免各厂工人护厂，发生阻碍。

（七）破厂工作由重庆卫戍总司令部名义对外。破坏时机，候国防部命令执行。

（八）破坏对象计分为以下十个地区：（1）第十兵工厂；（2）第二十兵工厂（包括磁器口詹家溪分厂在内）；（3）第二十一兵工厂（包括鹅公岩分厂在内）；（4）大渡口钢铁厂；（5）第五十兵工厂；（6）南岸第三十、第三十一兵工厂；（7）第二十五兵工厂及长寿水电厂；（8）军械总库；（9）小龙坎广播电台；（10）重庆大溪沟电力厂。此外还有白市驿、九龙坡和珊瑚坝三个飞机场，不在这十个地区之内。共计破坏对象 17 个单位。

各个地区设指挥官一人，负责指挥破坏，其人选由重庆保密局各公密单位遴选调派。各飞机场的破坏，由技术总队副总队长胡凌影负责指挥。

会议决定后，破厂办事处即开始工作。各技术员分别到各厂调查研究，准备破坏的具体目标，由各厂稽查组掩护并照顾他们在稽查组的食宿。

过了一天，毛人凤又在嘉陵新村六号召集各兵工厂稽查组组长、交警总队长、破厂办事处各组长及技术员等会报。出席的有廖宗泽、马志超、彭自强、余钺、元祖周、杜长城、陈粟冬、陈子骏、易泽敷、谢涵、常德及汪兴德等20余人。决定事项大致如下：

（1）决定破坏目标500余处，是根据各技术员在各兵工厂调查研究、绘成蓝图核定的。

（2）派交警总局副局长兼第二旅旅长彭自强为掩护部队总指挥，由彭就现有兵力统筹配备，各掩护部队进厂时机，候令行动。

（3）派张振武、宣善屿、唐芳儒、陈海初、韦贤、刘桐等分任破厂指挥官。

（4）破厂炸药规定预先搬运到指定位置，随同武装部队进厂，由交警第一旅在涪陵招募的1000名新兵搬运炸药，每人发给奖金银圆一元，由交警第一旅参谋高凌汉为搬运负责人，听候破厂部队总指挥彭自强的命令行动。

（5）武装部队进厂和发火破坏命令，通用重庆卫戍总司令杨森命令行之，由破厂指挥部参谋组预先准备好命令。

（6）长寿水电厂的破坏，先行派员前往。

（7）军械总库存有大批武器，可在破坏时抢运一部或全部，以作保密局游击武装之用。

（8）执行发火命令后，地区指挥官即率领交警部队和各厂稽查人员及技术总队技术员等立即离厂向预定安全地点集中。

以上这些阴谋布置决定后，即分别进行。经报告蒋介石批准照办并批准破坏费用银圆券179100元（其中搭发银圆三万元），由我找参谋次长陈良批交国防部财务预算署发给具领，并请陈良通知国防部第四厅拨大卡车十辆备用。兵工署派副署长唐某协助进行。

破桥破厂，无恶不作

这个破坏阴谋计划，在蒋介石未批准前，即着手布置，批准后不久，即布置就绪，只等待破坏时机执行。当时毛人凤对破坏时机很有顾虑，恐破坏迟了，不能达成任务，破坏早了，恐蹈 1938 年长沙大火惨案的覆辙。

他曾在杨森的公馆招待参谋次长萧毅肃、陈良，兵工署署长杨继曾和杨森等吃饭，研究破坏时机以何时为最好。负责作战的参谋次长萧毅肃，建议以人民解放军到达南川附近时即可进行破坏。

过了两天，蒋介石以解放军进展迅速，令毛人凤将綦江公路大桥破坏，以阻止解放军直达重庆。毛人凤当即派技术总队副总队长胡凌影率领技术队员 20 余人，乘大卡车前往綦江，会同蒋军第二军陈克非部将綦江九孔大桥破坏。当时解放军已逼近桥头，技术队员仓皇逃走，被解放军击毙两名。

与此同时，蒋介石恐长江民生公司的轮船逃跑，断绝了长江交通，令毛人凤转饬交警部队将民生公司停泊重庆的轮船管制起来，并令毛人凤将中美合作所结束后移交给军统局的催泪瓦斯弹送往山洞，因蒋那时住在山洞，以备防止解放军袭击时使用。

长寿水电厂和长寿第二十五兵工厂的破坏，是于 11 月 27 日派出一班武装交警，携带炸药，由技术总队副总队长胡凌影会同该厂警卫中队长侯佳誉前往破坏的。

同月 28 日中午 12 时，毛人凤匆匆前往破坏指挥部下达命令，令彭自强率掩护部队进厂安装炸药，并带去国防部部长阎锡山的紧急命令。这个命令是给各兵工厂厂长的，其内容大意是：以战争接近重庆近郊，命令停工，将厂区警戒勤务交给交警部队接替，如违令不遵者，军法从事。

彭自强接到毛人凤的命令后，立即令掩护破厂部队开始行动，当晚 8 时许到达指定地点。只有二十一厂由大渡口警卫大队长袁时中担任，因路途太远，于 29 日拂晓才开该厂。

翌日（29 日）中午，蒋介石在山洞召集陆海空军头目开会，出席的有顾祝同、萧毅肃、杨森、钱大钧、王叔铭、晏玉琮、毛人凤、蒋经国及俞济时等，决定蒋军撤出重庆，对重庆的大建筑物即予破坏。

毛人凤于散会后，即于当日下午 2 时从山洞打电话通知破厂办事处处长廖宗泽下达破坏命令。下午 6 时，破厂命令到达各厂，即开始点火爆炸。

大势已去，蒋介石落荒而逃

我当时正在毛人凤的住所吃晚饭，毛打电话给我，叫我偕同他的亲信柴滋修（保密局经理处综计科科长）、译电员吴佶达将他的行李和机要文件乘小汽车带往山洞。当我们经过化龙桥、小龙坎郊区时，听到爆炸声隆隆不绝，看见天空中映得透红，途中行人扶老携幼，呼号之声，不绝于耳。抵山洞后，听说大溪沟电力厂工人勇敢进行护厂，与掩护破坏部队发生冲突，同时杨森不主张破坏，因而没有破坏。还有小龙坎广播电台和军械总库两处，因为炸药未运到，也没有破坏。其余各兵工厂正在进行破坏中，也有不少地区护厂工人与掩护破厂部队发生冲突，遭到伤亡，使反动派原定破坏阴谋未能全部顺利实现。至于反动派对各个兵工厂破坏的具体情况，我不知道，因我不是负责执行者，当他们执行破坏时，我已经离开重庆，而主持破坏的廖宗泽于重庆解放时，率所部前往华蓥山区作土匪游击，未赴成都；负责指挥掩护破坏部队的彭自强和技术队员也尚未到达成都，因此不得其详。国民党反动派这种滔天罪行，给重庆人民的生命财产和国家的物资，造成极大的危害和损失。

当晚，蒋介石由山洞逃往白市驿飞机场，还令毛人凤将山洞到白市驿的公路涵洞和空军在白市驿机场待修的飞机四架予以彻底破坏，然后逃往成都。毛人凤偕马志超、徐远举、成希超、周养浩和我，也乘飞机逃往成都。我们所乘的飞机起飞后，技术总队副总队长胡凌影率技术队员 20 余人，将白市驿和九龙坡等飞机场先后炸毁后也逃往成都。

重庆解放前夕，蒋介石逃到成都，住在中央军校内，继续指挥残余军队抗拒解放。

（本文选自《文史资料选辑》第 50 辑，1964 年版，原标题为《重庆、成都解放前夕蒋介石指使的大破坏与大屠杀》）

沈醉[*]：杨虎城将军被杀害的经过

1949年1月间，蒋介石在辽沈、平津、淮海三大战役中把他多年来用以反共反人民的本钱输得精光，李宗仁早就等待着这个机会，便趁淮海战役中蒋介石的精锐部队被解放军歼灭后，立刻把自己保存下来的桂系部队向南京移动，以武力抢夺总统职位，演出了一幕新逼宫的好戏。蒋介石无可奈何，只好宣布退休。

李宗仁的释放会化为泡影

李宗仁以代总统身份登台之后，想用一套假民主方法来欺骗一下人民，苟延残喘，便宣布释放政治犯，特别下令立即释放张学良、杨虎城两人。当重庆《中央日报》刊出这一消息后，龚国彦因事前未得到通知，不知怎么办好。这突如其来的消息，他不敢让杨知道，便把当天报纸扣着不让他看。杨天天看报，知道当时情况一定有变化，也了解国内形势，知道蒋介石如退休，可能不再管他的事了。他没有看到这天报纸，就很疑心，一直找龚追问，龚不得已，将报纸给他看了后，他大笑一声："总算盼到了今天！"他随时准备着出去，认为再没问题了。但是李宗仁虽然以代总统名义下了命令，而退休在幕后的蒋介石没有同意的事，仍然行

* 作者时为国防部保密局云南站站长。

不通，命令没有人接受。

当时毛人凤已率领保密局（军统改组后的名称）的特务由南京撤退到上海办公，根本不理这回事。代总统一看命令兑不到现，便打电报给重庆市市长杨森，要他释放杨虎城。杨被囚在重庆，外间不少人知道。杨森不但是蒋介石的忠实走狗，也是毛人凤最好的朋友，当然不会听李宗仁的话，而推说毛人凤不在重庆，不知杨关在什么地方。当时重庆报纸便刊出大字标题新闻“毛人凤在哪里？”内容大致是说：据杨市长谈，因为找不到毛人凤，也不知杨虎城在什么地方，无法执行代总统命令。其实杨森不但早知道杨虎城在什么地方，并且还同杨经常见面。杨森怕事久多变，便建议将杨虎城暂迁别处。当时保密局重庆公产管理组组长周养浩（息烽监狱结束后调到重庆）便以长途电话用浙江江山县的土话向毛人凤请示，经毛人凤向蒋介石请示后，决定将杨移禁贵州。当龚国彦向杨提出准备迁移时，杨大怒说：“代总统有命令放我，为什么你们还要将我继续囚禁？我坚决不走，要死就死在这里！”龚国彦硬说软劝都没有结果，而且吵了多次。龚只好请周养浩去劝架，周再三说明利害，不走不行，因为没有蒋介石命令，什么人的话都不作数，要他再忍耐一下。

又坚持了一天，杨只好答应去贵州，但提出三个条件，要先解决。第一是撤换龚国彦，因为几年来龚对他折磨够了，第二要求把他的秘书宋绮云夫妇从另一看守所内调出来同他一道走，第三要周养浩送他去贵州。这三个条件都由毛人凤批准。特务队长龚国彦调走后，改派了比龚更凶恶的中美合作所白公馆看守所所长张鹄接充。宋绮云是杨多年秘书，随杨出国，回来后也被蒋介石连同他妻子一起囚禁，一向与杨隔离。宋妻在狱中也生了一个女孩，比杨女稍大一两岁。[①] 这次由于杨的请求，宋夫妇和孩子随杨同去贵州。这位忠心耿耿的宋秘书，多年来一直没有改变他对杨的态度。

---

① 此处的回忆与史实不符。“小萝卜头”宋振中为男孩，1949 年 9 月 6 日，与其父母一起被杀害于中美合作所松林坡。

一切准备妥当后，周养浩便匆匆把他们一起送到贵阳黔灵山下麒麟洞一所房内。这里是贵阳风景区之一，戴笠为了讨好蒋介石，替他在这里修了一所公馆，实际上蒋介石从来没有去住过，而完全由戴笠自己享受，当时军统称之为麒麟洞公馆。杨在这里又住了七个多月。他每天很留心看报，了解到解放战争人民军队节节胜利情况。他这时更加谨慎，从不对时局表示态度，怕引起蒋介石对他更加怀恨。而代总统释放他的命令早成废纸，也再无人提起了。

三魔头密谋暗杀计划

1949年8月间，蒋介石由台湾到重庆，四川的人民对他的痛恨和厌恶真是到了极点，他自己也察觉到了。为了敷衍面子，军统便和反动党团一起发动了所有的帮会流氓组织，拼凑了万把人去欢迎他，反动报纸却大吹大擂说有10万群众夹道欢迎。他到重庆后心情异常沮丧，可是他杀人的嗜好，却因反动派军队一败涂地而更变本加厉。他对毛人凤一再说：“今天之失败，是由于过去杀人太少，把一些反对我们的人保留下来。这对我们太不利了！”所以当毛人凤向他请示杨虎城如何处理，是否要解送台湾，他毫不考虑地回复：“留了他做什么？早就应该杀了！”但他最后叮咛毛人凤，应当把杨解回重庆，秘密进行，不能让外人知道。他还以为他那副杀人成性的嘴脸，可能还有些人认不出来呢。据毛人凤事后告诉我：蒋介石要杀害杨的同时，还对囚禁在中美所内白公馆与渣滓洞两个集中营内的400多名革命人士的处理问题指示他说：“我们过去那样有势力的时候，这些人都不肯投降；今天我们到处打败仗，他们还会转变过来吗？只有干脆一起杀掉！”中华人民共和国成立前在重庆中美所内连续集体屠杀400多人的举世震惊的大惨案，便是蒋介石此次重庆之行的得意杰作。

毛人凤奉令后，又派周养浩去贵阳接杨，行前并召集西南区长徐远举、白公馆看守所长陆景清，以及周养浩等仔细研究办法，并决定用刀杀害，以免发生惊扰。当时陆景清还推荐白公馆看守所看守长杨进兴和西南长官公署第二处行动组长熊祥等著名刽子手参加。第二天杨、熊两人还把准备的锋利匕首送给毛人凤看了，并决定执行地点在中美所内松林坡“戴公祠”内，因为那里最僻静。这所“戴公祠”原来也是戴笠在抗战期间为蒋介石准备避空袭时用的，实际上也是为他自己所布置的另一个淫窟。地点在中美所东边小歌乐山半山坡上，四面松林围绕，非常幽静，平日很少人能到那里。戴笠死后，特务们把它改名戴公祠，用以祭祀戴笠。

一代名将含恨离世

周养浩到贵阳后，仍旧欺骗杨说：蒋介石到了重庆，要见见他。杨屡次受骗，这次也不敢相信。周养浩向他道喜，说这次很有希望。杨却心中有数，因为自从回国后，蒋介石就从来没有见过他。现在眼看全国要解放，蒋介石还会释放他？所以他这次态度很镇静。周养浩在动身前，先向毛人凤报告了到达重庆的时间。毛人凤便下令先一天（约在 1949 年 8 月底 9 月初）派交通警察总队一个中队，把松林坡团团围住，不让任何人进入这个区域。当杨所乘汽车第二天中午到达贵州和四川交界的松坎后，周养浩一看天色尚早，到重庆过轮渡时怕人看到，便劝杨在松坎小客栈内睡了一个午觉，一面通知重庆做好一切准备。到下午 4 点才由松坎出发，到重庆天已黑下来。毛人凤已派杨进兴准备好轮渡，等候他们过江，并随车一同到松林坡。周养浩便回到中美所杨家山家中等消息。杨等下车后，两个特务搀扶着杨走上 300 多级石阶到戴公祠去。他的儿子也被两个特务夹持着一同上去。宋绮云夫妇和杨、宋两女孩便被安置在汽车间附近的平房内，相距有 300 多级石阶。杨父子到达目的地，又被特务引向左右两边正房。这一切布置，使杨很感惊疑。特务们这时最怕这位 20 多岁的杨公子会有所反抗，决定先解决他。当他刚一踏进卧室，预伏在门后的特务便用利刃插入他的胸膛。他惨痛地惊叫了一声“爸”，正要挣扎，便被特务们连着几刀刺倒在地。当他叫出第一声时，杨心知有异，在这山雨欲来风满楼的惨景中，老先生（这是特务们对他一向的称呼）还爱子心切，想转身去看个究竟，刚一掉头，刽子手的利刃已刺进他的腹部。他大声叫了一声“哟”，痛极倒在地下。凶手将他们再补上几刀后，认为没有问题了，便向山下飞奔。

他们手握着血淋淋的利刃，踏进宋绮云夫妇房内时，宋夫妇一看这一副杀气腾腾的凶相，知道难逃一死。宋夫人便向凶手们求情请饶恕两个孩子。没有半点人性的凶手，一语不发，向他们身边逼过去。这时，两个八九岁的女孩刚刚下车，还正玩得起劲，一看这情况，便互相紧紧地搂抱在一起，吓得抖个不停。当宋夫妇被逼得退到墙边无路可走时，凶手们抢一步跳了过去，向他们劈胸几刀。这时，孩子们惊得哇的一声哭了起来。凶手们一面用刀刺杀着宋氏夫妇，一面厉声向孩子们叫了一声“不准哭！”孩子们立刻把哭出的声音又咽回去，搂抱得更紧了。当凶手把从大人身上的匕首拔出，而走向孩子时，这两个天真的小女孩，竟不约而同地跪了下去，合着小手，连连向凶手作揖，以为可免一死。灭绝人性的特务，哪管这些，当第一个孩子被凶手从背上一刀刺穿到前胸时，另一个马上扑上去抱着她。另一凶手便狞笑一声，照样给她一刀。这时，宋夫人尚未断气，但已发不出声音，她睁着愤怒到极点的双眼，紧紧地咬着牙齿，看着自己的女儿和她的小朋友被惨杀。凶手们有意识地在增加受难者临死前的痛苦，他们反而感到是一次莫大胜利而互相祝贺着！杀完以后，他们匆匆把 6 具尸体埋在附近，便向主持的凶手周养浩等去报功。杨随身携带的小皮箱中一些财物也被他们当奖金而瓜分了。

谁无父母！谁无子女！对特务这种惨绝人寰的暴行，谁能不痛恨万分！当时在场参加屠杀的凶手张鹄、张静甫、陈宝琪等 20 多人，以后都派到云南，由我另行分配工作。他们报到以后，每一个人向我这个杀人的老前辈和他们的教师爷，多次叙述这一过程。讲述时都是以最得意的口吻，争相夸耀自己的“成绩”，以求得我对他们的信任和赏识呢！

事后毛人凤向我谈到此事时说：“老头子（蒋介石）对于这件事干得如此干净利落，很感满意。”这个全国人民的公敌，世界上少有的暴君，在他被人民赶走以前，他还念念不忘记报西安半月之仇，而满足了他 10 多年来杀杨的夙愿之后，才带着满腔悲喜交集的心情离开了重庆。他高兴的是宿仇已报，悲的是从此一去永不能再回来了！

（本文选自《国民党政权的崩溃》，2000 年版，原标题为《杨虎城将军被囚禁惨杀的经过》）

程济美*：重庆磁器口大屠杀现场见闻

1949 年冬，重庆解放前夕，轰动全国的磁器口大屠杀案，就发生在被称为“杀人工厂”的中美合作所内。

神秘的山谷，罪恶的集中营

磁器口地处歌乐山麓，嘉陵江下游的右岸，今属重庆市沙坪地区。清代时为瓷器集散口岸，故名。抗日战争爆发后，部分大、中学校和工厂相继迁入，逐渐兴隆。重庆丝绸厂（亦称“缫丝厂”）设此。1939 年，国民党特务机构军统局迁此办公；1942 年，中美合作所也在附近建立。自从中美合作所决定在此建所以后，禁地更为扩大，世世代代居住此地的农民，被限令在半日内离境，把他们赶出这幽静的山谷，从此歌乐山下周围四五十里，被围墙、碉堡、电网、岗哨、警卫森严地包围起来了。中华人民共和国成立前，这个神秘地方，除特务人员可以自由出入外，其他任何人是不能擅入禁地的，也不容许别人随便接近它，否则就有遭到逮捕和枪杀的危险。据说，在抗战时，有国立六中的四个流亡学生，没有搭车，徒步进城，误入了这个神秘的山谷，立刻被捕。军统特务怕泄露这个山谷的机密，

* 作者系被害人之一朱恺的亲戚。

一直将他们关押到 1949 年重庆解放前夕被屠杀了。从这一件事可以了解到禁地的神秘性和军统特务的残暴行为。

特务闯入家门，强行带走了朱恺

1949 年春，武汉临近解放。我同姨姐夫朱恺携眷去了重庆。当时除客观原因外，在主观上还认为有国民党政权的存在，还有一线的希望。抵重庆后，到处在缩编裁员，知道国民党残余势力大势已去，无法挽回，虽有人给我介绍工作，也不愿意再去工作，遂暂居重庆；朱恺闲居壁山。

9 月中旬，朱来我处商讨如何解决生活等问题。19 日晚，“保干事”带领几个特务入室，以查户口为名，将朱强行带走，并说：“保长要他去谈话，一会儿就可转来。”当时，我还认为可能是朱没有按规定及时报户口出了问题，直到深夜 12 时朱还未返家，知道遇到了意外，遂去保长家打听消息。而保长说：“没有找朱恺谈话这回事呀！”我大吃一惊，更感到了问题的严重性。次日到处打听消息，都无结果。

直到 11 月中旬，由重庆稽查处释放回来的陈某来我家告诉说，他与朱恺关押在一起，他是用 120 元现大洋赎出来的。他要我赶快弄些现洋去赎朱恺出来，否则可能会有危险。那时我一方面愁于全家人的生活问题，另一方面认为朱不是共产党的地下工作人员，总会被放出来的。这种幼稚的主观愿望，终于在无情的现实中成了泡影。说明我对国民党政权统治下的黑暗社会，是缺乏认识的。

11 月 27 日，重庆接近解放，全市一片混乱，街上商店关门闭户，国民党残余势力忙于抱头鼠窜，到处抢掠。我按陈某的指点找到位于新世界饭店的稽查处打听朱恺消息，说已解往合川去了。当时认为“解走”显然是一个推托之词，可能没有解走，人还在该处。可是到处是国民党军警和特务搞破坏的爆炸声，深深地震动了我的心弦，尤其是二〇兵工厂的破坏最为厉害。我的住宅与兵工厂隔嘉陵江相对，相距仅几百公尺，震得房门洞开，摇摇欲坠，我担心全家的生命都没有保障。

突闻噩耗，悲痛欲绝

28 日起，全市成了真空，但枪炮声还是不绝于耳。市民们一方面组织自卫队护厂护店和修理旧时的防空洞，以防国民党残余势力溃逃时的破坏及派遣飞机轰炸市内重要设施；另一方面组织广大群众准备欢迎解放大军进城。30 日晚，人民解放军在全市人民的欢呼声中威武雄壮地开进了山城，从此，西南最大城市重庆得到了解放。

12 月 1 日上午，我去设在国民党重庆党部原址的军管会公告失踪人员登记处探询朱恺的消息。进门后，一位同志告诉我："朱恺于 11 月 27 日晚在磁器口大屠杀中被杀害了，你明日去收尸吧。今晚 7 时你先去新世界饭店开会。"得悉这个不幸消息之后，我心如刀割，悲愤万分！那晚 7 时我去新世界饭店，由一位原系共产党地下工作人员的郭同志向到会人员做报告，他详尽地介绍了磁器口大屠杀的情况。他说："我那时公开的身份是国民党稽查处的指导员，在屠杀前，我曾多方营救革命同志和无辜群众，实无办法。屠杀这 32 位同志时，卡车在前，我乘坐吉普车在后，刚抵歌乐山下，枪声已然响起，我实无可奈何。明天，你们同我去辨认尸体。"

次日清早，我去磁器口，到达杨公桥时，附近居民纷纷说："前几天晚上，机枪不断地响着，天晓得死了多少人啊！"我一进入中美合作所大门，就看见到处都遭破坏，沿途还有两个被害者的尸体。那时，数不清的人在寻找自己的亲人，我一直沿着马路上山，至特务头子戴笠公馆门口，一路上血迹斑斑，弹痕累累，道旁和树梢，尽是烈士们的遗物。后来在马路上边的大尸坑中，方才寻着朱恺的遗体。该坑共埋了 32 具被害者的尸体，男女老少都有，纵横交错置于坑里，均未掩盖。

我目睹惨状，心胆俱碎，双泪直下，心中久久无法平静。这是国民党特务屠杀人民的铁证。相距几百公尺处，系白公馆，见到有的同志被打死在粪坑里。越过马路，是有名的渣滓洞集中营，在那里有几百个革命志士惨遭杀害，特务们还纵火连同烈士尸体和房屋一起焚毁，真是惨无人道！过了马路转弯处，有一所小房子，屋内停放着几十具棺木。据左右人谈起，杨虎城将军和黄显声将军的遗体都在里面。我因忙于处理朱恺后事，没有详细打听下去。直至夕阳西下，寒风凄凉，行人渐稀，我才将朱恺遗体于刑场下面的泥土中草草埋葬完毕。

（本文选自《文史资料存稿选编》第14辑，中国文史出版社2002年版）

徐远举 *：重庆渣滓洞大屠杀案真相

1949 年，大陆解放前夕，蒋介石为进行垂死挣扎，在人民解放军解放大西南之时，慌忙从台湾赶到重庆，一面布置以胡宗南、宋希濂所统率的百万军队进行军事顽抗，一面准备在溃逃前进行大屠杀、大破坏。我是执行蒋介石这种反动政策的罪魁祸首，现谨将重庆渣滓洞大屠杀的真相忆述于后。

蒋介石指示，先杀一批重要的共产党员

1949 年 8 月间，蒋介石偕蒋经国、陶希圣、黄少谷、俞济时、毛人凤等，由台湾到重庆，除进行军事和政治部署外，并指示保密局特务头子毛人凤，对囚禁在中美合作所集中营的革命人士进行杀害。当时，我在重庆任西南军政长官公署第二处处长兼保密局西南特区区长，负责领导保密局在西南地区的特务机关。

毛人凤一到重庆，即找我谈话，地点是在漱庐何龙庆家中。毛人凤劈头就说："奉总裁的指示，将杨虎城在重庆杀掉，陈仪在台湾交付军法会审，以后张学良也要干掉。你把过去所逮捕的共产党员，择其重要的先杀一批。"毛接着说，"你们过去的工作做得不好。为什么将民主同盟的人和傅作义的家眷都放掉了呢？"我

* 作者当时系重庆西南军政长官公署第二处处长兼保密局西南特区区长。

答复说：“这是西南长官公署张长官（张群）的意思。”毛人凤即说，他准备去看张长官，将总裁的指示告诉他。又说，陈公洽（陈仪）的问题，总裁非常愤恨，曾狠狠地说过：“陈公洽我有什么对不起他？他从浙军投降过来，是如何的重用他，他今天来背叛我呀！”毛人凤传达了蒋介石的话以后，讥讽地说：“这都是他们政学系的人呀！国家到了这个局面，就送在他们南北二张（指张群、张治中）的手上了。”毛人凤随即布置屠杀的任务：派西南特区副区长周养浩，赴贵阳提解杨虎城将军及其家属；同时指示西南特区清理积案，派国防部军法局高级法官毛惕园，帮同西南特区进行审核，拟定名单。

六个刽子手暗杀杨虎城

杨虎城将军于 9 月 6 日由贵阳提解到重庆。在未解到以前，毛人凤同我早就准备了行刑的刽子手。在西南特区行动组和白公馆看守所，选调了过去杀人的老手熊祥、王少山、杨进兴等六个刽子手负责执行。毛人凤和我在中美所大礼堂找这些刽子手谈过一次话，给他们布置任务，并叫他们宣誓，绝对不准泄露秘密。为保密起见，毛人凤叫他们杀的时候，不要用枪杀，用斧子和刀砍死，以免有枪声，杀了以后要毁尸灭迹。我们选定中美合作所松林坡戴笠原来的住所为执行的地点，杨虎城一到重庆，立即执行。又派杨进兴去重庆南岸离海棠溪四公里半的地方去接车。9 月 6 日，杨将军及其男女公子各一人，杨之秘书宋绮云夫妇暨其子宋振中等共六人，被一并杀害于中美所松林坡。执行完毕后，毛人凤对刽子手分别给予奖金，以资奖励，这是保密局对杀人如麻的刽子手一贯的奖励办法。这也是中美所进行大屠杀之始。

惨绝人寰的大屠杀

渣滓洞大屠杀，是 1949 年 11 月 27 日集体执行的。这是一次震骇中外、惨绝人寰的大屠杀，是国民党政府临崩溃前疯狂的杀戮。“渣滓洞大屠杀”，包括渣滓洞、白公馆、新世界三部分。渣滓洞看守所是属于西南长官公署领导的，主要囚禁《挺进报》事件的共产党员和爱国民主人士。白公馆看守所是属于保密局领导的，主要囚禁被迫害多年的政治犯，如东北军将领黄显声等。新世界看守所是属于重庆卫戍总司令部领导的，多系重庆稽查处和丙种会报于临解放时所逮捕的革命人士。因这三个看守所被害的革命人士，都是于 11 月 27 日在中美合作所被集体屠杀的，以渣滓洞杀害共产党员最多，故后来称之为重庆“渣滓洞大屠杀”，又名“中美合作所大屠杀”。

渣滓洞大屠杀，分为先后两次。第一次屠杀，在 1949 年 10 月底，是毛人凤在重庆核定的杀害名单。公开杀害的 10 人，秘密杀害的 32 人，计有王朴、涂孝文、蒲华辅、陈然、刘国志、成善谋、邓兴鄄等，内中都是中共地下党工委、地委、县军委、学委等负责人或成员。公开杀害的，由西南长官公署命令重庆警备司令部在重庆大坪公开执行枪决。秘密杀害的，由西南特区会同西南长官公署第二处，派行动科科长龙学渊，率领行动组和警卫组刽子手漆玉麟、熊祥、李磊等十余人，在中美所岚垭执行屠杀的。当时，西南特区并奉台湾的指示，将被害的革命人士拍成照片，送往台湾核备。

第二次屠杀在 11 月 27 日，其时重庆已面临解放，解放军已迫近重庆南岸南温泉附近。毛人凤下令，将渣滓洞、白公馆、新世界三个看守所所囚禁的革命人士全部杀害。在几天前，毛人凤即命令西南特区、西南长官公署第二处、白公馆看守所、重庆稽查处，将所囚禁的革命人士名单列册送核。

27 日，毛人凤将屠杀名单分别交给我及白公馆看守所所长陆景清、重庆稽查处处长周养浩等按单执行，共计杀害共产党员及爱国民主人士黄显声、李承林、韩子重、黎又霖、周均时、王白兴、周从化等一百六七十人，共分三处执行。渣滓洞看守所被杀害的约一百余人，由我派西南特区行动科科长龙学渊、西南长官公署第二处课长雷天元，率领刽子手熊祥、王少山、徐贵林等 20 余人，会同警卫部队执行屠杀。原准备勒死，因时间仓促，刽子手们即用美制汤姆生机枪扫射。

屠杀后为毁尸灭迹，又派西南特区行动总队副总队长钟铸人，携带汽油驰往中美所，将渣滓洞看守所予以焚毁。

白公馆看守所计杀害黄显声等32人，内中有少数违反纪律的军统特务，被一并杀害，系由白公馆看守所所长陆景清、看守长杨进兴执行的。新世界的屠杀，共杀害30余人，由城内解至中美合作所松林坡屠杀，系由重庆卫戍总部稽查处处长周养浩派行动组组长廖雄、特务邓培新等前往执行的。另有少数革命人士，囚禁于重庆城中西南长官公署第二处临时看守所，由西南特区行动总队执行杀害。这是蒋介石在重庆中美合作所犯下的滔天罪行。所有参加屠杀的保密局特务，除部分逃往台湾外，其余均未逃脱历史的惩罚。

（本文选自《西安事变历史资料汇编》第7辑，中央文献出版社2017年版）

郭旭*：白公馆集中营的大屠杀

蒋介石下达了屠杀令

白公馆看守所的屠杀，是由看守所所长陆景清和看守长杨进兴等执行的。这个看守所，就是军统局原来的重庆看守所，所关押的人员，除该所原来囚禁的政治犯及违纪的军统分子外，1946 年秋改组为保密局后，因编制缩小，将息烽监狱所囚禁的政治犯及判处徒刑的军统违纪分子移押于该所。在渣滓洞看守所未成立之前，重庆绥靖公署第二处（以后改为西南军政长官公署第二处）所逮捕的革命人士，都关押在那里，那时候共关押二百余人，以房屋狭小，拥挤不堪。大概在 1948 年春渣滓洞看守所成立后，移出一百余人，还关押一百人左右。白公馆看守所所押的政治犯，都是关押了几年或十年以上的。

1949 年 11 月间蒋介石由台湾到重庆时，令毛人凤将关押的革命进步人士速予屠杀；违纪的军统分子，案情轻微的予以释放，严重的并予屠杀，毛人凤派保密局第六处（司法处）副处长徐钟奇到重庆清理该所人犯，除释放大部分违纪的军统分子外，经签报蒋介石批准屠杀的，共为 30 余人。

---

* 作者时为国防部保密局重庆办事处处长。

36 人被集体射杀

毛人凤接到蒋介石的批示后，令陆景清于同月 25 日执行屠杀。这次在屠杀之列的人，据我所知道的，除参加西安事变的东北军副军长黄显声将军、黎剑霜夫妇、进步人士周均时及几个迷途误入中美合作所被囚禁的重庆国立六中学生等外，还有军统分子刘笃一。

周均时是同济大学校长，因不满蒋介石的反共和军事独裁，曾在校内公开说蒋是倒行逆施。蒋知悉后，约在 1944 年春令军统局将周秘密逮捕，囚禁于重庆看守所。朱家骅因和周在德国同学，曾向蒋介石保周，没有批准，朱乃请军统局对周予以优待。因此，周在看守所内的行动比其他的政治犯较为自由。

1949 年 11 月 19 日，我应毛人凤的电召，由香港飞往重庆兼任保密局重庆办事处处长。我到重庆的第二天下午，朱家骅（当时任行政院副院长）偕立法委员杨公达（因杨和我认识）到办事处找我，请求保释周均时。我当时告诉朱说，办事处只管发看守所的经费、囚粮，不管案件的处理，此事须找毛人凤。朱请我通知毛人凤和他见见面。我即打电话给毛，毛即邀请朱到嘉陵新村 6 号晤谈，事后毛人凤告诉我说："朱家骅来保周均时，我当晚向总裁请示可否把周释放，总裁指示说：'不行，早就该把他杀掉的，你赶快把他搞掉了吧。'因此叫陆景清于 25 日把周杀了。"

刘笃一是军统局兰州训练班毕业，原任保密局汽车队副队长，南京解放前夕，随保密局一部分职员撤到福州；福州解放时，在逃往广州途中与保密局总务处一职员的家眷通奸，被人打了"小报告"到台湾保密局。该局打电报到广州办事处叫我将刘扣押。当时我已准刘前往重庆，经转电重庆保密局，西南特区区长徐远举将刘扣押，囚禁于白公馆看守所。1949 年 11 月 23 日上午，刘笃一的妻子到重庆办事处见我，说刘笃一已被判处死刑，请我代向毛人凤面前说情，将刘释放。当我代向毛人凤说项时，毛对我说："总裁近日的脾气很大，前天我去为朱家骅保周均时碰了一个大钉子，不便再为保刘去碰钉子了。”我说：“救人一命，胜造七级浮屠，何况刘是你多年的部下呢。”毛说：“保释不行，可以叫陆景清于执行时不将刘杀死，叫刘妻将刘领回去。”我即将毛人凤的指示告知刘的妻子。当日下午陆景清来办事处领取经费时，我即将毛人凤对处理刘笃一的指示告诉陆，请他不要杀刘，交刘妻领回去，并要他再打电话问毛。陆答应了。

过了几天，陆景清又来办事处领取借款和执行屠杀人犯的奖金（此项奖金是毛人凤批准的，凡执行屠杀人犯的官兵，每人发给奖金银圆两元）。陆告诉我说：“看守所关押的人犯，原为 100 多人，除陆续释放的外，到上月底尚余 78 人。最近清理。释放 41 人，判处死刑的为 37 人，这 37 人中，除刘笃一未杀外，其余的 36 人是于 25 日集中在一间房子用机关枪射杀的；个别没有射死的再用手枪补杀死了。刘笃一是我于临执行扫射前密将你向毛先生保他的情况告诉他，叫他卧于屋角装死，并交代杨进兴等不要射击刘。刘没有受伤，已交由其妻领回去了。”

（本文选自《文史资料选辑》第 50 辑，1964 年版，原标题为《重庆、成都解放前夕蒋介石指使的大破坏与大屠杀》）

林向北*：为营救战友而奔走

1949年7月，川东党在重庆临江路会议后，加强了营救“中美合作所”被关押战友的工作。下面谈谈我们是怎样进行这项工作的。

秘密打入二十四兵工厂警卫队

张平和同志的亲哥张平江，是一个进步群众，在二十四兵工厂炼钢部当工人，我们有不少从起义地区撤下来的同志，都陆续地去他那里掩护下来，后来了解到该厂靠近渣滓洞集中营不远，可以清楚地看到渣滓洞的碉堡和人来人往的情况，这是营救渣滓洞被监禁同志的有利条件。1949年9月，经党组织研究决定，要张平江和我们去的同志广交朋友，搞好周围的关系，不要暴露，并设法吸收我们的人打入厂的警卫队，掌握武装，待机行动。因此，曾先后派去杜文举、冯群生、朱重光、刘瀛州、张平和、陈立洪等同志去那里活动。

最初，工作进行得比较顺利，通过张平江找到同车间的炼钢工人陈绍轲去打通该厂警卫队一个副队长，同意补充两个新兵的名额，于是就由陈立洪找了两个同志补充进去，其中一个正好补上了机枪手，掌握了一挺机枪，还谨慎地在里面

* 作者时为中共川东地下党员。

交了一些朋友。

临解放前夕，当我们这项工作刚刚开始，其他营救工作还未准备就绪时，敌人慌作一团，厂的警卫队要与其他蒋军合并，声言拖出去打游击队，我们的同志只好撤退出来。

在志农部队壮大力量

1949 年 8 月，徐荣恒同志（由岳池起义后撤下来的）告诉廖亚彬，他在磁器口见到曾在岳池新三中学校读书时的老师贾佐，在志农部队当中队长，正在招募新兵，贾佐要他去，他来请示是否可以去。

志农部队 [是用交警总局局长马志超，特务头子戴雨农（即戴笠）两个人的合名而取的]，又叫交通警备第一旅，是一个武装特务组织，主要是负责“中美合作所”的白公馆、渣滓洞两个集中营的警戒任务。

贾佐又叫陈昌、贾希一，是 1927 年入党的老同志。他一直是搞特科工作，曾打入蒋介石的侍从室，早年与我父亲林佩克和陈联诗交往很深，1936 年我与他一起在万县搞抗日救亡活动，蒋仁风同志与他在南昌起义时同一个部队，对他都很了解。

我将这一情况向蒋仁风、卢光特同志汇报后，他们都很赞成，认为这是个难得的好机会，为营救这两个集中营的同志创造了有利条件，不但同意徐荣恒去，还要想法派更多的同志打进去，首先是要摸清情况，多交朋友，同时要非常机警隐蔽，防止暴露，由廖亚彬联系，听取汇报，传达指示。

于是，徐荣恒就利用师生关系，先后带了曹志固、席劲、文伟和一个姓刘的同志到贾佐的中队里当兵，贾佐把他们当骨干使用。

进去的几个同志，利用请假看病，外出购物，招兵的机会，逐步了解到一些周围的情况、措施，并准备我们的人逐渐取代中队中不可靠的事务长、分队长和文书，以便把这个中队掌握在我们手里为我所用，可是不久，因内部争权夺位，贾佐被排挤离开了部队，我们的同志也因贾佐的关系待不下去，撤了出来。

绘制“中美合作所”路线图

陈昌这一线断了，我们又找到了另一条线打入志农部队。

1949 年 9 月的一天，张平和在磁器口看到一张交警招募新兵的通告，就通过他的同学陈立群的亲友蔡遐欧的关系，找到交警一旅军官队的一个军官徐荣辉，同意介绍他们进去当兵，经过组织研究，决定派张平和去，后又通过张平和把杜文举、陈立洪两同志打了进去，他们都在交警一旅一个干训班去当传令兵和勤务兵，这个职务很方便，行动较自由，可以随便进出“中美合作所”的大门。

这个干训班分军官队和军士队，有 300 多人，专门训练打游击和潜伏特务，地点设在渣滓洞集中营的斜对面五灵观立人小学内，特务头子徐远举、何隆庆也常去那里视察讲课。

这个地区的警卫森严，特别是集中营的周围，设有三道防线，每道防线都有特制的通行证（分临时、夜间、特别通行证）才能通行。

进去的同志第一个任务就是摸清情况：绘制一张地形图，他们利用早晚在渣滓洞下侧河沟里给那些当官的打洗脸洗脚水的机会（因当时没有自来水），和给那些军官买吃的用的东西时，绕道去松林坡、杨家山、白公馆、阅兵场等地了解情况，陈立洪还想法把干训班管他们的一个姓孙的副官持的临时通行证搞到手里，闯进了渣滓洞警戒线的第二道防线，他们把各自了解到的情况都记到脑子里，然后到二十四兵工厂画好地图后，于 11 月中旬由陈立洪带出来交与我，由我存放在谢彬同志的家里。

这张地图是用一张一尺见方的土白纸绘制的，下面标明了从歌乐山、童家桥、红槽房、二十四兵工厂到白公馆、渣滓洞的路线图和沿途的警戒线，同时又注明了内部的警戒线、岗亭、哨所和作色木栏的标志，以及军械仓库、营房住地、兵力布置等，并用文字说明一、三道防线较严密，线外有电网，线内有警铃，还有便衣武装特务把守等情况，从当时看，这张地图是尽了最大努力并把所了解的情况，尽可能详尽地绘制出来的，可惜我们得到手后没多久，就发生了“11·27”大屠杀惨案，这张宝贵的地图没有用上。

杜文举去了不久，他在打扫清洁时，看到政工室的墙壁上，贴有一张讲课的日程表，其中第一名就是讲“共党批评”的教员邬竞成，这个家伙原来在省教育学院当总务主任，1949 年春天，王屏藩从家里带了一些银圆，叫杜文举到他的表妹那里取来，谁知王的表妹就是邬竞成的老婆，杜去取钱时，见到过邬竞成，为了安全，杜文举假借父亲病危，先撤出来，张平和和陈立洪一直坚持到中华人民共和国成立前夕。

张平和同志后来通过一个文书掌握了敌人的一些情况和名单，中华人民共和国成立后，他在公安局工作时，向组织做了书面反映，为镇反提供了线索，同时他还亲自带领一同在公安局工作的王淑英同志前往省教育学院将“中美合作所”特务邬竞成捉拿归案。

一次未成功的买卖

重庆中国新闻社的社长袁建之的爱人段成操与廖宁君是同乡亲戚，过去曾在陈联诗同志的影响下，有些进步倾向，并作过一些好事，廖宁君通过她在中国新闻社搞了一个排名记者，以便掩护工作。

为了营救“中美合作所”集中营被关的战友，凡是可能用的办法，我们都不放过，都要试一试，当时形势紧迫，我们总想尽快地将这些战友抢救出来。

1949 年 11 月初，廖宁君通过段成操向袁建之试探，说他有一个亲戚关在渣滓洞，请他想法营救，袁建之说，他有路子，可以用钱买，并说他过去曾帮人用钱买出过。

我把这情况向组织上做了汇报，并说我和廖宁君愿意承担这一任务，组织上经过慎重考虑，分析当时的情况，认为有这个可能，但是很危险，因为在蒋家王朝崩溃前夕，树倒猢狲散，有的特务要逃跑，总想多搞点钱，这时同他搞点交易，不是不可能。有的特务见大势已去，也想立功赎罪求得宽大处理。但是，这是与敌人面对面的谈判，生命掌握在敌人手里，在这胜利即将到来的前夕，事不成反而无谓牺牲了，要我们慎重考虑。

我和廖宁君当时想得很简单，确实未考虑到个人的性命问题，只有一个信念，能够用自己的生命去换取更多的同志们的生命，就是牺牲了，也是值得的。因此，我们毫不迟疑地主动争取完成这一任务。

当时卢光特同志告诉我，要特别小心，为了防止意外，并决定在这一时期内，凡是过去有过联系的地方和同志都要切断关系，都不要去，并说：先由我们想办法找点钱去试一试，若有可能，组织上再负责筹集经费，尽可能多地买些同志出来。

我们开始紧张地工作，一面筹款，一面试探。

周围的人都是一些穷朋友，哪里去找这么多的钱，后来想到吕迪和谢彬同志，他们在粮食部门和盐务局工作，有固定收入。果然一说就准，他们很慷慨地把仅有的 90 块银圆和一根金项链捐献出来，并说要是不够，他们愿意把凡是值钱的东西都拿出变卖，我们很受感动。

为了找一个借口，我们第一次提出买出两个亲戚陈作仪和刘石泉同志，对方喊价一条金子（10 两）一个，我们诉苦请求，改为五两一个，最后谈妥一两金子一个，我们就把银圆和项链交给袁建之，请他转交，据袁建之说，第一次他买了条火腿，一副麻将给西南长官公署二处一个军事法官送去，那法官答应帮忙，第二次袁建之把钱带了去，等到三更过后，法官才回来告诉他不行了，他托的人逃离了重庆。

这件事未成功，但也未发生意外，中华人民共和国成立后袁建之将银圆和项链如数地还给我们。

深夜里的罪恶枪声

11 月初，中国人民解放军势如破竹地向大西南挺进，我们的同志一方面要积极做好迎接解放军的准备工作，同时也积极地想法营救在敌人监狱里的同志，当时我们的住地暴露了，需要转移，蒋仁风同志通过联勤总部一个姓张的参谋，介绍我和廖亚彬到沙坪坝三十粮秣库工作，我当文书，廖亚彬当库丁，一方面为了掩护，同时也便于与打入交警一旅的同志联系，并在这里待机做些策反和护粮工作。

这是一个军用仓库，库长姓叶，有几十个库丁，大都是广东人，整天无事做，就坐车进城去捉小狗，一麻袋一麻袋地装回来，煮了一大锅，我们也挨拢去吃狗肉，听他们瞎吹，边了解一些敌人的动向，由于去的时间短，又不懂他们的广东话，不易接近，11 月 27 日晚上，听到渣滓洞方向的枪响，知道敌人开始了大屠杀，心快碎了，第二天又听到那个叶库长要把所有的库丁拉出去打游击，我带着悲愤的心情回到城里，又开始了极为紧张地迎接解放的战斗准备。

（本文选自《重庆的解放》，重庆出版社 1989 年版，原标题为《在迎接重庆解放的日子里》）

盛国玉[*]：从渣滓洞死里逃生

正当中国人民解放军以秋风扫落叶之势解放全中国的时候，国民党特务也加紧了对国民党统治区的共产党人和进步人士疯狂迫害。杀人魔窟——渣滓洞、白公馆，就关进了不少的优秀共产党员和人民群众，他们遭受了特务惨无人道的酷刑和杀害。

意外被捕

我从垫江简易师范毕业后，在沙河乡教了一学期书，因无社会关系，失业在农村居住。经亲戚介绍，与在重庆读书的余梓成结婚，由于找不到工作，长期在农村做家务，思想很苦闷。丈夫从重庆回到垫江后在垫江中学教书，于 1948 年 4 月，把我从乡下接到县城南门外李家栈房暂住，介绍我认识了伪装成夫妇的中共地下党员龚大野、龚芷杨（当时不知道是党员）。龚芷杨和我接触了几天，便给我讲了许多革命道理。她说，妇女要奋斗，要摆脱封建枷锁，要冲出厨房，现在社会黑暗，要争取自己解放自己；特别讲了我们妇女不能参政，社会地位低下，常受封建主义、官僚资本主义、帝国主义、大男子主义四种压迫的道理。她还叫我

* 作者时为桂阳小学教师，负责做学校女教师的革命思想工作，渣滓洞大屠杀的幸存者。

宣传、动员妇女起来，争取自己解放自己。

同年暑假，我和老余回到他的老家高峰乡，他曾派我到县城西门外的农推所（现农机厂处）去找陈鼎华送取材料。同时，老余又找关系托人情，于 9 月在县城桂阳小学为我谋得半席课，并要求我在桂阳小学做好女教师工作。这个学校的女教师多数是国民党党政人员的官太太，工作很不好做。

9 月初，大竹后山区游击队负责人胡正兴（中华人民共和国成立后曾任长虹电器厂党委书记）装成农民模样，在桂阳小学门口和我会面。说是龚芷杨叫他来的，告诉我现在时局紧张，活动要注意。隔壁女中有个傅伯雍（当时我不认识），有事可找他。然后他就走了。

1948 年 10 月初，一阵枪声震惊了垫江县城，大竹县张家场共产党游击队派游中象来到垫江县城，在北门外庄家湾刚住下，被特务张俊（曾在张家场参加农民暴动后被捕叛变堕落成为特务）盯梢抓捕了，特务在游中象身上搜出的笔记本上记有共产党员垫江女中教师傅伯雍、共产党员垫江中学教师陈鼎华和我的名字。

紧接着的又一个晚上 11 时左右，在垫江县城西门城墙脚下一家普通的民房处，一阵急促的“嘭嘭嘭……”打门声后，听到门外大声喊叫“盛国玉，盛国玉在家吗？”开门后，西南长官公署二处的两个特务冲进屋里就凶狠地问：“盛国玉在哪里？”“我就是。”我回答说。我感到很惊恐，不知道是怎么回事。不由分说，两个特务就把我押到国民党县政府内，分别由田光辉、蒋树发、罗凯封三个特务对我审问。他们说：“现在‘共匪’活动猖狂，你参加了哪些活动？参加了哪些会？哪些是共产党？”当时我只有 21 岁，也不知道我丈夫是共产党员，我回答特务说：“我是农家妇女，不知道什么是共产党员，不知道参加什么会，也无什么活动。”特务又用电线捆在我手上，用电刑逼问我，因我确实不是党员，也未参加什么活动和会议，说不出特务想知道的东西。当晚，特务就把我关进了县城的女牢里。第二天，特务又请来神父宣传耶稣，说什么人的命运是注定的。后来，又给那些女犯人说我造反，要女犯人来喝我的血。

押送渣滓洞

在县监狱里关了六七天后，特务把游中象、傅伯雍、陈鼎华和我四人叫到一起说："西南长官公署来电话，要押送你们到重庆去，每人要把路费钱带起走。"

从垫江到重庆时，除特务外，县警察局还派了一班人押送我们。当时垫江到长寿公路未修通，步行到长寿的云台或者是石堰的一个乡场住了一晚。起初把我们四人一起关在一个房间里，他们三个共产党员关心地对我说："等一会，特务可能单独喊你出去，为了防止特务对你的伤害，你就不要出去。"

果然不久，特务来叫我出去，我就坚持不出去，三个党员也跟特务进行说理，不同意我出去，特务没法，只好让我们四人住在一起。第二天又被押送到长寿的河街住下，第三天坐船才把我们押到重庆，上岸后特务的武装警车把我们四人押送到西南长官公署二处（特务机关）。

到重庆的当晚，特务又对我审问，我说："我是农村妇女，什么都不知道。"特务说："你还要造反！"我说："我不知道造什么反。"特务又恫吓说："不说把你吊起来！"特务因审问不出什么，当晚让我在特务的值班室坐了一夜。在西南长官公署二处关押审问了八九天后，就把我关进了杀害共产党和人民群众的魔窟——中美合作所的渣滓洞女牢二室。

"我们都是一样的人"

在西南长官公署二处受审的当天晚上，特务审问我后，我坐在特务值班室里。一个30多岁身穿列宁服的妇女（杨汉秀烈士，四川军阀杨森的侄女，"11·27"大屠杀前被特务拉出去暗杀了）从值班室楼下上来，叫我到厕所里去，她告诉我说："我们都是一样的人。"当时因不知道她的情况未和她说什么。我被关进渣滓洞监狱女牢二室，二室除了有江姐、胡芳玉、左绍英、彭灿璧等优秀共产党员外，还有跟我经历差不多的罗娟华等。我被关进去，大家对我非常热情，问长问短，胡芳玉对我说：“我们都是一样的人。”

这是我第二次听到这样温暖关心的话，心里感到热乎乎的，好像亲姐妹一样，顿时解除了我思想上的痛苦。我从小就在垫江，从未出过远门，这次出来见到这么多兄弟姐妹，为人民谋利益，为共同的理想英勇奋斗，不怕酷刑拷打，不怕流血牺牲，身居囚室，坦然自得，对我思想震动很大，我很受教育，胸怀也开阔了。特别是在狱中我每次看到杨汉秀同志，都是那么坦然，常带微笑，把生死置之度外。

我就想，她是一个大军阀的侄女，是一个有 13000 多担良田的巨富杨懋修的女儿，有钱又有文化，完全可以过豪华舒适的生活，但她却抛家别子，选择坐牢杀头这条道路，为的是什么呢？不是为了一个崭新的世界诞生吗？不是为了更多的人不受压迫吗？我虽然没有为党和人民做多少工作，但把自己的生命献给一个光明的社会，也是万分值得的。

监狱里的斗争

我在渣滓洞监狱关押的这段时间里，亲身经历的、亲眼看到的、亲耳听到的事实，给我的教育和鼓励不少，简直像是读大学一样，增加了很多知识和力量。狱中斗争的事经常浮现在我的眼前。

新四军战士龙光章被捕入狱后，因受刑太重，监狱医药缺乏，于 1948 年 11 月 30 日去世。为了抗议特务们的暴行和纪念龙光章坚贞不屈的精神，狱中的难友们强烈要求开追悼会。敌人不同意。

因此，狱中的全体难友们集体开展绝食斗争，特务送来的饭，每个牢房的人都不吃，绝食斗争三天后，特务们怕把这些政治要犯饿死了，他们不好向上司交代，不得不同意开追悼会。开追悼会时每个难友扎白花用的纸，主要是通过女牢的同志，一天天向狱中的医官刘石仁难得要来的卫生纸（刘医官的处方纸），然后想方设法向男牢房传递。龙光章追悼会是在放风的坝子开的。全体难友为失掉了这样坚强不屈的战士失声痛哭。我们的这场斗争，也感动了个别特务。后来我们回牢房时，有的特务在关牢房门时，暗地里向我们憨笑和把手悄悄抬到胸前伸出大拇指表示赞扬。

13 岁的蒲小路，因在放风唱“古怪歌”，嘲讽社会黑暗和反动统治，被特务拉在坝子里打屁股，引起了难友们的强烈抗议，不管是在院坝放风的，或者在牢房的，都发出巨大的吼声：“不准打人！不准打人！……”特务们只好把蒲小路又送回到牢房里。

1949 年春节，看守所长李磊、管理组长徐贵林进城去了，狱中的难友向特务黄茂才（他值班，是狱中策反工作的对象）提出正月初一，每个牢房不关门，难友们要求联欢。经过斗争和谈判，黄茂才同意了。正月初一这一天，女牢的难友全部出来，男牢只准每个牢房选几位代表出来，女牢的同志把各种红、绿色的被面拆下围在身上扭秧歌，唱的是《闹新春》《慰问解放军》和民间秧歌曲。

《慰问解放军》的歌词是：“正月里来是新春，赶着猪羊出了门；猪呀，羊呀，送到哪里去？送给那英勇的解放军。”男牢的难友还表演了打“凤阳花鼓”“叠罗汉”“打莲花闹”等节目。我们垫江的刘德彬难友在“叠罗汉”时，利用站在最高层的时机，侦察了监狱外的地形，为今后越狱做准备。这次联欢活动，把特务们气得没法。联欢后，特务发脾气了，他们把女牢的前门用砖块全堵了，从女牢的后面开门，与男牢隔开。女牢当值班的出去倒尿罐，特务都要用四个兵押送。

江姐和曾紫霞两人经常组织我们做特务黄茂才、值日班长赵正清的策反工作。教育他们懂得：我们是为大多数人办事，他们是为少数人做事，国民党要垮台了，政权很快要回到人民手中，希望他们尽量给我们做点好事。通过做工作，赵正清在他回家时，给我们带过信回垫江，黄茂才后来也在报纸上，秘密地剪下一些像解放军解放了哪些地方，在哪些地方又打了胜仗等重要消息给我们女牢的同志看，然后，我们又想法传递给男牢的同志看。赵正清是垫江黄沙人，我们给他拉家乡关系，帮他打毛衣，打袜底等，要求给我们一些方便，经过多次做工作，他却不过情，也帮忙了。如在狱中生的“监狱之花”“苏菲亚”缺奶吃，请他舀米汤来吃，给产妇送热水等。

我被囚进渣滓洞时，江姐已经受过特务的各种酷刑，看到她浑身都是伤疤，手被竹筷子夹、竹签钉后也伤残了。但是，她用向狱医要的红药做墨水和处方笺作书写纸，整天不停地写《新民主主义论》提纲；又与胡其芬、曾紫霞、李玉钿、黄玉清经常一起研究对敌斗争的问题，还组织我们学习政治经济学。如什么是资本主义经济，什么是社会主义经济，还学习妇女解放的理论，学英语等；张静芳、曾紫霞经常在下午吃了晚饭（每天只吃两顿）教唱一些自己编写的歌曲，如“东边山上的电灯亮了，西边山上的树林黑了，……国民党要垮台了……”等。

《红岩》作者之一的罗广斌同志为什么从渣滓洞转到白公馆呢？因罗广斌在狱中大声高唱《古怪歌》讥讽特务的暴行和反动当局。歌词的大意是：

> “往年古怪少，今年古怪多！
> 板凳爬上墙哟，灯草打破了锅；
> 半夜三更里呵，老虎闯进门啦，豺狼闯进了窝！
> 你问他：‘来干什么？’他说‘保护小绵羊呀！保护小绵羊……’
> 古怪多，古怪多，古怪、古怪……多！”

唱得特务很不好受。所长李磊（外号猩猩）在放风院坝大喊大叫“不准唱！不准唱！你们高兴什么？哪间牢房唱，就全天锁起来，不准放风！”大家不听李磊的吼叫，仍然唱，只是声音小些罢了。歌声给难友们带来了欢乐。李磊并下令在罗广斌脚上上镣铐。放风时，他有意用力在楼房的地板上和在院坝里行走，同时嘴上也跟着脚铐的铁镣声大喊着：哗！哗！哗……这坚强有力的喊声和脚镣声，表现了革命者的意志是打不垮、压不倒的，也激怒了色厉内荏的特务。猫头鹰徐贵林还对罗广斌大声吼：“不怕你是罗广文的兄弟，老子照样要枪毙你！”（罗广文系四川军阀，蒋介石嫡系部队）。特务们为了减少罗广斌在渣滓洞的影响，1949

年春节之后，只好把他转移到白公馆。

在 1949 年“11 · 27”大屠杀时，白公馆监狱囚禁的人是分批提去枪杀的，最后有 16 人集中楼下平二室未杀。此时，特务们集中所有的力量来杀害渣滓洞的同志，只留了少许特务看守白公馆。当听到渣滓洞杀害同志们的罪恶枪声时，罗广斌同志以共产党员身份站出来，向他平时策反的对象特务杨钦典做工作，要来了钥匙，打开牢门冲出来 16 人，并到楼上把关女同志的牢门也打开，让郭德贤带着她的两个小孩（小波四岁、小可五岁）也逃出来与大伙一齐冲出白公馆。所以白公馆有 19 人（包括两小孩）脱险。

死里逃生，重见天日

我在渣滓洞被关了一年多。

解放军突破长江天堑后，以摧枯拉朽之势，解放了华南，向大西南进攻，国民党政府在中国大陆上快要彻底灭亡了，狱中的同志感到万分的高兴。对敌人的大屠杀我们当时既有思想准备，也未有思想准备。国民党一方面进行假和谈释放了少数同志，如我们女牢的曾紫霞、张坤碧、李玉钿同志被释放了；另一方面却又对监狱加紧了看守。

1949 年的 11 月 14 日下午，江姐和李青林被提出牢房，敌人说把她们转移到其他地方去，后来才知道她们出去在电台岚垭被杀害了。这以后，监狱里不准再放风了，每天早上只准两人出来倒尿罐时才开牢房门，整个监狱就紧张起来了。

11 月 27 日，是我最难忘的日子。白天监狱内风平浪静的未出现异常现象。晚饭后，住在二楼上的男牢房的同志观察到，监狱前院特务办公室里换上了大灯泡和闪现烧材料的火光，人员进出比往常频繁。有的同志根据前几天得到的消息，解放军 24 日已下令总攻重庆，推测特务可能撤退，可是没想到敌人的大屠杀就迫在眉睫了。到了晚上下着细雨，吃了晚饭后，大家唱一阵歌，有的扭了一会秧歌，因天气寒冷，就早睡了。睡了不久，听到特务喊提人，不到一小时就提了两批，我们女牢的邓惠中、陈继贤也被提出去了。这时大家根本就没有什么睡意了，过了没有多久，听到特务用钥匙开门的响声，特务李福祥、余相柏走进女牢里头大声喊："起来，起来，办移交了。"听到喊声大家默默地迅速穿上衣服走出牢门外，有人问道："把我们交给谁？""交给重庆警备司令部杨森。"特务回答。"女的全部到男牢的楼下八室集中，动作快点！"特务吼叫着。前文说过，1949 年春节联欢后，敌人怕女牢的同志与男牢同志通消息，联系密谋破监突围的活动，已把女牢的门改朝后开，因此到男牢楼下第八室还有一段距离，要穿过小院，进院门，还要通过放风的院坝，我们排成单行，特务在两边押送。这时已把男牢的同志也从楼上的一至七室相对合并到楼下一至七室里，楼上楼下八室的同志分别合在楼下一至七室里。敌人的这一行动来得太突然，没有人说话，整个院坝只有脚步的走动声。我们女牢的同志集中到楼下八室后，特务马上关门上锁。没有多久，就听到一阵脚步声，一群特务持枪冲进院坝的走廊上，站在牢门口，随着一声尖利的口笛声，敌人的机枪"哒哒哒，哒哒……"地响了，罪恶的子弹和火舌向每个牢房喷吐出来。

进入八室后一直站在牢门口观察情况的胡其芬同志，在机枪响的同时首先呼喊："打倒国民党反动派！"中弹的姐妹们东倒西歪地倒下后，有的同志还用最后力气呼喊："共产党万岁！"有的还狠狠地咒骂敌人。左绍英和彭灿璧忙把两个孩子往右边床下死角里藏，她们和其他同志用自己的身体遮压在孩子身上，企图保护这两个幼小的生命。当时左绍英的孩子"监狱之花"还不到一岁，彭灿璧的孩子才七个月。机枪扫射完后，我从昏死中恍惚感到有几个特务走进来补枪，对倒在血泊中的姐妹一阵乱打。突然在床下死角的孩子哇哇哭叫起来，大门外的特务（后来才知道是监狱所长李磊——杀人魔王猩猩）听到孩子哭叫声，恶狠狠地吼道："斩草除根！"于是敌人从床下把孩子拉出来打了一梭子弹，孩子就再也没有声音了，这两个孩子也惨死在这群豺狼的手中。

敌人开枪屠杀时，我同罗娟华在牢房靠后窗的地方站着，枪一响我们同时倒下，我们扑倒在后窗左角的一张床上，敌人的子弹在我的周围嗖嗖作响，打得墙壁上的泥土四处飞溅，机枪先在门前扫射一阵后，又转到后窗进行扫射。我从昏死状态中醒过来，牢房里姐妹们的口号声、诅咒声逐渐平息了。

照一般常情，我是必死无疑的。我的床正对牢门，敌人从门前打了那么多子弹，在扫射时随时都有可能打死我。后来特务进来补枪时，特务还用枪托在我的腰部打了几下，我没有动，敌人以为我被打死了，没有给我补枪。敌人补枪后，又把牢门锁起来，开始放火烧毁整个监狱。这时女牢里只有我和胡玉芳还活着，我想试坐起来，小胡听到床响，以为我是张静芳，叫了几声“张大、张大、走啊！”（张大是张静芳的别名）她历来就性急，未等我回答，就走到门前，门口的火光摇晃，还未撤走的敌人看见了门前的她，就“砰”的给她一枪，胡玉芳就倒下去再也爬不起来了。

我看到这种情况，在大火燃烧着的牢房里不敢行动，过了好一会，火越烧越旺，牢门被大火烧掉了，楼板也烧起来快要掉下来了，我实在忍受不住火烟的熏烤，心想反正是死，不如冲出去被子弹打死还好受些。于是冲出烧掉的牢门，门前又燃烧着两堆大火，鼓起勇气跳跃过大火堆，从一米多高的台阶上跳到了院坝里，脚上的鞋也跳掉了。当我跳入院坝时，感到奇怪的是既听不到枪声，也看不到敌人，后来才知道敌人已全部撤走，在惊慌中，我躲进了离八室最近的男厕所，一头趴到尿槽里躺下，这时才有一线求生的希望。

晚上不知道过了多久的时间，天已蒙蒙亮了，住在渣滓洞不远的二十一兵工厂的家属宋臻祥、徐超的母亲等人，跑到渣滓洞来看出了什么事，她们发现了我，冒着风险把我救到她们的家里。

兵工厂在敌人警戒范围内，时常有人去查问，宋臻祥她们让我脱掉了身上穿的前后有“×”的囚服，给我换上了一身平常女人打扮的衣服，她们把我脱的囚服埋在自家院坝前的树根下，把我送出警戒区。当时重庆还未解放，在这里又举目无亲，一个熟人也没有，连路也不知道往哪里走，只好装成逃难的，随当地群众为了躲避国民党军队抓兵、抓夫，在山上乱跑了两天，晚上和逃难的群众露宿在山上。

直到 11 月 30 日，听说重庆解放了，我才慢慢问路往磁器口一带走去。当时，我两天一点东西也没有吃，身体极度虚弱，又发高烧，在磁器口去沙坪坝的路边，幸运地碰上了一群宣传队的学生，我说我是从渣滓洞逃难出来的，他们知道我的情况后，就把我接到学校去住，并与重庆军管会设立的脱险同志登记处取得联系，及时把我送到高滩岩医院治疗。在高滩岩医院发高烧时，我呓语："胡其芬、胡其芬！"这时身边的护士喊来了主治医生胡永芬，由于我是渣滓洞脱险的，胡永芬想起了她在渣滓洞已牺牲的妹妹其芬，便来问我其芬的狱中情况，我告诉了胡医生。她精心地给我治疗，特别关心我，在医院住了一个多月，才脱离险境。我终于获得新生，回到了党和人民的怀抱。

（本文选自《四川文史资料集粹》第 2 卷，四川人民出版社 1996 年版）

张芝尧*：交警总队破坏兵工厂亲历记

破坏兵工厂，我负责警戒

1949年11月，我任国民党交通警察第三师第十三总队上校副总队长，率领两个大队担任重庆朝天门、林森路（现改为解放东路）一带治安，维持交通，并看守民生轮船公司船只及长江巡逻任务。

同月27日上午，忽奉师长彭自强命令，我总队开赴江津江口布防，阻止解放军渡江。正准备出发前，交通警察总局局长马志超命令：江口布防任务，改由胡宗南部第一师派兵接替，我总队改担任破坏重庆各兵工厂的警戒任务。

下午，总队长元祖周带着第一大队大队长韩绍愈、第二大队大队长任云岫到嘉陵新村开会，叫我留在队部指挥。等到他们回队时已时近黄昏了。元总队长面色十分沉重，通知在晚饭后召开总队会议，传达下午嘉陵会议主要内容并落实任务。这次总队会议，除了总队长同两个大队长均已参加下午会议之外，实际上等于向我传达下午会议情况并说明我们总队的任务而已。

* 作者时为国民党交通警察第三师第十三总队上校副总队长。

元祖周传达毛人凤的破坏计划

元总队长说："下午会议是毛人凤召集各兵工厂稽查组组长、交警总队长、重庆破厂办事处（又称破厂指挥部），各组组长与技术员等汇报从成立破厂办事处10 余天来的工作。出席的有毛人凤、破厂办事处处长廖宗泽（兵工署警务处少将处长）、国防部第二厅技术大队上校大队长杜长城、交通警察总局副局长兼交通警察第三师师长彭自强、交通警察第三师政工处长陈海初、交通警察第三师下辖的三个总队——第二总队少将总队长陈洁生、第十总队少将总队长余钺、第十三总队少将总队长元祖周以及每个总队所属的两个大队大队长均出席了会议。"

元祖周接着说："下午会议已决定了破坏目标，计 500 多处，爆破所需要的炸药、运输、人员同技术等问题；均已另有专人负责。我们交警三师为掩护爆破部队，由师长彭自强任总指挥。重庆的破坏对象，分为 10 个地区，主要是兵工厂同电厂。我们总队负责警戒爆破第十兵工厂及二十兵工厂。"

元祖周接着命令："第一大队一中队中队长高振国率该中队警戒第十兵工厂；第二大队大队长任云岫率部警戒第二十兵工厂。第二十兵工厂在南岸，为共军来攻重庆的方向，因此用上的警戒人员比地处江北的第十兵工厂警戒人员多出一倍以上。所有这两个爆破警戒区，必须保证爆破队伍顺利进厂，防止各该厂护厂队的阻挠。必须在明日下午 6 时前到达警戒区，警戒界为距厂一华里（防爆波及），爆破后立即返回，随队西撤；副总队长张芝尧率余下部队驻守原防地。"

深夜一声巨响，兵工厂被炸毁

次日（11 月 28 日），重庆风声愈紧，人心惶惶。但我知道爆破未动，重庆必无事。到 29 日晚上 8 时，忽听一声闷雷传来，抬头则见火光冲天，我认为时间已到，应该立即带队向成都方向移动，但我犹豫着，盼望警戒爆破的弟兄早点回来一同行动；又知道蒋介石还未离开重庆，所以一直等到10点钟，警戒第十兵工厂的部队，陆续地零散地回来，而中队长高振国则未见归队。接着，去第二十兵工厂警戒的部队，仅回来了几个人，问之则说被解放军打散了，大队长任云岫已身亡。据说解放军先遣队已于下午到达南岸，所以遭遇着，一经接触，警戒部队即被打垮。我们都恐慌了，元祖周总队长立即命令部队撤退。撤退后的第三天到达永川时，第一中队少校中队长高振国才赶上队伍。

（本文选自《重庆文史资料》第35辑，西南师范大学出版社1991年版，原标题为《重庆解放前夕交警总队破坏兵工厂亲历记》）

卢光特[*]：解放前夕的护厂斗争

1949年秋，刘兆丰、蒋仁风和我根据钱瑛指示，研究决定：全党动手护厂护校。我们工运系统立即研究了护厂的布置，我与各"股头"的同志分析上层动态和群众思想，由于有的单位已经开始解雇遣散职工，群众害怕失业，要求维持生产和保护工厂的情绪很强烈，说："工厂、机器是我们的饭碗，丢了就挨饿"，"工厂是我们的家，刀枪来赶也不走"。我们的同志就针对这种情绪，宣传鼓动群众，收到很好的效果，连家属也积极响应。感到困难的是上层工作，我们在工厂的党员，多半在下层（过去还力求在下层），最高的不过技术员、副工程师，平时不接触上层，直到11月间，才打开上层的门路。

护厂斗争的领导也有变化，9、10月我们没有估计到重庆会在11月解放。仍由黄友尚、彭吉安、王尧弼等分别传达南方局指示，与各"股头"联系，研究工作。

11月初，敌人方面显得紧张了，我们也加快工作。为加强上层工作的领导，我们决定由王尧弼、刘家彝、黄友尚组成一个护厂领导小组，王尧弼负责。王在抗战初期入党，后来考进交通银行做练习生，长期在职业青年中工作，社会经验较多，适于应付上层人士。刘家彝也是抗战初期的党员，长期在工业界工作，是

---

* 作者当时分管重庆的工运和农村工作。

二十九厂的老职员，副工程师。两人都比黄友尚年长，三人集体研究工作处理问题要周到稳妥些。

保护兵工厂，谈判与斗争相结合

蒋介石的几个老兵工厂，多在抗战时期迁渝。重庆是他们的兵工基地，二十一厂（即长安厂）及其分厂（今建设厂）造步枪、手枪、轻重机枪；二十四厂（今二钢厂）炼电炉钢；二十五厂造 82 炮；二十九厂（今重钢）炼铁和普通钢；济南、巩县两兵工厂合并为三十厂，造手榴弹。汉阳兵工厂迁渝后分为五十厂（今望江厂）和十厂（今江陵厂），前者造炮，后者造炮弹。铜元局（今长江厂）是刘湘办起来的，造子弹。二十一、二十四、二十九、五十厂都自备发电厂（所）。

兵工系统一直是我们党工作的重点，有好些党员为此牺牲，如王丕钦烈士，是个老共产党员，南方局调来打入第十兵工厂，被捕牺牲；周成民烈士，在十厂正作，被捕牺牲。但革命总是后继有人的，直到护厂斗争时，许多厂仍有我们的组织和同志。

（一）二十一厂

党支部的主要成员有赖宗瑜、蒋金土、郭恒、谢廷良等。二十一厂附设一个技工学校，毕业生实际上分在兵工各厂。支部在该校工作较有成效，培养大批进步学生与职工。蒋金土、谢廷良便通过我们鼓动青年工人，在二十一厂组成二百来人的自卫队。赖宗瑜发起的“职工联谊会”则主要在职员中活动。家属在村子里以防盗为名组织起来，实际上是防特。在上层方面赖宗瑜等同志通过技校校长蒋某与厂长余濯之发生联系，余曾做李承干的秘书主任。李是国民党的兵工权威，二十一厂的老厂长，后调兵工署，兵工系统许多厂级官员，曾是李的部下。1949 年 10 月左右，李承干已去北京，为第一届全国政协委员。赖用这件事使余濯之相信党的政策。余表示愿意为护厂出力，暗示要见到共产党的代表才放心。以前赖没亮身份，这时他不得不承认他可以找到共产党。

经党支部研究，拟定了谈判的条件和方式，认为需要一个厂外人出面才好。便由黄友尚到余的公馆谈判。余的态度比较真诚，介绍了兵工系统的情况。我们提出三条：余本人不离开厂并号召职工严守岗位；必要时打开仓库，把枪发给工人自卫队；命令工厂的警卫队倒戈。余同意前两条，第三条他说办不到。后来，赖又通过别的关系，把厂警队队长李 ×× 策反过来。这样在中华人民共和国成立前夕，厂内唯一的破坏力量就只有稽查处。由于停产，各车间关门，门禁封闭，任何人不准通行，稽查处特务的威风大灭，纷纷作逃跑准备。

到 11 月 28 日，敌人派交通警备旅（特务武装）包围工厂，强行运进数百包炸药，放在发电所和工具所、步枪所（所即车间）。交警刚撤离，工人群众就开始拆除炸药，工具、步枪两所尚未引爆就拆完了，发电所的两部发电机（容量 1500 千瓦），一部炸了透平，另一部炸了机组。中华人民共和国成立后迅速合成一部，恢复供电。损失最大的是刘家台药库的爆炸，声震市区，附近民房倒塌，伤亡了不少居民。

二十一厂工人在护厂斗争中的英勇气概，育成了自己的代表人物。万东康烈士，当特务围厂，准备爆破时，他担任修机所看守。敌人令他离开，他坚持不走，令他抬炸药，又毅然拒绝，被特务用枪托打成重伤，抢救无效，为人民而牺牲。吴坤山同志，当时已 60 岁了，他在拆除炸药时，下定以身护厂的决心，甘冒触发引信的危险，第一个上前抢出炸药，群众一拥而上，赶在引爆时刻前拆除了全部炸药。他深受党和工人的尊敬，中华人民共和国成立后公推为该厂第一任工会主席。

（二）二十九厂

我们在该厂的下层力量少，不能组织工人自卫队。刘家彝职务不高，只能在中层人士中活动，他便以战乱期间保护家产，保家就必须保厂的道理，去鼓动中层，造成舆论，影响上层，推动一些中上层职员出面要求厂方采取措施。厂方同意成立一个“应变委员会”，基本上由各职能部门和车间负责人组成。刘家彝争取参加了“应变委员会”。它虽只是一般地要求各单位加强戒备，却为下面采取行动提供了依据。

简国治烈士，原是发电所技术员，他以保护设备为由，在该所架上电网，走出了护厂的第一步。同时为弥补下层力量不足，刘家彝提议我们的护厂领导小组准备一点外援力量，我们通过潘友湘（二十一厂党员）、陶德宽策动驻二十九厂对岸的一支国民党部队，计三四百人，派辛常嘉作该部与刘家彝的联络，因该部未能在事前渡江，没有起到作用。

11 月 29 日，敌人用“同心”“同德”两只登陆艇装来炸药，由台湾调来的技术爆破队强行装在发电所、平炉、钢轨等车间，装上定时引信。当天，刘家彝、简国治即带领群众前往拆除。因数量太多，拆到中途即行爆炸，刘、简及黎勋文、古传贤、曹仲良、应文宇、田玉清、陈建铭、任安炳、董定盛、胥良、柳传、王吉之、王昌、吕治平、张金山、罗万忠、张国梁等 18 个同志，光荣牺牲。其他车间的炸药，中华人民共和国成立后，由人民解放军派工兵部队拆除。

二十九厂还发生过一场挽留技术专家的斗争。总工程师王怀琛是德国留学生，冶炼技术权威，国民党要把他绑架到台湾，经过刘家彝等多方面做工作，最终留下来了。

（三）其他各厂

五十厂分两方面进行：彭祥、董凌云两同志在该厂子弟校任职，他们通过家长做上层的工作；蒋金土通过二十一厂技校学生在工人群众中开展活动，解放时，该厂只有工具所被炸。

十厂由刘天伦、林道新负责进行，未受损失。

三十厂由于党员侯旭东早已打入该厂上层，当了所长，并打进了“防共保密小组”，早有准备，做了安排，加之形势发展很快，工作比较顺利，没有损失。

根据我们调查了解的情况，与其他兵工厂的厂长写了信，寄去“约法八章”，动员他们护厂立功，余濯之直接对他熟识的厂长们做过工作，也起到一定作用。总计兵工厂 9 个，除二十九厂电厂、二十一厂电厂、五十厂工具所和刘家台药库等 4 处被特务武装全部或部分破坏外，其余基本完整地回到人民手中。

鼓动工人拆车，以防散兵抢劫

天星桥、新桥、上桥地区是汽车停放、修理场站，我们有两个支部在这里活动。石平、薛棠荣、罗健明等同志，以天星桥四川粮食储运局车场为据点，该场有十多辆十轮大卡车，由于我们力量较强，早就借口报修，拆下若干部件，只留下罗健明同志的一部不拆，因为局长硬要一部车子留作紧急使用，声称是为某要人准备的。我们就派罗开车，准备在路途制造故障，连人带车一齐摆下，让解放军活捉这个要人。到 11 月 27、28 日局长还未要车，罗才把车拆了，以防散兵抢走。该场场长朱岳君企图逃跑，被这个支部软禁起来。刚一解放，全场车辆便又装配起来，参加支前工作。第一部开往渣滓洞收敛烈士遗体的便是薛棠荣驾的车。此外，支部还设法要蒋军辎重汽车六团的司机留下，向他们宣传：跟长官逃跑很危险，守着车子有出路。果有一些司机留下来了。这个支部还搞了两三次停运粮食的斗争。同时还起过交通站的作用，刘隆华、谈剑啸等十多位同志，都曾由他们送往外地。

五区公路局系统由许匡时、魏云宽、张开举、罗健明（护厂时离开）组成一个支部。上层由魏云宽（打入工会）通过工会提出保障工人生活，反对抢劫车辆，下面就鼓动工人拆车以防散兵抢劫。结果只有凤鸣山仓库的汽油被散兵抢走了一部分，车辆大都留下来了。魏云宽他们还通过关系，争取甘肃油矿局车场（歌乐山）负责人廖超保护车辆，结果留下了 30 多辆新车。中华人民共和国成立后，立即投入支援成都战役的运输工作。

纺织厂的护厂斗争，进展顺利

裕华纱厂的林萍兰和庆新纱厂的钟永玉负责联系弹子石地区，她们原来正酝酿罢工，9月后便转入护厂。豫丰纱厂陈淑贞、邓文碧、陈素英、胡敏政、任××等同志，他们没有并为一个组织，互相也没有横的关系，而是由我和黄友尚分别联系，围绕护厂开展活动。新裕纱厂有罗育贤、龚大芳。磁器口毛纺厂有李金荣。当时每个厂的党员都很少，因为南方局指示我们暂停发展党员，放手依靠积极分子，每个党员都团结了一批积极分子，因此我们的力量，比我们党员的人数要大得多。纺织厂以私营居多，上下层容易结合，又不是敌人破坏的重点，护厂斗争较为顺利，这场斗争所涌现的积极分子，成为恢复生产的骨干力量。

电信局设备保存完好

保护电信局的斗争另具特点。它可以说是1946年罢工的直接继续。赖卫民领导的1946年罢工运动，在保护电信设备的斗争中发挥着作用。经过罢工考验的积极分子，除邱光瑾、魏善伦、林敏被调往外地外，留渝的石岱云、张伯衡、张明德、金在云等5人，始终团结在钟鼎铭周围，患难与共。1948年由钟鼎铭、彭吉安介绍入党，组成一个支部。1949年9月，彭吉安及时向他们传达了上级党的指示，布置他们调查设备、物资、组织机构、人员倾向。他们都是普通工人，但工作出色。刘光洁另成一股头，在小龙坎保护无线电发射台。

在重庆的电信机构为第四区管理局（川、康、藏）和重庆市局，前者是空架子，设备都在市局，张骧（张群的弟弟）兼两局局长。张是个公子哥儿，只知吃喝玩乐，实际工作是副局长陈策骧管。陈是工程技术人员，不太热衷政治，但有事业心。上次罢工后成立了工会，平时徒有一张牌子。理事王飞天是当年以中间态度出任的，随时局的发展，王的态度有积极的变化，又是电报科长，在局内有发言权，便设法推动王带头为职工谋利益。此时，职工最关心是战乱中的生活与安全，支部便鼓动群众和工会要求当局采取措施，并支持当时比较倾向为工人说话的几个科长蒋开、王飞天、王学友等参加应变委员会。

第一步，要求发给应变费，给每个伙食单位买米买煤，以备乱时用。随后，又给每人发 7 个银圆，5 钱黄金。通过这些福利的挣得，职工更加意识到电信机器设备是自己的饭碗。“要是损坏了设备，报、话不通，谁来管我们？”由于群众情绪高涨，10 月中旬开始，就在机务部门——上清寺（电报）、纯阳洞（长途和自动电话）、黄家垭口（无线电报房）等处安上电网，11 月下旬，支部成员和大家一起，日夜值班，完好地保护了设备。11 月 30 日，刚一解放，就能向北京发报。重庆发出的第一个电报，就是由支部起草，以全体职工名义向毛主席、朱总司令的报喜电。

敌人的破坏计划前功尽弃

当时重庆自来水厂只有一个，系私营企业。电力三个厂——大溪沟、弹子石、鹅公岩（容量 1500 千瓦的电机两部），也是私营。水电公司的党组织均在 1948 年遭受破坏。但刘兆丰从统战方面做了工作，水电职工也自觉地保护设备。除鹅公岩被特务爆炸外，其余都没损失。破坏鹅公岩电厂的也是破坏二十九厂发电所的那帮特务，他们强迫工人离开，装进炸药。值班工人拒不从命。特务立即引爆，工人卢树清、蒲心国、彭子清、高元臣、李小丰、彭桂林等同志以身殉职。

煤矿系统的情况，我不很清楚。周子成在天府，他的关系已转到北碚。合川华安煤矿是胡德普、张 ×× 在那里，他们做了很多工作。

川江航运，主要是私营的民生公司。日本投降，国民党得到几艘美国登陆艇，作为川江运兵主力。由于党的统战工作，私营轮船公司把轮船大都停泊在外地，只剩下几条轮渡在渝。11 月下旬，特务们只有“同心”和“同德”两艘军舰可供使用了。

整个来说，敌人的破坏计划是失败了。根据中华人民共和国成立后得到的材料，敌人破坏的目标是使重庆在三年内不能恢复生产。我们保护工厂、企业的斗争是胜利了，重庆这个敌人重点破坏的工业城市基本完整地被人民接管了。为此而牺牲的烈士们将永远受到人民的怀念。我们胜利的原因是多方面的：全国的胜利局面，解放军进军神速，人民群众痛恨国民党，盼望得到解放，等等。这是基本的决定因素。就护厂工作而言，根据上级党的指示，川东特委所属组织都在为护厂而工作，工运组织所做的仅是其中一部分。

（本文选自《重庆的解放》，重庆出版社1989年版，原标题为《护厂斗争始末》）

王震华*：南开中学护校回忆

1949年9月，正当解放大军准备进军大西南的前夕，重庆市各个学校先后开学。当时学费只收银圆，伙食费要收大米，这对家长和学生都是沉重的负担。

开学前后南开中学“民青”社接到地下党的指示，要团结一切可以团结的人士，消除他们对解放的各种疑虑，组织起来护厂护校迎解放。上级还要求注意隐蔽革命力量，适应解放前夕的白色恐怖，不要作无谓的牺牲。

根据这个精神，开学不久李越同学要我出来当高三（四）班的班长，因为他们不便出头露面，因此我才被推上台。

开学后，首要的任务就是在同学中个别谈心，消除大家对解放的各种疑虑，动员全班同学都留下来参加护校，迎接解放。由于我们高三（四）班当时在学生运动中是带头的和最积极的班，同学们通过一年来的学生运动，对共产党和解放区有了一定的认识，都盼望解放。因此，无论是银行家、实业家的子弟，还是国民党政府要员、高级军官的孩子，都决定留下来迎接解放。他们都不回家，更不愿随家逃往台湾。

有一位同学的父亲在国民党政府任要职，全家已逃往台湾，多次来信催他前往。他哥哥当时受欺骗宣传，动身去台湾时要带他走，他坚决不去，孤身一人留

* 作者时为南开中学高三（四）班班长。

了下来。另一位同学的父亲是国民党将领，命令他跟他们去台湾，他不去。他父亲派其兄（也是国民党军官）带着手枪，把他从学校押往江津后，他又偷跑回来了。由此可见，迎接解放真是人心所向。如不身历其境，是很难体会到的。

学生组织护校，校方出面“应变”

要组织护校，就要发动广大的高中男同学参加，必须有个公开的组织，那时自治会也很少开展活动了，进步同学都不便公开露面。因为国民党反动派临解放前镇压进步群众已达到疯狂的程度，所以绝对不能给敌人以任何可乘之机。

当时考虑到南开中学是所私立学校，校方对保护校产有积极性，由校方出面护校，名正言顺。经过交涉，校方同意了，但校方也不敢公开提出护校，采用了“应变”这个国民党政府尚能接受的名词，来对付他们。这个公开的护校组织，称为“应变委员会”，由校务主任喻传鉴主持，吸收几位教师和高三年级各组的班长参加。其实这个委员会只是一块招牌，具体工作都由我们学生去做。

据我回忆，应变委员会开了两次会。第一次在 10 月份，会上宣布成立该委员会，并决定由学生伙食团立即采购三个月的食物储备，以备临解放前局势紧张时用。当时伙食团是学生自己组织管理的，我班的李越同学在负责，会后他们通过各种渠道，采购了大批大米、腊肉等。

第二次会是临解放前四五天，在图书馆楼下开的。会上确定各班在护校中的分工和职责及组织机构。当时我班的护校动员工作做得最好，几乎全班同学都留在学校里参加了护校，力量最强，因此全校的护校工作便由我班负责。我班同学全都搬到图书馆楼下，护校总部和值班室都设在那里。其他各班分配防区，我班负责日夜巡逻，一旦哪个防区出事，就去支援。各防区有情况也向我班报告，随时掌握护校工作的全局。

会后，各班都搬到防区，我班也搬到图书馆楼下，曾任过我们班主任的王季超老师和教我们英文的谭老师自愿参加我们班的护校活动，搬来和我们一起睡地板和日夜巡逻。记得谭老师还有一把指挥刀，他挥舞指挥刀，表示要和我们一起战斗。

绝望后的破坏，黎明前的悲歌

11 月 27 日傍晚约 5 时许，设在我们学校附近的国民党军的军火库开始销毁军火，火光冲天，爆炸声不断。很多同学跑到范孙楼附近和楼顶去观看。从火光中看到国民党反动派的恐慌和绝望，从爆炸声中好像听到了广大人民为欢迎人民解放军而即将点燃的鞭炮声。大家当时不但不感到惧怕，相反感到高兴和庆幸。因为这个现象充分暴露了国民党所谓的“死守重庆”是空话，他们正在准备逃跑。

随后，全市爆炸声连续不断，这说明国民党军不仅在销毁军火，而且在搞破坏。大家刚轻松一点的心情又紧张起来。我们布置各防区要提高警惕，加强防守，防止国民党军的破坏和败兵的骚扰。

后半夜，即 28 日凌晨二三点钟，在范孙楼上守望的同学反映，在范孙楼上能听到歌乐山方向的枪声，隐隐约约还能听见口号声和歌声。有些同学也跑到楼顶上去听，枪声不断，口号声和歌声时有时无地能听到一点。大家议论这是军统特务在搞大屠杀了，不知又有多少革命者惨遭毒手，心情非常沉重。中华人民共和国成立后才知道，这就是渣滓洞白公馆的大屠杀。曾经教过我们班的两位数学老师韦延鸿、赵晶片曾参加我们班扭秧歌，唱解放区的歌曲，被抓到渣滓洞，这时也壮烈牺牲，和我们永别了。

“棒子队”喝退败兵，群匪兵抱头鼠窜

在讨论护校队用什么武器时，曾经发生争论。有人主张用军训操练的破步枪；有人反对，认为这些枪都是坏的，又没有子弹，只能吓唬人，搞不好会弄巧成

拙。国民党军看我们有枪，会先开枪。因此决定只用童军棍和垒球棒，故称“棒子队”。

11 月 28 日白天沙坪坝已家家关门闭户，校门前的马路上，不断开过一些国民党军撤退的汽车。一到傍晚，就开始出现国民党溃逃的败兵，呼兄叫弟，竞先逃命。护校守门的同学不断听到败兵在叫“弟兄们！快跑！我到前面等你！”狼奔豕突，混乱极了。也有少数兵痞，三五成群地去砸小铺子，不过只要老板知趣，从门缝里扔点钱出来，这班兵痞也不敢久留，拿到钱就争先恐后逃命去了。

天黑以后，败兵也有沿小路逃的。在津南村后面，就有一个逃兵，全副武装，向我们校园走来。这时护校的同学，手执大棒，大喝一声：“干什么的？”那逃兵急得忙叫道：“不要误会！不要误会！我是过路的。”随即扭头往回跑。原来他是逃命跑昏了头，跑错了方向，闯到我们校园里来了。别看他全副武装，但已吓破胆。我们及时把这一生动事例传开，大大鼓舞了护校同学的士气。

国民党军溃逃的闭幕式是别开生面的。11 月 28 日午夜，马路上已冷冷清清。突然远处传来马达声和炮声，我们以为战斗的场面将出现，要大家注意隐蔽。结果是开来一辆卡车，车厢里放了一门追击炮。国民党军不断地往炮筒里装炮弹，因此炮声隆隆，炮弹呼啸而过，不知飞往何方。这班丧家犬正在给自己壮胆。回想起来，倒像放礼炮迎接贵宾。

黎明时神兵天降，三勇士只带一枪

12 月 1 日天将拂晓，我们就隐约见到马路上有穿黑衣服的人，三人一组，向国民党军逃跑方向追去。他们到底是什么人，天太黑，看不清楚，但是与溃军完全不一样，静悄悄地往前赶。

很快天就亮了，逐渐看清是解放军的先头部队，三人一个战斗组。他们为了追上国民党军的汽车轱辘，彻底轻装，有的三人只带一条枪，用两条腿追汽车，这大概是战争史上的今古奇观吧！如不亲眼见到，很难相信。后来听说，就这样一个只带一条枪的战斗组，在南岸江边一枪不发，就俘虏了国民党军一个武器精良的加强连。

天亮了，解放了。历时四五天的护校工作结束了，大家又兴高采烈地投入庆祝解放的活动。

（本文选自《重庆文史资料》第 32 辑，西南师范大学出版社 1989 年版）

第二章

秘密策反，攻破内部堡垒

刘兆丰[*]：重庆解放前夕的地下革命斗争

1948年4月到1949年11月这段时间，是我们在国民党统治区内进行地下革命斗争最困难的日子。当时中共地下党组织遭到严重破坏，我们在党的领导下，及时总结了过去的经验教训，改变了斗争策略，迅速恢复和健全了党的组织，继续广泛发动各阶层群众，同国民党反动派进行了更加坚决的斗争，终于配合强大的人民解放军，迎来了西南重镇重庆市的解放。

黎明前的黑暗

川东地下党被破坏经过

抗日战争结束之后，蒋介石从峨眉山上跑了下来，摘取胜利果实，依靠美帝国主义向人民大举进攻，在前方发动内战的同时，在后方进行血腥镇压，妄图将地下党一网打尽，以除去他们的心腹之患。在这段时间内，国民党反动派除每周举行一次有军、警、宪、特参加的“特种汇报会议”，侦察共产党人和进步人士活动的线索，研究和部署镇压的措施以外，还在重庆市区内出动了许多特务小组，见到值得怀疑的人，就抓去严刑拷问。

---

* 作者时为川东党负责人。

大后方的党和人民，并没有被他们这些疯狂镇压所吓倒，反而是对他们更加藐视，也更加仇恨！党的地下刊物《挺进报》，将解放区战场的胜利消息和党对国民党统治区的方针政策，广泛地传播到人民群众之中，甚至出现在重庆绥靖公署主任朱绍良的办公室里。这支插入敌人心脏的匕首，他们当然恨之入骨，必欲消灭而后快。

《挺进报》事件

国民党反动派对中共川东地下党的破坏，就是从《挺进报》打开的。国民党反动派在市区交通要道和茶社、旅馆布置的数百个特务小组（每组三人），尽管像一群猎狗那样，使出全身解数，到处寻找他们的猎获物，但是很难找到一个共产党员。最后不得不采取“红旗政策”，伪装进步的办法，从《挺进报》这个线索去发现地下党组织。

事情发展的经过是：一个伪装进步的特务，发现《民主报》印刷工人任达哉和文城书店店员陈伯林有共产党嫌疑，就以此为突破口向他们进攻。由于他们警惕性不高，轻信了敌人的甜言蜜语，错误地将坏人当成了好人。便经常拿《挺进报》给这个特务看，并向这个特务透露了一些不应该透露的情况。敌人断定他们是共产党员，将他们逮捕后，任达哉立即叛变。交出了他的上级中共重庆市委委员、工运书记许建业同志。许建业同志在对敌斗争上的警惕性是很高的，工作也是极其谨慎的。凡是他领导的下级都不知道他的真实姓名和职业。他通常的化名叫“老杨”“杨青”或“杨德青”。任达哉虽然叛变了，但敌人也无法找到许建业同志，但因任达哉是许建业同志领导的下级，对许当然认识。敌人为了尽快找到许建业同志，于是带着任达哉到曾经和许建业同志接过头的地方去四处寻找，最后终于在一个茶馆碰上了许建业同志，而将许逮捕。

这天（1948 年 4 月初），重庆上空布满乌云，许建业同志约了一个工人党员高震明同志在市中区邹容路“国泰茶园”见面，刚刚坐定，就发现任达哉带着一些特务在茶园门前窥视。这个茶园的堂口很小，只有一个独门进出。许建业同志知道情况紧急，自己很可能被捕；同时也考虑到任达哉并不认识高震明同志。许建业同志马上告诉高：“任达哉来了，你赶快走！”高震明同志赓即离座伪装去厕所小解。许建业同志趁机起身迎上前去，转移了任达哉和特务的视线，使高震明同志脱险。

许建业同志被捕后坚贞不屈，大义凛然！敌人开始诱以高官厚禄，以后又以严刑威逼，都不能达到他们的目的。建业同志对敌人的严刑拷打，面不变色心不跳，真不愧是一个真正的共产党人！敌人从他的口中得不到他们想得到的任何东西。软的和硬的办法都失败了，在黔驴技穷的情况下，敌人又使出了“红旗政策”的手法。他们用一个叫陈远德的特务去充当看守，伪装同情革命，声称自己是贫苦农民，被迫拉去当兵的，愿意为革命做点工作。许建业同志是个责任心很强的人，被捕之前有些文件和几份新党员的自传放在他的住所，还没有来得及处理，他很怕党的事业再因此而受到更大的损失，迫切地想通知在外面的同志把这些文件转移出去，因此就轻信了这个特务，便托他送一封信到中正路 97 号（地点在金沙岗附近）去，这个地方就是我们党的联络点“至诚公司”的职员宿舍。信就是交给刘德惠同志的。特务知道这个地址之后，除将刘德惠逮捕外，就日夜派人守宿舍大门，从此使中共川东地下党组织遭到极大破坏。

堡垒是最容易从内部攻破的

敌人在中正路 97 号“至诚公司”职员宿舍的门口撒下了大网，4 月 6 日，捕获了中共川东临时工作委员会委员、中共重庆市委书记刘国定。同刘国定一起被捕的还有涂绪勋同志，他是刚从乐山武汉大学毕业来重庆，准备和许建业同志一起在重庆市搞工运工作的。涂绪勋同志有个亲戚是特务，证明他是刚从大学毕业来重庆找工作的，因此得以取保释放。刘国定被捕后马上叛变，供出了市委副书记冉益智和《挺进报》特支陈然等同志，并接受敌人“上校”官衔的封赏，死心塌地地为敌人效劳卖命。刘国定在川西和川北地区都工作过，对党内情况知道较多，出卖了不少同志。

刘国定带着特务到成都去逮捕中共川康特委书记蒲华辅，但是他并不知道蒲华辅的住所，只好坐着小汽车在街上乱窜，把希望寄托在偶然碰上，但始终未能如愿；最后才从中学教师名册中找到了蒲华辅的线索。由于蒲华辅被捕叛变，进而使川康地区的党组织受到很大破坏，齐亮同志也因此被捕。

刘国定被捕后，特务在他身上搜出一张王朴同志（江北县人，他和齐亮、黄友凡等同志组成中共重庆市北区工委）开出、由川康银行承付的支票。开始特务们还没有怀疑王朴同志是共产党员，所以只把他暂时拘留起来，罪名是“以物资助匪”，指的就是王朴同志开给刘国定的那张支票。为此，王朴同志的爱人褚群同志还抱着小孩到拘留王朴同志的地方去闹过，要求迅速释放。但是后来特务追查到川康银行经办这一账户的行员苟开甲。苟同王朴原来是广益中学同学，彼此私感还好，但是一当特务进行追查，苟开甲感到事情严重，为了保全自己，就完全置友谊于不顾，不仅把他所知道王朴同志的情况全盘托出，而且还充当了逮捕王朴同志的帮凶。后来特务审讯王朴同志时，刘国定甚至出面对质，无耻到了极点！

齐亮同志是川东地下党重庆市北区工委书记。因刘国定被捕叛变引起北区工委王朴同志被捕，北区工委决定撤离。齐亮同志对善后工作做好安排之后，同他爱人马秀英同志一起转移到成都，打算通过马秀英同志的哥哥、中共川康特委副书记马千禾（原名马识途）同志寻找上级党组织，并报告重庆党组织遭受破坏的情况。正当他们对需要办理的事情刚刚办完，即将离开成都的前夕，夫妇俩去春熙路购买日用品时，在百货商店内，也被蒲华辅带着特务把他们逮捕了。

更为痛恨的是刘国定叛变之后，甚至带着特务乘飞机去上海，妄图逮捕钱瑛同志，进而破坏整个中共中央南方局的组织。因刘国定在被捕叛变之前，1947 年南方局曾经叫他去上海作过联系，他知道南方局在上海的地址。刘国定叛变后，南方局留在上海的同志接到重庆地下党同志发去的电报。内称：“我这次回娘家，不幸得知柳表妹行为不正，染上了花柳病，已经住了医院。”这时钱瑛同志已经离沪去港，留在上海的南方局同志从这个电报分析，知道重庆出了问题。“柳”“刘”谐音，断定是刘国定被捕无疑，马上转移，等到刘国定带着特务去到上海，却一无所获。

川东临工委领导多数被害

刘国定个子不高，人称“刘矮子”，萧泽宽同志体型较胖，人称“萧胖子”。刘国定被捕后敌人声称：“捉到了一个‘刘矮子’，还要捉一个‘萧胖子’。”刘国定被捕后，萧泽宽同志约冉益智（中共重庆市委副书记）和李维嘉（中共重庆市委常委）同志于4月17日中午在北碚公园会面。到了约定时间，冉益智竟没有来，他们两人马上离开。萧泽宽同志去铜梁暂时隐蔽，李维嘉同志以后到了川西。后来知道冉益智已被捕叛变，冉在下川东一带工作时间较长，由于他的叛变出卖，特务找到中共川东临工委委员、兼下川东地委书记涂万鹏（即涂孝文），接着涂也叛变。冉叛变，使下川东地委成员唐虚谷、杨虞常、江竹筠等十余位主要干部遭到逮捕，使万县、开县党的组织遭受重大破坏。

中共川东临委的工作重点，是领导农村武装斗争。书记王璞同志经常住在华蓥山一带。当时武装斗争的形势很好，队伍发展也快，颇有义旗一举，万众蜂拥而至之势！华蓥山周围的合川、武胜、岳池、广安、大竹、邻水等县，和大巴山东南部的奉节、巫山、巫溪、云阳、开县、万县等县的武装起义，形成彼起此伏和此起彼伏的互相呼应之势，所以敌人在报纸上曾发出过“华蓥山有土共十万之众！”的惊呼。卧榻之侧，岂容他人鼾睡！国民党反动派为了保其老巢不致倾覆，调动大军四面“围剿”。但由于起义军斗志昂扬，一举击溃了南充保安队，并当场击毙了南充警察局长林廷吉，大挫敌锋，成渝两市因此为之震动！王璞同志乘胜率部突围至武胜县境内进行休整。

1948年8月的一天，他和陈伯纯、易难、王屏藩、刘银洲、罗又新等同志在武胜县沿口镇一个寨子里开会，正在讨论时，罗又新同志不慎手枪走火，误将王璞同志击中而不幸牺牲。至此，川东临工委和重庆市委的领导成员，有的牺牲，有的被捕，有的叛变，只剩下萧泽宽和李维嘉两同志了。

野火烧不尽，春风吹又生

川东地下党组织整理和重建的经过

国民党反动派以为得到了几个共产党的叛徒，就可以稳坐天下。完全是痴心妄想！他们不知道：屠杀得越凶，革命的烈火就烧得越旺。共产党人是斩不尽，杀不绝的。当他们在发奖授勋、欢庆胜利的时候，人民的义旗又高高举起了。

中共川东特委的成立

我们党在同国民党反动派的长期斗争中，积累了丰富的地下工作经验。皖南事变后，我们在组织上首先是采取单线联系。第一，党内只发生纵的关系，即一个党员只知道领导他的上级和他所领导的下级，一般不成立党的小组，避免发生过多的横的关系。第二，即使不是单线联系，但在小组与小组之间，如果没有互相之间必要的工作联系和经上级同意，不准私自打通横的关系，也不准越级去找上一级的领导人，“横不出支，纵不越级”，避免遭到敌人破坏时互相牵连。第三，是住“隔离医院”。一个党员出事后，凡是和他认识和发生过组织关系的党员，都要马上撤离原地，这样，即使他叛变了，也难于找到他原来联系过的人；被敌人逮捕后又释放出来的同志，开始都不分配工作，也不让他和其他党员接触，一定要严格审查清楚以后，才能恢复他的组织关系。第四，是采取下面分散、上面统一的形式，建立平行组织。在一个地区、一个工厂、一个学校、一个机关，都不一定只有一个党的组织，根据需要，有时可以建立两个或几个平行的组织。这样，一个被破坏了，另外一个还可以独立工作，不受影响。

由于采取了以上这些办法，川东党的组织虽然遭到大的破坏，但经过半年多的清理和整顿，很快就恢复和建立起来，继续带领群众奋勇前进！这不仅是出乎敌人意料之外，也出乎我们的朋友（指民主人士）的意料之外！他们都以为经过那次大破坏之后，川东地下党的党员都被抓完了，川东地下党的组织完全被摧毁了。

当时川东临工委委员萧泽宽同志，因为目标太大，而且敌人又在到处追捕，不便出来搞清理工作，只好隐蔽在铜梁、江津一带，把他知道的组织关系，交给邓照明同志逐个去清理。邓照明同志和我是1947年暑假以后，才从酉（阳）、秀（山）、黔（江）、彭（水）撤到重庆来的。到重庆后只和萧泽宽同志单线联系，没有和中共重庆市委发生关系，所以刘国定和冉益智这些叛徒都不认识我们，这是我们能够出来工作的最重要的条件。

邓照明同志在这段时间四处奔跑：他以重庆为中心，时而广安、大竹，时而梁平、垫江，时而又铜梁、江津。每一个地区他都指定一个人负责：指定我负责重庆市（包括巴县和江北），并领导川东地下党插入川西的组织；卢光特同志负责上川东和下川东；李培根同志负责泸县、江津一带；李治平同志负责涪陵、綦江、南川一带。我们四人也就成为他和萧泽宽同志离开重庆到解放区后川东地下党的领导核心。

我和卢光特同志都住在重庆市区内，经常碰面交换情况和研究问题，李培根和李治平两同志，则是不定期地到重庆来和我们会面。川东和重庆市的地下党组织经过一段时间的清理整顿就绪以后，于1948年12月由邓照明同志到香港向中共南方局组织部部长钱瑛同志汇报。当时钱瑛同志除对国民党统治区斗争的方针和策略做了一些指示外，并指定萧泽宽同志和邓照明同志分别担任中共川东特委正副书记，改组了过去的川东临委，并要照明同志迅速回到重庆，对地下党组织继续进行整顿和巩固的工作。

建立秘密机关

这段时间，邓照明同志虽然东奔西跑，但仍然是以重庆为中心和落脚点。为了工作的需要，有建立一个秘密机关的必要。1947年暑假，我和我的爱人谢若英同志（已故）来重庆后，她以教书为掩护，住在新桥适存高级商业职业学校（简称“适存高商”）。我则以该校的董事和“天瑞公司”副经理的名义为掩护，住在临江路45号。这个地方也是“适存高商”的驻城办事处。所谓“天瑞公司”，不过是块空招牌。由民主同盟的胡克林同志任董事长，赵一明同志任经理。

在经济上，它是把“适存高商”每期所收的学杂费拿来周转，避免当时恶性通货膨胀贬值而遭受的损失。在政治上，它是“青年民主社”（一个民主团体，中华人民共和国成立后自动宣布解散）活动和联系的场所，我也利用这个地方经常和党内同志联系。1949 年 7 月，我们川东地下党的领导核心，还在这个地方开过一次全体会议。当时参加会议的，除了卢光特、李培根、李治平和我而外，还吸收了蒋仁风和熊扬两人参加。

1948 年下半年，为了建立秘密机关，邓照明同志要我们夫妇以建立小家庭为掩护。谢若英同志离开“适存高商”搬到城内来住，邓照明同志则以表弟的身份和我们住在一起。我们开始住的地方，是由饶国模同志代我们找的，在牛角沱码头附近，毗邻第五区公路总局。这里交通频繁，过往行人很多，不好隐蔽；加之房东是个一贯道徒；家里设有神坛，附近的一贯道徒经常要到这里参拜。鉴于这个地方不够恰当，又搬到临北区马路的仁和街，在一个小资本家的公馆内租了几间房间。中华人民共和国成立前北区马路还未修通，环境相当僻静。我们这个家庭，除了夫妇二人和一个不满两岁的女孩外，还有一个保姆（田云新）。她贫农家庭出身，是我们从秀山带出来的，政治上十分可靠。

为了减少拖累，便于应付突然事变，以后我们又把女儿送到歌乐山保育院去全托，直到重庆解放之后才接回来。这个保育院是由战时儿童保育会举办的，由宋美龄任会长。地下党的同志在周总理的领导下，经过艰苦细致的工作，逐渐使它成为为抗日民族解放战争服务的一分力量，后来邓颖超同志和李德全同志担任了副会长。保育院内有我们党的支部，傅淑华同志（中华人民共和国成立后任重庆民主妇女联合会秘书长）任书记。离我们住地不远，有个工人党员彭吉安同志住在那里。他的哥哥是本保的保长，国民党反动派清查户口，逮捕共产党员，都要通过他们，彭吉安同志负责保护我们的安全，直到重庆解放。

指挥若定，坐操胜算

1946 年，在国民党决心撕毁停战协定，准备发动全国性的大规模的反革命内战前夕，中共中央南方局深谋远虑，积极做好和谈破裂之后的部署：一方面公开成立以吴玉章同志为首的中共四川省委，以便用地方党组织的名义和国民党正式打交道；另一方面积极做好南方局机关转移的准备工作。这年5月，即派组织部部长钱瑛同志去南京、上海一带进行筹备。开始在上海虹口区吴淞路建立机关。在国民党召开伪国大前一个礼拜，钱瑛同志即以南方局组织部部长的名义和中共上海局合署办公了。以后感到上海环境不太适宜，而且和后方几省的联系也不方便，又才迁到香港。钱瑛同志于1948年初去到香港，领导川、黔、滇、湘、鄂五省国民党统治区的中共地下党的工作。1947年2月28日，八路军重庆办事处和《新华日报》都被国民党反动派“查封”，随即撤离重庆，公开的中共四川省委也同时撤回了延安。四川的党组织从此以后，即分别以川东、川西、川南、川北的独立形式，接受中共中央南方局的领导。

1949年春，辽沈、平津、淮海三大战役相继胜利结束，国民党主力大部被消灭，敌我斗争的形势朝着有利于我的方向急转直下，人民解放军百万雄师陈兵江北，解放国民党的首都南京，解放中国和亚洲的最大城市上海的局面已经形成。虽然大西南的解放是指日可待了，但党中央根据当时的估计，四川的解放，还要等到第二年秋收以后，才有可能，所以后方的斗争任务还是比较艰巨。我就是在这个时候奉命去到香港。

1949年2月在前方硝烟弥漫，炮声隆隆，后方物价飞涨，民不聊生的凄清惨淡日子里，山城人民送走了国民党统治下的最后一个春节，我在一个春寒料峭的早晨，化装成为一个商人，到重庆珊瑚坝飞机场搭乘欧亚航空公司的飞机去香港。在飞机场看到了张兴富同志，他也是来搭飞机去香港的，但是事先彼此都不知道，这真是不约而同啊：在“文化大革命”中，有些无知的人，认为在国民党统治区内，既然特务如麻，我们就寸步难行了。并以此为理由，推断地下党员不是特务，就是叛徒，真是幼稚已极！他们只看到敌人凶恶的一面，没有看到敌人虚弱的一面。其实在这一时期内，尽管敌人的气势汹汹，我们共产党人仍然在渝港、蓉港、贵港、昆港等航线上频繁往来，没有听说有一个同志是在去港的过程中出了问题的。这就足以证明特务的十足无能！

我和张兴富同志都没有到过香港，抵港后，下榻九龙尖沙咀旅馆。第二天，按事先约定的暗语写了一封信，投到新华社香港分社门口的信箱内。估计组织上来找我们，最快也要在一天以后，并且知道，和组织接上关系后，便没有时间出来了。于是我们抓紧机会，渡过海峡，到香港去开开眼界。特别是我们两人过去都没有见过大海，于是我们决定首先乘登山缆车直奔山顶。到了山顶以后，看到一望无际的大海，心胸顿觉开朗；同时，想到很快就要回到家里和家人见面，更加精神倍振，心旷神怡！

根据当时的形势，南方局对我们待解放区工作的方针是：保存力量，防止破坏，广泛发动群众，做好迎接解放、配合接管的工作。根据这个方针，当时的战略部署是：把一部分比较暴露的同志撤退到解放区去，以后再随同解放大军回来，协助进行接管工作。另一部分有条件在后方坚持工作的同志，则用办训练班的办法，分批召集到香港去，用总结经验的方式，学习党的方针、政策，解决工作方法问题。同时学习东北接管大城市的经验，为将来接管重庆，做了充分准备。萧泽宽、邓照明、黄友凡、李嘉庆、李思源、吴斌、姜伯言、廖林生、王大绩（王觉）、张兴富等 20 多个同志，就是根据这一部署调去香港的。

所谓办训练班，除了组织我们学习文件以外，主要的是钱瑛同志和我们一道，共同总结经验，分析形势，讲解政策，研究在新形势下开展工作的方式方法。一直要把我们的思想搞通以后，才让回来。现在看来，这种训练方法是很成功的。这时的钱瑛同志比我 1945 年在重庆红岩村看见她时，虽然脸上的皱纹增加了一些，但斗争经验却更丰富，领导艺术也更成熟了。她对问题的分析，是那样明确深刻；对地下党迎接黎明的战斗，部署得那么详尽；言谈中充满着必胜信念，坚定有力。使我增加了无穷的勇气。她那娓娓动人的言辞，不仅在当时给了我强有力的感染，就是事隔 32 年以后的今天，仍然栩栩如生地萦绕在我的脑际。

钱瑛同志多次的讲话内容，总括起来大约可以归纳成为以下三点：

（一）三大战役胜利结束以后，全国军事形势发展很快，很顺利。南京、上海解放就在眼前，解放大西南的战斗也在部署之中，全国解放的大局已定，国民党反动派已经成为了“瓮中之鳖”，在国统区的武装力量，不要再去搞那些无把握的大规模的公开武装暴动，而以分散、小型、不打牌子、夜间行动的武装工作队形式，保存和锻炼基干力量以待机袭击和牵制敌军，保护党的组织。同时还要加强对党员的革命气节教育。

（二）随着战略形势的转变，要求我们工作重心也要迅速转变。要逐渐由农村转向城市，做好接管城市、建设城市、发展城市工商业的准备工作。要求地下党同志必须认清形势，戒骄戒躁，坚定沉着地贯彻中央方针；要严密组织，积蓄力量；在斗争中掌握有理、有利、有节的策略，避免党组织再度遭到破坏。

（三）为了配合人民解放军解放和接管大城市，要广泛发动群众，巩固和扩大统一战线，四川的地方势力强大，要做好策反工作，以促使敌人内部的分化瓦解；要组织和动员各方面人士共同搞好护厂、护校，保护好人民财产，保存好机关、企业的重要档案和技术资料，发动和依靠群众开展反破坏、反迁移的斗争，要依靠党员和进步群众深入开展调查研究，搜集和整理国民党政治、军事、经济、组织等各方面的情况和资料，为尽可能完整地、顺利地将重庆市这样的大城市接管过来，做好准备。

当时钱瑛同志给我们学习的文件，除了大量党的书刊和新华社关于时事方面的报道、述评外，主要和我们一道学习和讨论的，是毛泽东同志 1947 年 12 月 25 日所做的《目前形势和我们的任务》的报告和《土地法大纲》。

她说这个报告和大纲是指导当前工作，特别是新解放区工作的两个很重要的文件。她要我们深刻理解新民主主义革命的经济纲领，就是：“没收封建阶级的土地归农民所有，没收蒋介石、宋子文、孔祥熙、陈立夫为首的垄断资本归新民主主义的国家所有，保护民族工商业。”她说，重庆民族工商业的比重很大，他们在抗日战争中是起过进步作用。要解除他们的顾虑。我们要消灭的是官僚资产阶级，不是民族资产阶级。民族工商业者在新中国的建设中，还能发挥他们应有的作用的。我们的政策是：“发展生产，繁荣经济、公私兼顾、劳资两利。”你们回去后，要宣传这些政策，使他们不受国民党反动派的宣传利用，搞那些抽逃资金，甚至迁厂外逃等不利于人民的事情。在农村，要宣传“依靠贫雇农、团结中农、消灭地主”的土地改革政策。纠正过去抛弃中农由贫雇农包办一切的错误做法。即使对于地主，也要分配一定土地，改造其为自食其力的劳动者。所谓消灭地主，只是消灭这个阶级，并不是消灭他们的肉体。对于那些同我党共过患难，确有相当贡献的开明绅士，在不妨碍土地改革的条件下，必须分清情况，予以照顾，要防止特务造谣惑众，裹胁农民外逃，破坏农业生产。同时还要广泛宣传我党的统一战线政策。我们革命胜利后要组织的政权，是新民主主义的政权，是工人阶级领导的人民大众的反帝反封建反官僚资本主义的政权，它是包括工人阶级、农民阶级、城市小资产阶级和民族资产阶级在内的，而以工人农民和其他劳动人民为主体。所以我们要组织最广泛的统一战线，去推翻最反动的国民党独裁政权，等等。

党的这些方针政策和钱瑛同志的指示，我回到重庆后，通过各种方式和各种渠道，向各个方面和各个阶层的人士进行了广泛的传达和宣传。打破国民党的封锁，让党的政策深入人心，这对于防止敌人欺骗人民，企图负隅顽抗；对于防止民族资产阶级拆散机器、抽逃资金；对于制止特务造谣惑众、裹胁不明真相的群众和他们一道逃跑；和团结群众、发动群众协助人民解放军解放和接管西南重镇——重庆，并且在重庆解放后迅速恢复和发展生产，把重庆市建设成为一个人民的、生产的城市，都起到了很大的作用。

于无声处听惊雷

破晓前的战斗

1949 年 3 月我从香港回来，直到重庆解放为止，在这段时间内，虽然国民党统治区的人民正处于更加严重的白色恐怖之中：特务横行，物价飞涨，失学失业，民不聊生！各条战线的群众，表现得非常沉默。罢工、罢课、罢教、游行示威、武装暴动等，都停止下来。难道这是群众慑于敌人的血腥镇压，退缩了，不敢斗争了吗？绝不是。反抗的烈火在他们胸中是越烧越旺了，要求斗争的心情是随着敌人的镇压而越来越高了。不过他们根据南方局要改变斗争方式的指示，忍气吞声，埋头苦干，以便聚集力量，迎接更大的战斗——最后埋葬蒋家王朝，彻底解放祖国大西南的国土，这真是“莫道无声胜有声”啊！

根据中共中央南方局“不打大招牌，避免目标显著，容易暴露”的指示，在党的组织方面除了因袭原来的名称外，一般新成立的组织都不先打出招牌，只要有人在那里做扎扎实实的工作就行了。例如重庆市就没有再成立市委，市以下也没有成立区委、县委。根据工作需要，只成立若干特支或领导小组。

其中：有做工运工作的，由卢光特同志直接领导；有做学运工作的，由廖伯康、余时亮、向洛新等同志负责；有做妇运工作的，由谢若英、林琼等同志负责；有做职业青年工作的，钟岐青、张兴富、汤逊安等同志负责；有做统战工作的，是由彭友今、刘大震、王健行等同志负责；有做宣教工作的（出版《挺进报》和印发学习宣传资料），由李怀素（现名李累）、吴朝禧（现名吴宇同）、廖伯康等同志负责。江北县自中共北区工委撤离后，由张仲明同志负责，他仍以江北静观场志达中学为据点，主管静观、水土、龙王、复兴、三圣、太平、清平、土主等乡镇的工作。北碚区则采取“多头、分散”的形式，由喻晓晴同志领导原中共北区工委在北碚工作的一部分党员，王寒生同志领导勉仁中学、温泉小学及其附近单位的党员，樊恒才同志领导天府煤矿附近几个乡的党员，余时亮同志领导相辉学院、乡建学院等高等院校的党员。这几股力量，都统一在我的领导之下，采取一种“下面分散，上面统一”的形式进行工作。巴县也是采取这种办法，共是好几股头：一是以一品场为中心的朱可辛同志；一是以月明为中心的辛常嘉同志；一是以龙凤场、曾家场和白市驿为中心的龚大楚同志；一是以童家溪、蔡家场、兴隆场为中心的张尚川同志。他们也都在我的统一领导之下进行工作。

此外，川东地下党还有一股力量插入川西地区，是由熊扬同志和姜伯言同志负责领导。他和川西地下党组织不直接发生关系，熊扬同志每月来重庆和我联系一次，他最后一次和我会面，是在返回成都的旅途中，重庆就解放了。过去在重庆工作暴露了的同志都转到农村去搞武装斗争。根据钱瑛同志要将工作重点由农村转移到城市的指示，这些在重庆无法立足的同志，以后都向成都转移了。这支力量还派出一个以杨正南同志（现任云南省委常委、省计委主任）为首的工作组，深入原西康省的雅安地区去工作。对策动刘文辉的起义，起过一些作用。

为了加强学习和宣传，我们恢复了《挺进报》。这时的《挺进报》，本来是前期《挺进报》的继续。我们总结了前期《挺进报》被破坏的教训，首先在名称上不固定，一般是用地下刊物的形式，有时是用小册子（选用学习资料和党的重要文件）的形式。但刊头上都不一定再打《挺进报》的名称，避免引起敌人的注意。发行的方法也有所改进，比以前更加灵活谨慎。因此尽管它的发行范围超过被破坏之前，却一直没有被敌人发现。它在教育群众、发动群众、组织群众方面，都起到了相当大的积极作用。这个刊物的编辑工作是由李怀素同志负责。收音机就放在他的家里，他把解放区的消息收听并编好之后，由吴宇同同志带到沙坪坝民建中学，或由廖伯康同志带到化龙桥“大有小学”去刻印，然后通过各个系统分别发行。

在农村武装斗争方面，我们也根据南方局的指示，取消了纵队的名称，也不再搞大的暴动了，改为短小精悍的武工队的形式，分散骚扰敌人的后方。这样既便于打游击战，又可以牵制大量的敌军，使他们不敢随便调走。

青年学生，历来都是站在斗争最前线的。重庆的学生运动有它光荣的历史传统。抗战胜利以后，它经历了三个阶段，也就是掀起过三次大的高潮。

第一次：1946 年 12 月北平的“沈崇事件”后，重庆学生为了响应全国“严惩凶手，要求美军撤出中国”的呼吁，在全市范围内展开了一次轰轰烈烈的“抗暴运动”。

第二次：反饥饿，反内战运动。当国民党反动政府单方面召开了伪国大，制定了伪宪法，气焰嚣张地发起向延安进攻，这时形势起了变化，抗暴运动的高潮已经过去。为了紧跟全国学生运动的步伐，重庆市学联提出了“反饥饿、反内战、反迫害”的新的斗争口号，运动转入了第二个阶段。

第三次：1949 年初，当我党提出八项条件作为和谈基础，揭露了国民党假和谈的阴谋之后，全国各地在党的领导下，掀起了一个“争生存、争温饱、反饥饿，反内战”的群众运动。当时重庆有些学校的师生，为了改善生活待遇，也在酝酿罢课罢教。在斗争中，各校相继成立了“争温饱委员会”。我们认为这是革命风暴即将到来的预兆，决定因势利导，组织群众把争生存、争温饱这一经济斗争和反内战反对国民党反动统治这一政治斗争结合起来。响亮地喊出了“惩办发动内战的战争罪犯！”“废除专制独裁的伪法统！”“敦促南京政府接受和谈条件！”“要真和谈，不要假和谈！”等口号。并决定于 4 月 21 日，即我人民解放军大举渡江之日，举行全市性的示威大游行。

但是反动派总是不甘心于灭亡的，在他们垂死前仍要挣扎。“四二一”大游行的前夕，我们通过可靠渠道得知国民党反动派已经准备了逮捕人名单；同时也知道敌人要采取军事戒严，封锁两江，截断从沙磁区通往市区的公路等措施，不惜用武力来破坏学生游行。我们根据党的改变斗争方式的指示，掌握有理有利有节的策略，决定不和国民党军警硬拼，避免不必要的牺牲，通过组织，对学生进行说服工作，把原来筹备就绪的全市性统一的大游行，改为分区游行或校内游行。还及时通知在运动中暴露了的党员和积极分子迅速转移，由于严格贯彻执行了南方局的指示，认真总结了以往学运工作的经验，使这次运动开展得既广泛深入，而又避免了党组织和进步群众的暴露、牺牲，取得了运动的全胜！

从此以后，重庆的学生运动，就转入了以“广泛发动群众，保护学校图书仪器，深入开展调查研究”为中心。根据钱瑛同志关于要巩固组织的指示，我们特别注意把党组织深深扎根于群众之中。严防特务和投机分子混入，把已经暴露的“六一社”更名为“新民主主义青年社”（简称“新青社”），并在各大中学校和机关团体中大量发展社员。全市的“新青社”社员，在中华人民共和国成立以后，都全部转为“新民主主义青年团”的团员了。成为协助接管，开展青年工作一支很重要的力量。

这里我们需特别提到的是在地下斗争时期钻进敌人心脏工作的同志，他们冒着生命的危险，给我们输送可靠的情报，使我们避免了许多不必要的牺牲，取得了斗争的胜利，他们的工作是很有成绩的。

在“四二一”学生运动中，关于国民党反动派打算镇压学生的情报，是由我们打进敌人阵营去工作的袁鉴承同志提供的。他的这一情报，来源于我前面曾经提到的敌人每周举行的“特种汇报会议”。这个决定是他们在 1949 年 3 月 29 日举行的会议上做出的，我们在 3 月 31 号就知道了。根据敌人的这个决定和所开出的黑名单，我们除了及时改变斗争的方式而外，并按照黑名单上所列的姓名，立即通知有关同志迅速离开，结果这些同志都免遭于难。只有南开中学三个非党教师赵晶片、韦延鸿、韦廷光；得到通知未及时离开，结果被敌人抓了去。

此外，我们也从同样的渠道，得到敌人在各校的“职业学生”名单，经地下党组织分别转知了这些学校的进步师生，在学生中进行揭露，使这些职业学生的面目暴露而陷于孤立。打击了他们的反动气焰，鼓舞了进步师生的士气，启发了中间同学的觉悟。我们还有同志冒着生命的危险打入高级特务机关，将被捕同志的情况及时报告党组织。这样，哪些同志叛变，哪些同志坚贞，党组织都了如指掌。

重庆的工人运动，在 1946 年前后，罢工浪潮蓬勃发展，它和学生运动互相配合，成为全市群众运动的两支强大力量。1949 年，则转变为以“保护工厂、保存档案材料，防止敌人破坏”为中心的群众运动了。这时，在工人中，没有全市性的统一组织。各厂根据自己的特殊情况，采取各种不同的形式，团结进步工人和中间群众。有的组织“护厂联谊会”，有的组织“工人自卫队”，有的组织“工人纠察队”，有的组织“家属防盗队”（实际上是防特），有的利用官办组织“应变委员会”等，进行护厂斗争。提出：“工厂就是我们工人的家！”“保住工厂就是保住命根子！”“车间就是战场！”等具体行动口号。

我们当时主要在兵工系统，钢铁、煤炭、电力系统，公路运输系统，纺织系统，电信系统进行工作。而以兵工系统的力量较为强大，成绩也较显著。敌人的破坏，也是以兵工系统为重点，在这个系统内的斗争也最激烈。如江北刘家台的二十一兵工厂（即现在的长安机器厂）的“护厂联谊会”就是由地下党员赖宗瑜同志组织起来的。直到中华人民共和国成立后的 1950 年初厂工会成立时，才宣布解散。这个联谊会在发动工人护厂方面做出了显著的成绩。

此外，他们还将该厂厂长余濯之争取了过来，临近解放时，通过他将仓库里的枪支拿出一千多支，武装了工人、增加了工人护厂的力量。这个厂在国民党逃跑前夕，本来已经安好大量的炸药，要进行破坏，护厂英雄吴坤山同志在“护厂联谊会”的领导下，冒着生命的危险，机智勇敢地带着另外几个工人，在万分危急的时候，只用了一个多钟头的时间，就把 140 多箱炸药搬走，投入嘉陵江里去了，避免了一场国家财产的大破坏。

又如原二十九厂（即现在的重庆钢铁公司大渡口钢铁厂），在敌人撤退时，也在这个厂的发电所、平炉、轧钢等车间，安好了炸药和定时引信，打算加以破坏，使这个西南唯一的钢铁厂在中华人民共和国成立后无法恢复生产。1949 年 11 月 29 日，该厂的地下党员刘家彝、简国治两同志即带领群众前去解除，因数量太多，拆除工作进行到中途，即行爆炸，刘家彝、簡国治、黎勋文、古传贤、曹仲良、应文宇、田玉清、陈建铭、任安炳、董定盛、胥良、柳传、王吉之、王昌、吕治平、张金山、罗万忠、张国梁等 18 烈士光荣牺牲。他们以自己的鲜血，使中华人民共和国成立后的重钢能够较快地恢复并投入生产。像这样可歌可泣的例子，在其他工厂也是有的，这是重庆工人阶级，在共产党的领导下，对国家对人民所做出的伟大贡献！今天回想起来，令人肃然起敬。烈士的鲜血没有白流，让我们踏着他们的足迹，在“四化”建设中争取更大的胜利！

（本文选自《重庆文史资料选辑》第 11 辑，1981 年版）

廖石城*：重庆市参议会内的民主斗争

地下党打入重庆市参议会

重庆市参议会的构成情况是："民选"参议员 82 人，1948 年 3 月增加了遴选参议员青年党、民社党各 8 名。"民选"参议员中属于国民党方面的有赖健君、刘野樵、古铎等 20 余人，多数是"中统"特务。属于三青团方面的有罗才荣、李蕴权等骨干分子，因为工商界参议员如范众渠、柯尧放、蔡鹤年等一般都倾向于"团"，所以这方面人数最多达四五十人。在参议会内"党""团"两方面尖锐的争权夺利斗争中，"团"方面总是占上风。市参议员中除一部分"党""团"骨干分子坚持反动立场，坚决以人民为敌以外，尚有一大部分工商界参议员，看到局势急转直下，蒋帮失败之势已无可挽回，出于自身利害的考虑，又长期直接或间接受我党统战政策的影响，其中多数是可以争取的，有利于重庆地下党领导的在参议会内的民主斗争。

1948 年初，重庆地下党遭到大破坏，我因有特殊身份（青年党），隐蔽下来。4 月间看到报上登载各省市民、青两党遴选参议员名单，重庆市名单中有我的名

* 作者时为重庆地下党员。

字（廖国镇），因为青年党自旧政协投靠国民党后，大小党员拼命抢官抢钱，我什么也没有要过，他们觉得过意不去，就主动地给我这一个参议员头衔，这是我事先不知道的。我即向我的地下党联系人余国材同志汇报，得到指示说应该去，进到参议会里面去为党工作。从此，地下党打进了重庆市参议会。

青年党另一名参议员刘主生，一向和我私感较好。刘和胡子昂是北京农业大学同学，关系较密，他知道胡的思想倾向进步，正积极在找进步关系。地下党派樊恒才同志和他联系。参议员李仲平，参议会秘书严镜予，均系大革命时代党员，以后脱党，此时也和地下党取得联系。此外还有过去和党有过关系的如参议会秘书长柯尧放、秘书徐庆坚。此时与地下党虽无直接联系，但在政治上是可以通气的。再有如老同志邓均吾也在参议会做秘书，因为他的名声太大，我们不便和他接触，可能他是和上级党有联系。

根据以上情况，地下党发动组织参议会内民主进步力量，并尽可能地团结一部分人，互相配合，利用各种合法手段，在会上会下同反动派做不调和的斗争，是有条件的。直到重庆解放时为止的一年多时间当中，市参议会内的民主斗争是激烈的，并取得显著效果。

拉拢参议会议长

我进入重庆市参议会不到一个月，就改选议长。胡子昂因选上了立法委员辞去参议会议长职务。赖健君（中统专员、解放后镇压）、范众渠两人竞选议长。赖与青年党重庆市党部主席肖智僧有密切关系，因此青年党决定支持赖健君，我当然不能接受这个决定去投票选一个特务当议长，当时和地下党联系人余国材同志商议，认为我们应该支持范众渠。于是，我私自去会范，表示支持他作议长，范当时感到很奇怪，因为我与他素无交往，而支持他又是违反青年党意图的，他误会我是想要钱，问我差不差钱用。我谢绝了他的好意，说明并不是为了钱而来，讲了一番大道理。从此以后我们之间就有了一层关系。

范众渠当选了，在彼此的接近中，他觉察到我的真正政治态度，就显得比较亲密，谈到他的身世和经历以及对国民党的看法，并说他找来的参议会秘书长柯尧放，过去曾参加过共产党的，这人很好等等，表明他的政治态度。我就动员他为我们做事，例如在地下党遭受破坏后一大批同志需要找职业掩护。地下党交给名单（由樊恒才交我的），由我去找范，通过他的关系写介绍信。我只说是我的亲友要找职业，但他似乎明白，彼此心照不宣，我记得是找他写过三次这样的信，看来他是比较可靠的。地下党也通过李仲平去找他，的确做过不少的事。到临解放时，共产党派蒋仁风同志公开以共产党员的身份，领导范众渠及高允斌、柯尧放等做策反和迎接解放的工作。

要求立即停止征兵

1949 年，国民党军队在辽沈、平津、淮海三大战役中大量被歼灭，蒋介石被迫发表元旦声明求和，企图以“和平”名义，维持其法西斯统治，阻挠人民的胜利。

1 月 14 日，毛泽东同志在时局声明中，批驳蒋介石的元旦求和声明，提出以彻底消灭反动势力为基础的八项和谈条件。蒋介石被迫宣布“引退”，让李宗仁代总统。李宗仁同意以我党所提条件为和谈基础，进行和谈。此时重庆地下党为了加强参议会斗争的领导，指派樊恒才同志担任这一方面的联系工作。反动派由于兵源枯竭，积极征兵。樊恒才根据地下党的指示，布置我和李仲平、刘主生等在参议会利用“和谈”提出停止征兵，反对内战的提案，给反动派有力的打击和揭露。我们就发动在 1 月 7 日各常设委员会联席会议上讨论呼吁和平的动议案，并建议成立和平委员会，以促进和平的实现。

罗才荣赓即表示，中共无诚意可言，要在电文中指出战争责任在中共。受我们影响的参议员丁荣灿表示反对说：是非问题应由历史学家来判断，不能只责备一方。刘野樵主张战争责任问题一定要明白指出在中共，不能含糊。赖健君即刻发言，同意刘野樵的主张。于是，展开了一场争论，李仲平、刘主生、邹明初相继发言。均主张若是单责备一方，就失掉求和之意。刘野樵等反动分子妄图把战争责任强加给中共的阴谋未得逞。

3月14日参议会十一次大会预备会议，我与李仲平、刘主生并联合工商界参议员龚琼伯、周介眉等40余人，严正地提出：请立即停止征兵、以纾民困，而利和平案。由我和李仲平起草，原文如下："理由：和平为人民一致要求，征兵为和平之主要障碍，为表示政府谋和诚意，不宜继续征兵。现行兵役制度流弊无穷，人民痛苦已深。办法：一、电请中央立即停止征兵，并通电各省市参议会一致主张。二、本市征兵事项应请市府立即停止执行。已征未入伍者应免其入伍，已入伍者应准其退伍，已收之壮丁安家费应立即分别退还。"此案一提出，立即遭到赖健君的反对，古铎则以预备会通过决议案与议事程序不合为理由，企图阻止提案通过。

3月16日举行正式会议，我们和参议会秘书长柯尧放共同商量，必须有所准备。我们在提案上签名时，李克愚（市黄色工会秘书长，解放后被镇压），也冒冒失失地来签了名，我们就乘势将他摆在第一名。柯尧放还主张把提案内容冲淡一下，他就在原稿停止征兵一句下加参军二字，又加上中共办法亦不合理一句。此案提出，经过激烈争辩，在表决时仍获得半数通过。但次日《中央日报》报道的仍是未经修改过的原文，其他各报登载的则是经过修改的文稿。此一议案通过后，对社会的震动很大。

人民群众对国民党征兵扰民，痛苦已深，敢怒而不敢言。对参议会此一提案，拍手称快。参议会秘书处即根据已通过的提案分别函电重庆市政府，西南长官公署、国防部、行政院、立法院等机关，要求立即停止征兵。不久，接到重庆市政府转国防部的答复："市参议会请停止征兵一案诵悉，现值时局紧急，兵员补充，互为迫切，不能停征。希体念时艰，协助征集，共赴事功为盼。"国民党反动派要继续打内战，不仅不同意停止，反而要市参议会协助他征兵。

尽管如此，在3月21日大会上又通过了临时动议案。决议："请市政府严令民政局转饬各区保甲，确依本会决议，立即停止征兵，以纾民困案。”市参议会秘书处并将此案直接函送重庆市各区公署，目的是要各区基层组织响应，共同行动起来，一致抵制。

重庆各报如《大公报》等均发表社论，赞许市参议会主张和平与停止征兵的提案。《国民公报》3 月 16 日社论，题为：“市参议会当前的主要课题。和平，停止征兵、征粮。”通过我们对市参议会秘书处的影响，市参议会大会的开幕词说：“国家和人民今天所厌弃的就是战争，所需要的就是和平，本会此次两大问题：一和平，二经济问题乃是长期战争与恶性通货膨胀的结果，两个问题实际是一个问题。和平实现了，兵不需再征，经济会好转。”并对政府提出具体要求：“一、迅速确定和平方案；二、迅速派定和谈代表，指定地点，开始和谈；三、全面停止战争，并停止一切足以妨碍和平的宣传；四、停止征兵征粮；五、严切执行李代总统的七项措施；六、谢绝一切无利于和平的外来援助。”以上各点，基本上反映了广大人民群众对时局的要求。对于要求停止征兵一案，关系到是要和平还是要继续打内战的问题，我们集中力量同反动派展开了尖锐的斗争，对会内会外都产生了深刻的影响。

反对金银外运，迁都重庆

1949 年三四月间，解放大军南下，国民党豪门大户纷纷准备逃往国外，在全国各地大肆搜刮黄金、白银外运，造成社会经济一片混乱。本市也因金银外流，致使金银价格暴涨，带动物价大幅度波动，直接影响人民生活与社会秩序，大多数参议员对此均表示愤慨。我们策动参议会提案加以制止。4 月 30 日由参议会刘主生等提出请西南长官公署严禁本市金银外运案，是对国民党反动统治集团愤怒的声讨和打击。

百万雄师过大江，国民党反动派的巢穴南京覆灭了，反动政府逃到广州。5 月 19 日，反动政府国防部迁往重庆，即传闻国民党政府有迁来的消息，重庆人民仇恨伪政府，表示反抗。我们策动参议会提案阻止伪政府迁来重庆。

6月2日由参议员黄道周提议：“请政府坚决留守广州，迁都事宜应慎重考虑案。”自然立刻遭到刘野樵的反对，说政府迁都是国策，民意机关不能阻止等等谰言。丁荣灿发言，支持黄道周的提案说，重庆老百姓再也不能有任何负担了，大家心里是不希望政府迁渝的。李仲平发言说：我能往彼亦能往，重庆未必是安全乐土，迁都问题应该慎重考虑。争论没有结果。我们知道伪政府迁都的事，不是参议会所能阻止的。但提出这样的提案，造成舆论，使敌人感到四面楚歌，走投无路，对反动派是一次沉重的打击。

市参议会第十一次大会，自3月14日揭幕，一直开到6月6日才宣告闭幕，足足开了85天，是参议会最长的一次大会，打破历史纪录。在会期中我们向地下党汇报了情况，并争取指示。本次大会我们向反动派展开了尖锐的斗争，而且是反复曲折的进行，致使几次推迟闭会日期，继续在大会、小会上不知疲倦地进行斗争，这次会斗争艰巨，影响也比较大。参议会内一部分与地下党有联系的同志，的确是尽到他们的力量的。

制止反动派镇压学生的暴行

1949年初以来，形势有利于人民，不利于反动派。反动派不甘心它的失败，一面顽固地进行反人民的内战，一面对人民加紧镇压，同时更加疯狂地大肆搜括，伪币急剧贬值，物价如脱缰野马，人民生活陷入绝境，青年群众在我党领导下要和平、要民主的运动高涨，掀起了反内战、反饥饿斗争的浪潮，酝酿在4月21日举行声势浩大的游行示威，反动派怕得要命，积极准备武力镇压。

据地下党得到的情报是西南长官公署头子张群特别为此事召开反动头目的紧急会议。会上争吵不休，对付的办法有两条：一条是由政府拿出大量黄金、白银来，改善学生生活，要粮有粮，要衣服有衣服，以阻止学生再闹，这一条是根本办不到的。另外的办法，就是采取残酷的手段，不惜杀人流血，把这次风潮镇压下去。

地下党知道这一消息后，考虑如何做到既保护学生的斗争热情，给反动派严重的打击；又能避免反动派血腥镇压，减少牺牲。这就需要做两方面的工作。在学生方面通过地下党领导的先进学生加以引导，采取多种斗争形式，示威游行可以在一定范围内，不必进城，防止发生流血牺牲事件。对反动派方面，樊恒才同志派我和李仲平同志去找范众渠，要范以议长的地位向国民党当局做工作，制止镇压学生的暴力行动。

4 月 21 日重庆反动统治者实行全市戒严，出动大量军警，如临大敌，把市中区学校的学生游行队伍，封锁在学校大门以内，门外架起机枪。实行两江封渡，断绝交通，沙坪坝各校学生的游行队伍，被阻止在小龙坎一带，军警与学生处于武装对峙状态，气氛极为紧张。这天范众渠坐着汽车先到长官公署及重庆警备部，后来赶到沙坪坝现场，一方面劝告反动派不得使用暴力，一方面劝阻学生不必进城。结果沙坪坝等地采取分区游行方式没有进城，江北有的学生泅水过江，夺取被封船只，弄得反动派手忙脚乱。这一天里逮捕了一些他们认为有嫌疑的人，也有的学生挨打，但是避免了一场反动派蓄意制造的流血惨案。

不同意污蔑共产党纵火

1949 年 9 月 2 日，重庆发生空前大火灾，数十条街道成为焦土，人民生命财产损失以万计。重庆市参议会会址亦遭焚毁。正当全市人民痛心疾首之时，9 月 3 日中央社发表消息：“市长杨森说确是‘共匪’地下分子乘机纵火，并已捕获多人，即可讯明正法。”同时，社会上出现了共产党放火的谣言。

9 月 6 日市参议会“九二”火灾善后委员会开会，刘野樵说：“希望大家注意，‘九二’火灾是‘共匪’地下分子一手造成。”与会多数人不同意这种说法，认为并无充分事实根据。重庆市政府主管“九二”火灾善后事宜的建设局，致函参议会关于责任之追究一项这样说：“酿成此次巨灾之责任，是由于共产党有计划纵火，火头太大，加以气候干燥，狂风助襄，妄图嫁祸于人”等云，对共产党进行无耻的诬蔑。地下党指示樊恒才同志转告我和李仲平同志等，在参议会中发动抵制这一谣言，不让反动派混淆是非，影响社会视听。

经过有关同志的努力，大多数人都有了正确的一致的看法。讨论酿成此次巨灾的责任是:（1）防火不力之责任;（2）维持火场秩序不力之责任;（3）火警发出后，自来水迟缓之责任，此次火警发生后，自来水公司在一小时后，始供应消防用水，以致火势燎原;（4）本市各公私医院拒收消防队员及治安人员的责任。为了惩前毖后，并拟订改进消防设施、组织、器材等详细办法一份，请市主管当局执行。

参议会大部分不附和杨森、刘野樵等把“九二”火灾说成是共产党放火，反动派恼羞成怒，反咬参议会一口。《商务日报》发表一条消息：重庆警备司令部某负责人谈话，说在起火时，他亲眼看见参议会楼上有人指手画脚等等，意在影射参议会有人指挥放火，而且是亲眼所见，用心恶毒。参议会见此消息，极为愤慨，正式派人去《商务日报》查问，所称警备司令部某负责人究系何人？同时用市参议会名义在各报登出大篇启事，驳斥警备司令部无端造谣诽谤。并函请西南长官公署查究警备司令部对参议会的诽谤，给反动派以回击。反动派在这场拙劣表演中，搬起石头打自己的脚，除此之外，什么也没有得到。

维持治安，迎接解放军入城

1949 年 10 月以后，解放大军进军西南节节胜利，很快接近川黔边境。此时，反动派头目自蒋介石以下，均猬集重庆，日暮途穷，贼心不死，不愿意像重庆这样的重要工商业城市完整地由人民来接管，他们积极策划在溃逃前进行大破坏，并从台湾调来一个爆破队，运进大量炸药，准备对各大厂矿进行大破坏，并扬言要把重庆市区付之一炬，这一罪恶计划在加紧进行。重庆地下党获悉这一消息后，立即研究对策，发动群众，严密组织，护厂护矿，同时通过各种社会关系向反动派提出各种警告，由我和李仲平分别去找范众渠要他亲自去和杨森谈判，并推动与杨森有密切关系的周健侯、田习之、宁芷村等人以他的老婆儿女多在重庆为由，说服杨森，收到了一定效果。

11 月 21 日，市参议会在沧白纪念堂召开第十二次大会，上午杨森照例到场作施政报告还伪装镇静，吹嘘在重庆周围的布防如何巩固，他有把握保住重庆等鬼话。大家心里有数，此时贵阳已经解放，谁也不会听他的，再也无心开会，下午即宣告散会。这次大会只开了一天，是市参议会会期最短的一次，从此参议会寿终正寝了。参议会与我们有关的一部分人转入会外工作。

（本文选自《重庆文史资料选辑》第 32 辑，1989 年版，原标题为《市参议会迎接重庆解放的活动》）

陈显志*："文化工商工作组"的统战、策反工作

1947 年上半年，唐华文同志和新华日报均转移到延安，我的组织关系未转来。1949 年初，我经张万禄同志介绍证明，由洪德铭同志代表上级党批准，回到了党的怀抱。同时，张万禄同志又介绍我参加民主同盟。我在洪德铭同志的直接领导和张万禄同志的支持下，在钟南中学逐步壮大了进步力量。到 1949 年初，该校已成为掌握在我们地下党员和进步人士手中的工作阵地，我的家成为"地下联络站"。

1949 年 4 月，洪德铭等一行几人奉命去广州经香港转解放区。在洪离渝前，成立"重庆地下党文化工商工作组"。由张万禄、郭卓甫和我等三人组成领导小组，张万禄同志任组长，工作组的党组织关系即由洪带到香港，以后由郭卓甫同志负责与香港《大公报》编辑部保持书信联系。洪德铭同志在离渝时给我们"文化工商工作组"布置了重要任务：要在重庆工商学界发展党的组织，特别要注意发展在群众中有威望，有才干的知识分子入党，要深入机关学校和金融部门调查了解情况，收集资料，为配合解放接管城市的工作提供有力依据；在人民解放军向四川进军时，积极开展"三保"运动和策反工作，以迎接解放等等。此后，工作组的同志均按照布置，为党、为人民做了不少工作。

---

* 作者时为重庆文化工商工作组成员，中共地下党员。

下面我着重谈谈在重庆解放前夕，我们做的统战、策反工作。

开展统战工作，动员群众掀起“三保”运动

（一）在重庆钟南中学里，在地下党员的领导和动员下，团结学校师生，为保护学校和蒋介石的官邸“林园”做好准备。当时我是该校校长，做好这一工作更是责无旁贷。学校除了可供师生一月的生活费用和储备一定的粮食给养外，还彻底清理出过去用来搞军训的一批可用的枪支和弹药，物色一部分可靠的学生，成立学生军事队，并对他们进行严密的组织和教育。当解放军的前锋抵达南岸，敌军从山洞地区狼狈撤退时，学校地下党组织就决定由民盟小组组长董承湘同志（学校的训育主任）负责带领一队学生武装进驻“林园”站岗放哨，日夜保护着园内财产。一直看守到人民解放军进驻之后，才撤回学校。

在学校本部也同时动员师生员工配合学生军事队轮流值勤，日夜巡逻，一直坚持到重庆解放。防止了散兵游勇和坏人的抢掠破坏。重庆刚解放不久，我就把钟南全部校产连同附属事业（如农场和砖瓦厂等）一并捐献给人民政府，由西南文教部余涧南代表接管。

（二）在四川丝业公司，我们也加强了统战工作，积极争取和团结上层人士及所属在渝厂、场等企业里的广大职工，保护了公司和所属企业的资金财产和设备。四川丝业公司是一所农工商联合的大型企业，也是中华人民共和国成立前的重庆八大公司之一。当人民解放军进军西南时，蒋介石见大势已去，除了残酷镇压革命运动外，并对储备在重庆地方上的物资大肆破坏，制造了“九二”火灾。

在这场火灾中，丝业公司在渝财产受到一些损失，该公司以总经理范崇实为代表的一部分民族资本家和上层人士，由于对我党政策认识不够，顾虑重重，见形势不妙，想出逃香港，另觅出路。为此，他们一方面大量解雇职工，紧缩开支，企图卸掉包袱；另一方面想把资金和生丝等转移香港，另起炉灶。恰好在这个时候，公司从英国进口的全套精纺绢丝机的一部分还放在香港，等待转回运渝。他

们就提出要把这批机器留港开工，让丝业公司得以在该地苟延残喘，该司协理陈济光等一部分开明上层人士都主张尽快地把绢丝精纺机催运回渝，资金不转移，厂、场继续开工生产，以迎接解放。陈济光先生是我的叔父，同时与我们地下党和进步人士接触较多，又与牺牲在渣滓洞的王白与烈士（民革成员）是至交，对我们党的政策有一定认识，对毛主席是敬佩的，对地下活动也是保护的，重庆解放前夕，我就请他说服范崇实先生，坚决留在重庆，把丝业公司守着，依靠公司系统广大职工，保护对全系统厂、场的资金设备，解放了，我们党是不会忘记他的。

在这段时间里，陈先生对范氏做了许多工作，并表示自己要坚决留下来与公司共存亡，这就打消了范的顾虑。因而，在重庆解放时，丝业公司在渝厂、场里的地下党员，终于得以顺利地发动广大职工，完成了保护丝业公司及其在渝厂、场、仓库的艰巨任务。如重庆磁器口，是丝业公司下属丝一厂、绢纺厂、华源织绸厂和第一仓库的所在地，我在 1941 年担任丝一厂总务股长时，又兼管厂警队（属于雇用的护厂队），我就先后安插了陈福民、陈来福、陈凯等人作警丁，如遇紧急情况，就可利用这一武装力量。后来陈福民（我的族侄）又被升任为警长。在我的直接领导和教育下，该厂警队对待厂里的工运，一直保持中立态度，但在暗中却是支持的。

重庆临解放时，"文化工商工作组"决定由丝一厂的杜静芳同志（地下党员，立缫工场总领组）、绢纺厂刘衍举同志（地下党员，工程师）联合华源厂周晦若（厂长、民主人士），依靠陈福民等人掌握的厂警队，会同三个厂的广大群众组成护厂队，当敌人从磁器口败退时，就日夜守候护厂，防止敌人破坏，顺利地完成了保卫厂、库的任务，从而使得这三个厂中华人民共和国成立后不久，迅速恢复了生产。后来，上级党委就派我为四川丝业公司监理员，杜静芳同志为丝一厂监理员，在清理完毕官僚资本后，就接管了公司及所属企业。

（三）在重庆大学，我们也认真贯彻党的统一战线路线，大力争取校级领导站在人民一边，并团结广大师生员工，顺利地完成了对重大的护校任务。由于我从

1947 年秋到 1949 年夏这段时间在重大任教，逐步团结了一批师生，教工方面有郑衍芬先生（重大教务长，九三学社成员）、黄昌运（民先队员、副教授）、石寿昌、何启智、袁宏仪、石文光等比较开明的教师。在学生方面有陈英武、苏青阳、官民孝、祝明伦等人。平时，他们都常到磁器口我的家中来谈心。在宣传党的主张、扩大我们党的影响方面，他们都在不同程度上起到了积极作用。

重庆解放前夕，我们以重庆地下党“文化工商工作组”的名义联系黄昌运、石文光、石寿昌等人，除了搜集各大专院校的情况资料外，还积极动员我们所团结的师生，去发动群众开展“三保”运动。当重大无线电系蹇教授（名字忘记了）被蒋介石派人绑架去台湾后，在重大校级领导层中引起很大的慌乱。我同黄昌运、石文光等教职员尽力做郑衍芬先生的工作，使之安下心来。同时又请郑去做张洪源先生（重大校长，也是我在川大理学院读书时的理学院院长）的工作，要他坚决留下来不去台湾，与重大广大师生一道为保卫重大做出贡献。校长愿意留下，并与学校广大师生一起开展护校活动。学校以张洪源、郑衍芬为首的校领导层在保护重大校产方面是起到积极作用的，当然也有其他方面的作用。

（四）“文化工商工作组”下面的其他同志，如北碚和平煤矿郭卓甫同志、维昌纱厂陈剑寒同志等，都在其各所在单位，坚持党的统战路线，团结广大群众，积极开展“三保”运动，为保护本单位的财产不受破坏，做出了自己应有的努力。

对彭斌、萧毅肃进行秘密策反工作

（一）通过可靠的社会关系，秘密向内二警总队长彭斌进行策反工作。动员他率部起义。彭斌的弟弟彭勋五与陈济光先生同事多年，私交甚厚。在人民解放军向西南进军时，就请陈济光先生通过彭勋五暗中向彭斌进行策反工作。在彭斌手下作少校副官的陈廷栋（我的族兄），平时也颇得彭斌的赏识，廷栋有时也伺机向彭斌进言，指出蒋家王朝败局已定，继续“反共”是没有出路的，使彭斌的思想逐步活动起来。

同时，我与廷栋约定，在解放大军兵临城下准备解放市区时，就把自己能掌握的警丁（据他说有30余人）拉出来开到山洞钟南中学与学生军事队一起，共同把住山洞一带公路，捉住杨森等匪首，交给解放军。在重庆临解放前，内二警总队防守在南温泉至黄桷垭一带，企图阻止解放军前进。但由于他们军心涣散，与我军前锋刚一接触，没有抵抗就自行败退了。他们的大队人马败退后集中在歌乐山沿公路一线，准备向璧山方向退却时，廷栋即密劝彭斌立即通电起义，但彭斌犹豫不决。廷栋即按照我们以前的约定，单独把他掌握的内二警的一个小分队拉到山洞，与钟南中学学生军事队会合，但事为彭斌所悉，因考虑到在他们周围残匪尚多，他叫廷栋不要轻举妄动，提出先把队伍拖到璧山、铜梁一带再说。由于彭斌老是犹豫不决，一直把内二警总队拖到川西灌县，迫于当时濒临绝境的形势，才率全队通电起义，向我军投诚。后来，内二警总队调贵州整编，陈廷栋被调往重庆高级步校担任步炮教官。

（二）通过各种渠道，对西南长官公署参谋长萧毅肃秘密进行策反工作，动员他临重庆解放时率长官公署军政人员起义，脱离蒋介石。因萧与陈济光先生是中、小学同学，平时私交甚厚。萧在担任长官公署参谋长后，他们之间过往较密切。当人民解放军向西南进军时，我就提出要济光先生向萧多做工作。当时萧的态度是：认为共产党确实比国民党好，但是要他脱离蒋介石，站到人民一边，他却不愿意。

我们为了进一步做好萧毅肃及其家属的工作，又用"重庆地下党文化工商工作组"的名义，要萧良菱同志（萧毅肃的亲侄儿、民主同盟盟员）沈文翰同志（萧的亲戚、民盟盟员）经常出入萧家，伺机劝萧改弦更张、弃暗投明，并多做萧的家属工作，要他们在重庆解放时，全家留在大陆，不去台湾。萧毅肃虽然已经意识到蒋家王朝行将土崩瓦解，到台湾去也没有什么出路，但由于他效忠蒋介石的思想根深蒂固，一时难以打消，对弃暗投明又顾虑重重，加以蒋介石对他控制很紧，很难痛下决心幡然醒悟过来。重庆临解放时，在蒋介石一再催促下，萧不得不带着“无可奈何春去也”的怏怏心情，告别至亲好友，携眷飞去昆明，听说萧到昆明后，就把他的大儿子萧梦麟等人留下，托付给龙云照看，自己却逃到台湾去了。

（本文选自《重庆的解放》，重庆出版社 1989 年版，原标题为《重庆解放前夕“文化工商工作组”的统战、策反工作》）

蒋仁风[*]：重庆解放前夕的策反工作

1949年7月我参加了川东党的领导，分工负责军运，搞策反工作。刘兆丰给我介绍了一个重要关系。通过当时在歌乐山保育院工作的刘绍富（刘力生）的转介，在和平路的一个会计学校里，找到了曹德渊，此人30年代初，曾加入我党，在程子健领导下工作，后自首变节，对党的事业造成损害。他见到刘绍富的介绍信，知道我是党派来的人，立即向我说明了自己的经历，表示悔恨，愿意为党工作。我对他分析了当前的形势，鼓励他利用自己的条件，策动有关人员反正，要他考虑提出可供策反的对象或关系，希望他努力做出贡献。他提供了一批与他经历相似，可资利用作为策反中介的对象，这些人在国民党全面崩溃之际，十分惶恐，急于求得党的谅解，要求戴罪立功。介绍的对象中，最重要的，后来确实起了较大作用的，有高允斌、汪克明、张晓云三个人。

高允斌策反陈宏模

高允斌的活动面较广。他与川军唐式遵部师长陈宏模打通了关系，陈宏模同意反正。高允斌在商业场里，安排了我与陈宏模及其参谋长张云会见商谈，陈表

---

* 作者当时负责军运、策反工作，中共地下党员。

明了态度。当时陈师驻扎在江津北岸。

我提出的要求是：1. 在我军到达时，把防线拉开一个缺口，让我军渡江，该师撤至璧山永川一带，切断成渝公路，阻止国民党溃军西逃。2. 发表宣言，宣布起义，与国民党彻底决裂。3. 严格约束官兵，遵守“三大纪律”“八项注意”，不得扰民害民。陈一一接受。

高允斌还与工商界上层人士范众渠、温少鹤、柯尧放、蔡鹤年等通了气，我分别与范、温、柯、蔡等在街头约见，促进他们发挥作用，保护城市，迎接解放。

“反共保民军”同意反正

汪克明主要做杨森新纠合的“反共保民军”的策反工作。师长廖开孝愿意反正。该师主要驻在城内及近郊。我在廖的司令部与廖和他的参谋长段举之见了面，并通过汪对廖师提出要求：1. 进击“中美合作所”，解放政治犯，为人民立大功。2. 敌人撤走时，维持社会治安，防止散兵游勇、地痞流氓抢劫骚乱。3. 届时，将部队出动，布置在小什字，横截下半城一线，配合解放军渡江。廖开孝表示，对维持治安，迎接解放无异议；但对进攻“中美合作所”表示有困难。在当时情况下，也无法勉强。

11 月 27 日，解放军已逼近重庆，可闻远处炮声。在川东特委领导下，我于罗汉寺外《商务日报》仓库楼上设立了策反指挥部，调集廖亚彬、黄道周（进步群众）等同志参加工作，我们坐镇那里，与各方联系。

廖开孝师宣布反正，我们通知他，出动部队上街执勤，控制要地。散兵游勇，地痞流氓见城里有警戒，不敢擅动，全市治安良好，市面平静，没有发生重大问题。这时，大江中有一支国民党的长江舰队，还有七艘兵舰停泊在重庆至涪陵一线。他们见大势已去，急于找出路，通过廖开孝来指挥部联系，要求来归。我即派黄道周去，叫他们把火炮穿上炮衣，炮口向下，以防意外，并将各舰调集重庆，听候接管。

指挥部又通知范众渠、温少鹤、柯尧放、蔡鹤年等工商界领导人物，请他们集中商会，通宵守候，动员各方力量，在我军到达时，做到了轮渡车辆畅通，水、电不停，物资供应不缺。在此以前重庆卫戍司令部参谋长范延生向商会勒索黄金三千条，作为不烧毁重庆的代价。温少鹤来问怎么办。我要他们口头答应，实则拖延。这时解放军即将来临，廖开孝部已经倒戈，范延生赶紧逃命，三千条黄金勒索未成。

11 月 30 日，温少鹤、范众渠、柯尧放，蔡鹤年等工商界代表，乘“民运”船，过江到海棠溪，迎接先头部队进城。川东特委派卢光特随船过江，与中国人民解放军三十二师首长反映了重庆地下党的工作情况，和安排了解放军入城事宜。

当天和次日，十二军军长王近山和三兵团司令员陈锡联，分别在嘉陵新村和朝天门接见了川东地下党的刘兆丰、卢光特和我。两个战线的战友会了师。从此，川东地下党完成了它的使命。我们从地下转到地上。

关于陈宏模师，他们在解放军到达之时，确实把部队拉开了缺口，放开了通路。但未宣布起义，也未切断成渝公路，而是撤到了富顺，解放军认为是逃窜匪军，把他们缴了械。据西南局统战部部长程子键告诉我，以后弄明了情况，该师仍按起义部队，陈宏模、张晓云仍按起义将领对待。

廖开孝师，中华人民共和国成立后被编遣。廖开孝、段举之的反革命本性暴露，极为不满，竟到铜梁纠聚土匪暴动，被我军捕获镇压。

长江舰队的七艘军舰，由我交给十二军政治部主任张之轩接管。

中华人民共和国成立后，我调到西南公安部工作，曹德渊、汪克明、张晓云等，继续与公安部门联系，提供敌情。仅张晓云检举逮捕的敌特分子就有多人。

（本文选自《重庆的解放》，重庆出版社 1989 年版，原标题为《重庆解放前夕我们的策反工作》）

陈济生*：我到重庆策反罗广文的经过

我曾因作战有功，深受罗广文赏识

1939年元旦我在中央陆军军官学校（简称中央军校）14期毕业，分发到九十三军第十师三十团重机关枪三连任见习官，1944年升任营长。1946年九十三军缩编为整编第十师，我调任为十师十旅二十八团少校团附。当时师长是罗广文，他属陈诚嫡系，曾担任过十八军军长。二十八团两个中校副团长与我私交较好，一个是贾应华，毕业于中央军校11期和陆军大学18期，长期追随罗广文；一个是邓应龙，毕业于中央军校第10期，后来考入陆军大学特8期，到重庆山洞学习。

1946年夏秋之际，中国人民解放军李先念部向大巴山进军，罗广文奉命率第十师到鄂西北一带阻击。二十八团三营营长黄忠临阵胆怯，坐失戎机，因而撤职，罗调我继任营长。我由于作战有功，深受罗广文赏识。

1947年春，鄂西北战役告一段落，罗广文因作战有功，调任第十四军军长，贾应华任副参谋长。蒋介石命罗率部进驻山西运城，阻击解放军陈（赓）谢（富

---

* 作者时为河北省保安第二旅第四团上校团长。

治）大军。二十八团在眉阳镇被解放军包围，我突围时受伤，借此机会离开罗部回北平探亲。

1947 年冬，罗广文电促我回部队任副团长，我迟迟未应命。

后来，贾应华电告："罗先生允准你报考陆大，希速归。"我到汉口赶上陆大 28 期的初试，幸获录取，到南京复试竟名落孙山，只好又回北平。这时，傅作义正扩编河北省保安部队，成立新军，楚溪春任我为河北省保安第二旅第四团上校团长，1948 年底调任副师长兼河北省学生冬令营总队长，直到 1949 年 1 月 31 日北平和平解放。

中央军校教育长李明灏于北平解放后随解放军进入北京，经常到我家看望我的父亲。谈到他因痛恨蒋政权腐败无能，早于我 1946 年由香港到东北解放区，并详细向我介绍共产党的政策、作风及解放区的种种新气象。我目睹北平解放后的情况，对李明灏老师的话深信不疑，一再向他表示，我愿去说服罗广文和旧同人弃暗投明，率部起义。这时恰好南京国民政府派出和谈代表团来北京，其中有我父亲的好友苗迪青（华东师范大学教授），他来我家听说我与罗广文的关系，也极力主张我入川说服罗广文等起义。

罗广文入川组建新军

罗广文早年毕业于日本陆军士官学校炮兵科，曾一度在黄埔军校任教，但不是黄埔嫡系。1930 年起，罗广文历任陈诚系的第十八军营长、团长、少将师参谋长、师长，1943 年擢升至第十八军中将军长，成为陈诚的亲信。1946 年罗广文调任整编第十师师长，继而任第十四军军长，辖第十师、八十三师、八十五师，于山西运城撤回鲁、豫战区后，又升为第四兵团司令官。

1948 年初国民党部队在各个战场遭到歼灭性失败，溃不成军，蒋介石即在后方成立 10 个编练处，组建新军。罗广文调任第七编练司令部司令官，不久改成战斗序列为第十五兵团司令官，辖一〇八军和一一〇军。一〇八军组建二三九师、二四一师、二四二师，罗兼任军长。其军官中很多是罗广文任十四军军长及十八军军长时的旧部下。

罗广文追随蒋介石的心腹陈诚转战南北，参加过“围剿”红军，痛击过日寇。每战必身先士卒，英勇善战，且知人善用，赏罚分明，治军甚严，深受部下爱戴。部下也对罗敬而畏之，均愿供其驱策。罗广文离开第十四军入川组建新军，由副军长胡栋成接任军长。第十四军的一些军官对该军的前途缺乏信心，纷纷借故入川投靠罗广文，罗亦希望能有得力的旧部相助，以增强新军的战斗力，故广为接纳。

牢记嘱托，只身入蜀

1949 年 6 月开始，苗迪青教授就引荐我到中国人民解放军第二野战军司令部二处见到詹千纳科长、柴军武处长、魏锦国副处长，交往中我进一步懂得了共产党关于对待国民党军政人员起义的政策和共产党的官兵一致、军民一致等优良传统。7 月我接受刘、邓首长的嘱托：罗广文是国民党中一员不可多得的将领，希望他能早日弃暗投明。随之，我即衔命由南京经汉口入蜀。

途经汉口时，正遇到李明灏老师刚由湖南成功地说服程潜起义归来，在医院养病。他叫我向罗广文致意，不要再愚忠于蒋介石，并嘱我劝告黄埔同学要明大义，识时务，悬崖勒马等等。然后二处徐寄光科长亲自送我，上了从汉口开往宜昌的载运解放军的轮船。

由宜昌开始徒步而行，宜昌前敌指挥所告以秭归真空地带的联络所位置，期能了解前方新的情况。我裹行于千百携妻背女的遣散人员中，晓行夜宿多日才抵达大巴山下，目睹这批过去曾为蒋介石卖过命的官兵被阻挡在山麓。守军是孙元良部队，奉命严查过路行人。他们说：前批遣散人群中发现混有共产党的地下人员（已用刺刀挑死），这一批还需要查处，目前不能轻易放过一人。并叫大家揭发可疑分子。

我一路言行谨慎，即使到前方的联络站，也是借解大便为由，避开人流只身落荒而行。我更以是罗广文的老部下，投傅作义部任团长、副师长的时间不长，今天再去找老上司也是合情合理的为借口，并扬言我的家眷仍在四川娘家，以应付沿途的盘查。

沿途淫雨连绵，空气潮湿，道路泥泞，上千人有如饥饿的蝗虫，所经之处，十室九空，无食可供，人人饥肠辘辘，常难饱腹。此时，我发长过耳，头虱成团，乳房长疥，更有甚者身患疟疾，时冷时热，我怕高烧或梦中道破秘密，常独身觅老乡盛草的陋屋而眠。

忽一日，许多人来对我说：山上来了三个年轻军官，到离此不远的一个同学家看望长辈，实是想打个牙祭解馋。群众推选我为代表，前去请求放我们这批人员入川，我喜出望外，慨然前往。

交谈中得知这三人是河南青年学生，与我有同乡之谊，更巧的是编练处成立参谋训练班时，贾应华是他们的主任。当他们知道我与贾应华是莫逆之交时，更是青眼相待，约我共餐。饭后带我去巴东江防司令部见驻守的团长，答复我的是：放数千人入川，谁都不敢负责，但仅允许我一人乘次日黎明开往重庆的军轮上行。而我因还有简单的包袱没有带在身边，里面有银圆作盘缠，必须连夜返回住地取走。这里距住地有 20 多里，抵达时众人均已进入梦乡，我暗中推醒一位四川内江的李姓小青年（国民党九十二军排长），叫他随我结伴同行。他惊喜之至，而我则是打算叫他当我入川后的“交通”，且可收到移花接木不受猜嫌之效。

逆水行舟，数日始达重庆朝天门码头。此时正值国民党大肆宣传“朝天门大火是共产党放的”，人人自危，个个涉嫌，幸而我乘的是军轮，未遭任何人盘查。但我则绝不敢掉以轻心，认为重庆市区是个是非之地，不能停留，遂径投沙坪坝我的挚友中央军校 14 期同学、二十八团我的部下孟繁厘的婶母家。

此时，孟繁厘在淮海战役负伤后投罗兵团任二四一师七二二团副团长，在部队未归。孟的婶母早就认识我，但今天一见到我蓬头垢面，衣服脏臭，面带菜色，不愿留我两人住宿。我只得请她速函孟繁厘回渝相见，有要事相商，并即连夜径投重庆山洞陆军大学邓应龙的单人宿舍居住，同时与其好友张醒相见。张是军校 10 期毕业，曾任四十军八十三师副团长，与邓应龙同在陆大学习，也是我的老朋友。

攻心为上，策动罗广文起义

邓应龙此时尚未再婚，鳏居一室，见我只身来渝，惊喜若狂。邓与我共事多年，相交甚厚，知我于此蒋政权正值风雨飘摇之时，只身来此，绝非偶然，开门见山地说：“济生此来必有任务吧？”

我毫不隐瞒地如实详告，并转达李明灏老师对大家的希望：早日弃暗投明。

此时在内地的国民党军官兵的心理状态是：四川解放只是时间问题，蒋政权决不能再跟下去了，而共产党又被谣传得那样可怕，何去何从，人心惶惶，都渴望能得到一些解放区的真情实况，以定去留。

陆军大学学员的宿舍与罗广文的十五兵团司令部仅隔一条马路，我住在这里，既有地利，又得人和。我与邓应龙及张醒暗中商议，劝说罗广文起义，只有贾应华能胜任。

罗兵团中多是熟人，但我只敢暗示不敢明言。在此解放大军的强大压力下，暗示解放区人民的幸福生活，平静局面，和西南即将解放的局势。罗兵团司令部的政工处长谷若虚、军医处长陈亦吾、副官处长刘牧虎，都是十四军的旧同事，纷纷约我与之独酌，借以探听解放区实况，我皆据实相告。

我的腹案是：（一）攻心为上，利用闲谈解放区情况，动摇罗的左右“怕共、反共”的心理，在条件成熟时，期罗登高一呼，群起响应。（二）希望罗广文能率全兵团起义，决不能瓦解罗的部队，不利于解放事业。（三）蒋介石可信赖的大将，几经较量，现在纷纷落马，死的死，伤的伤，降的降。而罗广文的英勇善战，早著声誉，他虽非黄埔嫡系，但自从日本士官学校毕业后，一直追随陈诚而成为中央军的嫡系。值此危急之秋，蒋介石依靠罗广文为干将，罗也正想向上爬，决不会轻易回头，必须先动摇罗左右的中坚人物，罗才可能被迫起义。而这个关键人物便是贾应华。

贾应华 1948 年 9 月至 1949 年 10 月，任国民党一〇八军、一一〇军副参谋长、参谋长。我到达重庆后，本想及早和贾应华见面，无奈他的部队远在遂宁等地。并从侧面得知，贾近来的情绪不好，请假回成都家中，行踪不定，我必须利用这段时间做好我的安全工作及与共产党以后联系的准备。

于是我在国民党的中上层人士中展开活动，并利用一切机会展开我的攻心战术。我曾会见了世交郜子举（国民党军长）、唐嗣尧（军统、国民党立法委员）、张伯英（蒋介石命他组建豫鄂陕公署）等。他们曾向我打听北平解放后实况，我试以实相告。不料郜子举就大声愤愤地说："都是你们这号人搞的！"我知其不可理喻，即借故而言他。

在重庆我投靠在重庆警备司令部少校情报参谋高俊雄（同期同队）的家中，深得他的掩护，一到夜间，他便送我到其湖北同乡协康贸易行经理袁斌的办公楼上住宿。在高俊雄家中，会见了不少同队同学，如易亮前等人，希望他们响应李明灏老师的号召。

直到 1949 年 10 月下旬以后，才得知贾应华久住成都家中，返部队日期不定。10 月 30 日，我决定乘长途汽车赴蓉。11 月 1 日始见到贾应华夫人黄幼君，她告诉我，贾应华已于 10 月 23 日去遂宁一一〇军。

我又只好返回重庆山洞镇，途经青木关，我有意地下车去会见罗兵团一〇八军二四二师师长雷鸣（黄埔 6 期，"清剿"华蓥山区地下党游击队的干将）及团长蒋冠群（军校 14 期）等十师的旧同事吹吹风、摸摸底，希望他们能及时醒悟。夜与蒋冠群同榻而眠，我有意地用言语打动他，不料他却忽然歇斯底里地大喊："陈济生，你是给共产党做说客的吧！"

次日，雷鸣特备酒席欢宴我，我几次示意要他向光明道路上走，他毫无所动。后来重庆解放，雷鸣不知下落，蒋冠群未随兵团起义，流落街头，携妻以卖酱油为生。

当时，解放军进军神速，蒋介石调兵频繁，防不胜防。罗广文兵团自川东北达县、大竹一带，又调向川西北青川、平武地区，继之又从川西北匆匆调到川东南南川、綦江等地。迟至 11 月上中旬，我才和贾应华及孟繁厘先后在山洞镇罗兵团部见面。我向孟繁厘告以我此行的目的——为挽救罗部旧同人而来，希望能解除顾虑，做些有益于罗兵团起义的工作。并告以我向共产党的联络代号是“金山”。后来在 11 月 23 日当解放军追击宋希濂部至白马山，与罗兵团的崔百川（团长，军校 14 期）、孟繁厘（副团长）的七二二团交锋，崔迫于解放军的威力，始在前沿阵地率全团起义，对罗兵团崩溃不无影响，但未达到我的理想。

11 月 12 日贾应华匆匆赶到山洞兵团部，故友相逢，无话不谈。这时贾已是一一〇军的参谋长，我坦率告诉他：“此行全为罗先生和故旧的前途，希望你们不要再被反动宣传所迷惑。耳听是虚，眼见为实，我在解放区亲见的事例很多，傅作义、张轸（在鄂西北作战时曾是罗的上级）起义后，并没有被扣”云云。贾对我素极信任，我告以“估计全国不出三个月可全部解放”。并向他表示，重庆解放后我要继续上大学深造，绝非为共产党强迫而来。

贾应华向我质疑：“济生，你客观地分析一下，以国军之强为什么打不过共产党？”

我不加思索地说：“是制度把制度给打垮了！”我对蒋政权的腐败无能深恶痛绝，并将刘、邓及李明灏对罗广文的殷切期望相告。

贾应华对我说：“我常常思考一个问题：共产党所以能有今天，全靠用学习文件统一思想。我也准备选 10 篇文章使部下学习，统一意志，振作精神，辅佐罗先生创中兴之业。”贾并告以蒋介石欲委任罗广文为滇、黔、川、康边区 74 县总司令，与解放军周旋。

我则回答：“以罗先生的军事力量言，远不能与傅作义有暂三军等 10 余万雄兵可比；以政治力量言，傅作义有独特的作风，罗先生更不能比；以经济力量言，傅作义有河套之富，屯兵 10 年，基础雄厚，给养完全可以不依赖于蒋。傅作义尚不堪一击，何况今日的罗先生。”

贾应华经过深思熟虑，对我的看法信而不疑，于是决定偕我面见罗广文。在罗的寓所等了三个晚上，罗借口军务繁忙未与我见面。

后来贾应华、章大德等写的《第十五兵团起义前后情况之回顾》一文中说：“罗三日避不见陈，贾即暗向罗试探，将陈来的目的和刘伯承司令员及邓小平政委对罗的致意和期望相告，罗虽未明确表态，但面带笑容……”

“此时，罗兵团急调川东前线，罗匆匆去南川前线指挥所，不久即电话通知调贾应华于 11 月 24 日前往南川升任兵团副参谋长，不久又升兵团参谋长，并将副参谋长罗果为调开（因他曾任过蒋介石的侍从参谋，安插到罗广文身边作为耳目）。贾应华认为这是罗广文决心起义的暗示，当约陈于 11 月 23 日偕往南川，已乘上吉普车时，不料编练司令部的参谋长赵秀昆和另一人要乘此车去重庆，陈只好下车。

当时贾错误地估计距解放军尚远，准备自己先去南川然后再接陈。不料到南川的次日，就离开公路，前往一〇八军的军部，途中贾将陈写给罗的三张八开纸的长信给罗看，罗看后，略带笑容，把信烧掉，要贾绝对保密。在军部研究退却计划时，贾考虑在重庆起义的要求，提出部队向重庆南岸撤退的方案，一〇八军副军长李维勋、参谋长张荣宪竭力反对，他们主张向川东北或川西南罗的根据地撤退。最后请示罗，罗说：‘按贾参谋长的意见办。’部队向重庆退却的第三天，罗广文和贾借一辆车先回重庆，中午与国防部联系，得悉部队在行军中发生混乱，各军、师均联系不上。当晚陈济生向贾应华传达共产党负责人的指示，要罗广文留在重庆，部队虽少也享受起义待遇，贾认为罗的部队还多，请陈一同西去……次日，部队匆匆出发，陈、贾由此失去了联系。”

实况是：当重庆解放前，蒋政权中的军政人员，均感大势已去，国民党危在旦夕，均拟自谋出路，而苦无交底的人。此时，易亮前同学也急欲为解放事业立功，找我去见国家测量局万煜斌副局长，说万某只要见到共产党的地下工作人员，摸清情况，便可把测量局 100 多吨的贵重测量仪器保留下来而不迁逃。易亮前的功劳后来我向二野如实汇报，而保送他入军大学习。除此还有一位同期同学某某某任新兵团团长，途经重庆知道李明灏的起义情况后，也留重庆起义。

我在袁斌处正遇罗兵团一个师的机要参谋叫王涛，经袁斌介绍情况，他极高兴，答应追上师部即动员师长（可能是谢直）起义，临行并拨给我一辆吉普车供我使用。次晚我乘此车到陆大找贾应华，因部队混乱失控，从此难以相见。罗广文夜宿陆大礼堂，我几次试图闯进去，张醒劝阻我，说罗广文现正大发脾气，把电话机都摔了。我估计可能是谷若虚、陈亦吾、刘牧虎已离开，罗因而大动肝火；还可能因崔百川、孟繁厘团已在前线擅自起义，使部队溃散不可收拾，罗会认为是我不够义气拆他的台。当他盛怒之时，我贸然独自去见他，他会不原谅我的。

同时，我估计有贾应华在罗左右，起义是迟早问题，但恐其溃不成军，众叛亲离而难以收拾。张醒暗中告诉我，蒋介石叫陆大中将主任杭鸿志去官邸，命杭速将陆大学员迁到台湾，并每人发了银圆 200 元。但直到罗兵团撤走时，陆大除有 12 名学员逃走外，全校风平浪静，彼此观望。我趁机抓住陆大的起义工作，未随罗兵团溃逃。

重庆解放后，谷若虚来到山洞镇陆军大学气喘吁吁地对我说，重庆市市长陈锡联要他去追罗广文，促罗兵团起义，他怕罗广文追究他叛逃之罪，要我随他前往。我告以如果有贾应华在罗左右，罗掌握部队后，绝对会起义，但如果罗成了孤家寡人，他绝不敢只身投共。我并告以陆大起义，二野司令部暂时派不出人来接管，三兵团王近山副司令员叫我一定要把陆大的起义工作做好，我实难分身，谷怏怏而去。

不久，王涛来电云他的师长已听从他的意见起义，我将原电文交给二野司令部二处，柴处长、詹千纳科长叫我回电：原地等待接管。

陆军大学成功起义

9 月中旬，我抵达重庆山洞镇陆军大学，在邓应龙宿舍“定居”后，在等待贾应华在山洞镇罗兵团部相见的间隙，往返于山洞镇与重庆城区之间，安排“后事”以防万一。

我固知是在饿急的老虎嘴上拔须，吉凶难测，谨小慎微。然而每次返回宿舍，先是邓应龙及张醒的军校10期的同学如陈铸石、孙祖来、郎春国等暗暗探听解放区实况，继而是陆大特8期他们相交甚好的同学纷纷来询问，继而是在小食堂吃饭时必有许多人围着询问。

如果我说共产党不好，将产生不良影响；如果如实相告，岂无可疑之人告密。于是我均以我在解放区所见的实况相告，我认为此乃最好的辟谣方法。

当时，人人均知蒋政权危如累卵，特别是张醒暗中告诉我，台湾23期陆大本科生来信说“再不解放我们就要饿死”，对陆大一些人震动很大。即以在重庆这些陆大学子而言，大多是拖家带眷，物价一日数涨，仅靠喝不到兵血的微薄工资，也知这样下去无法活了。山洞镇上我曾见到罗兵团贴的漫画宣传“借人头平物价”，人人都很有感触。

一天吃饭时，又有些人围问解放区的究竟，我则先问他们，是叫我讲真话还是说假话？人人均回答，要听真话。我进一步说：“我不敢说。”经他们再三请求，我才实告。突然有一位学员（记得是许耀君）大声问我：“既然解放区那样好，你为什么还来重庆？”

这一问，我几乎出了一身冷汗，幸好我急中生智说出“因不习惯……而投老上司”，这样的回答是无懈可击的，因为邓、张也早把我与罗广文、贾应华的关系向他们宣传了。

这时陆大比较安定，特别是邓应龙已心中有数，于此时还悄然去内江结婚，张醒等更加以宣传，均起到稳定人心的作用。

解放军逼近重庆时，蒋经国曾一度到綦江罗兵团去慰问。蒋父子逃走前夕，蒋介石召见陆大负责人杭鸿志中将，颁发路费；命陆大全体人员专机去台，杭也未从命。事后，杭对我说：“蒋政权腐败透顶，实无法再跟下去，我只希望全国解放后回山东老家当一名小学教员，别无他求。”

当国民党军队忙乱中撤离重庆，山洞镇成为真空，杭鸿志紧急召集全体学员到大礼堂说：“现在谁是地下工作人员可以说出来了！”人人环顾四周，无一人发言。张醒跃然而起说：“住在邓应龙房间的陈济生是共产党派来的工作人员！”于是，这些“老相识”才恍然大悟，蜂拥到山洞大街上找我，我正筹划如何支援解放军先头部队的到来。我在杭鸿志家与陆大特 8 期班主任方仲吾少将及高级教官曹耀祖、罗鸿彦少将会见。

紧接着，解放军先头团抵达山洞镇，我们组织陆大人员列队相迎，杭鸿志抽调陆大的小吉普、卡车多辆支前，帮助部队速速追击蒋军残部，以免炸毁内江大桥，因山洞镇的山洞已被炸毁的汽车堵塞。并得知十一军首长已到达重庆的住址，我立即偕张醒、叶祖鸿等学校代表前往汇报我的工作。曾绍山军长及鲍先志政委听了极为高兴，为了我便于工作，鲍政委亲笔给我开了一张通行证，并叫我去曾家岩见三兵团王近山副司令员。

王副司令员说：“行军途中已知陆大未撤走，这对蒋介石是一个最大的打击，在野战司令部未到达前，你要负责陆大的安定工作。”谈到陆大人员的生活时，王副司令员毫不犹豫地说：“陆大按供给制待遇。”

12 月 8 日，军管会王蕴瑞委员叫我向陆大传达下列几项事宜：

（一）希望同学们站在革命立场上看问题，性情不要太急，希望不要太高，情绪不要波动，一切事情需一步一步处理，要安分守己。

（二）只要认真工作，一定会有出路。

（三）学习时，同学们可提供具体意见。王蕴瑞委员还说，对游勇散兵都会好好照顾，何况对我们有工作同志在内，有工作基础的高级军事学府。

12 月 25 日晚间，军管会派白克同志等和我接管陆大，委员尚有杭鸿志、方仲吾、曹耀祖等人。

至此，陆大的起义工作告一段落。

（本文选自《重庆文史资料选辑》第 32 辑，1989 年版，原标题为《我到重庆策反的经过》）

鲜继坚*：对我父亲鲜英策反杨森的回忆

1949年11月下旬，解放军已解放酉阳、秀山、彭水、黔江一带，在重庆的国民党党、政、军人员纷纷运走私产，疏散家眷，准备逃离。重庆市处在临近解放的前夕。当时蒋介石以国民党领袖（总裁）的身份坐镇林园，指挥调遣其嫡系军队和西南各地方军到川东南布防堵截，并指派其长子蒋经国到前线宋希濂部视察劳军，重庆《中央日报》为此大肆宣扬"蒋经国亲赴前线劳军，我军士气高昂，匪军决难进犯"云云。妄图以此谎言稳定军心，安定重庆。

向杨森转告地下党的四项条件

我的地下党上级（也是我的入党介绍人）苏云到上清寺特园康庄4号我家里向我交授紧急任务，他说："重庆即将解放，情势紧迫刻不容缓，此事关系到重庆市的存毁安危，党需要你急办完成。"什么紧急任务如此火急？！即通过我父亲鲜英（号特生）向杨森转告中共重庆地下党的四项条件，希望杨森戴罪立功。四项条件是：（1）杨森所属部队二十军撤离重庆时，保证不破坏山城市区建筑，尤其不得破坏大溪沟发电厂，不骚扰抢劫，保证山城百姓的生命财产安全。（2）尽一

* 作者时为重庆地下党员，鲜英之子。

切努力营救被关押在“中美合作所”集中营的革命志士。（3）杨森不随蒋介石去台湾，率所部二十军起义，共产党解放军保证其生命财产的安全。（4）在可能的情况下活捉蒋介石为新中国立功。我将地下党的指示立即转告家亲鲜英，父亲马上找来我三哥鲜恒（字彦昭），商讨进行办法。为什么非找鲜恒不可呢？因为鲜恒当时正与田七小姐接触。

杨森和我父亲鲜英早先都是成都陆军速成学堂的同学，同住在一小间宿舍里，又是上下铺，相互早已熟识。四川军阀割据混战时期，杨、鲜两人各属不同军阀派系，在军事上多次矛盾冲突，杨森率部割据川北南充等地时，曾宣扬要杀鲜英雪恨。1947 年杨森去职贵州省主席，调陪都重庆任市长（后又兼卫戍总司令），那时候我正在成都华西大学经济系求学，见报纸登载这一消息后，深感不安，忧虑杨森不忘前仇昔恨，视我家为寇仇而加虐害。1948 年我从华大毕业回家，方知两家前嫌宿怨已消，关系亲密。得宠于杨森的管家太太田蘅秋与我母亲以亲家相称，田蘅秋亲生的田七小姐杨北宜正与我三哥鲜恒谈恋爱（后未成）。

杨森住“渝舍”（今少年宫），为人善变残忍，在权衡利弊得失中常翻脸无情，故旧不认，在此刻不容缓的时刻，家父置不测之祸于度外，要鲜恒冒险把地下党的四项条件设法立刻秘密通知杨森。在军统特务遍布山城的情况下，也只有鲜恒去“渝舍”比他人的风险小些。鲜恒年轻胆壮，急速乘鲜宅吉普车到“渝舍”面晤杨森，约杨森单独到花园内见了面。据鲜恒在事后说，他代我父亲向杨森转告了中共重庆地下党的四项条件后，杨森见国民党兵败势去也有所动，他沉默片刻后比较实际地谈了四项条件中能办得到和无法做到的一些具体情况，其态度看来是有诚意的。

他说：第一条要求能办到，我的部队撤离重庆时决不破坏市容建筑，骚扰百姓，请放心。第二条要求难做到，因为“中美合作所”被关押的“共党”政治犯，由行辕二处徐远举直接负责，实际上是蒋介石亲自过问，我管辖下的稽查处无权干预。第三条要我不去台湾，率二十军起义已不可能。你进来时看见门口停着两辆吉普吗？那是蒋派来监视我的，我稍有异向就性命难保，再说我与特生的“民主之家”不同，特生是“民主同盟”的发起组织人，与“共党”合作有功，而我对“共党”有过，“共军”来了饶不了我，我不走台湾恐怕不行了。我的部队两师人驻陪都地区，已交喻孟群、杨汉烈指挥，我遵特生嘱咐，要他们在我去台湾后，率部起义。第四条要求就更难办到了。在重庆市区内只有我的一个团，其余部分住附近各县，我的行动我的部队均已受特务监视，调部队进城已不可能，稍有不慎举动，就会惹祸杀身！转告令尊，我许诺的事决不食言，勿强我之难。我走后烦你们关照小妾邓璧茹（杨森小老婆之一），田蘅秋有点私产带不走，劳你们代为存放，费心了。杨森的这两点托付，家父只得应允并践约。这就是解放后传闻的特园鲜英窝藏战犯眷属财产事件的前因后果。

二去“渝舍”，劝说杨森

三哥鲜恒回来将杨森的事禀告家父后，我即随父亲同车去“渝舍”见杨森。我们来到“渝舍”内院坝，院坝上乱哄哄的，堆放了一些准备运走的东西，有一些准备撤离的武装部队，杨森正与亲信李寰（重庆市府秘书长）、师长喻孟群等碰头谈着什么，他们见我父子到来便围了上来，家父恳切地向他们说：“你们都不要走，你们的生命财产我鲜某可以担保。”父亲与喻孟群师长作了单独简短的商谈，我估计是谈率部起义的联络方法。

出“渝舍”后，驱车李子坝找曾任过重庆城防司令的李翰丞，请李赶快找到内二警总队长彭斌（曾是李翰丞的部下），敦促他率部起义，莫错过良机，现在正是戴罪立功的关键时候，家父引古训名言提醒李翰丞说：“机不可失，时不再来”，“当断不断，反受其乱”，“时至弗行，反受其殃”。李翰丞当着我们的面，连续打了七八次电话，找了七八个地方，未找到彭斌，父亲临走时交代再三，催促李翰丞抓紧时间赶快找到彭斌率部起义，别当战俘。

我回到特园康庄 4 号已是深夜 4 点多了。地下党员马克奇已在我家等候多时了。马同志告诉我两个新情况：①解放军很快就要进城，重庆面临解放，请转告特老（家父）准备迎接。②根据可靠情报，军统武装部队——交通警察（简称交警）在撤离重庆时要火烧三园：即特园、桂园（有房无人）、懋园，暗杀鲜英，请特老务必警惕注意。我们连夜赶紧行动起来，也顾不上睡眠。由鲜恒到“渝舍”借来十余套国民党军服，十余支步枪，将聚居在特园内的十多个男性“民主同盟”盟员组织起来，穿上军装，扛起步枪，白天在特园各门口作警卫状，夜间巡逻放哨。苏云告诉我们，一旦有意外发生，重庆广播电台楼上有挺机枪支援。因为重庆解放迅速，出于敌人意料，同时预先有了准备，国民党特务才未敢贸然血洗火烧特园。

1949 年 12 月 26 日，喻孟群、杨汉烈率杨森所属二十军两个师起义。起义前的某天，我在父亲书房桌上看到喻孟群的亲笔信，即“货已备齐，何日成交，请速示日期”。这时重庆虽已解放，四川部分地区还控制在国民党军残部手中。

1949 年 11 月 30 日下午，解放军先遣队进入重庆城，杨森于该日上午 10 点左右还单车（吉普车）在市内游转，为许多市民所见。杨森是国民党最后逃离重庆的重要军政官员，他与家父鲜英私下的默契许诺是遵循履行了的。在解放军入城之前，重庆城区内未发生国民党军的破坏骚乱，市民免受了一次战乱的苦难灾害。

（本文选自《重庆的解放》，重庆出版社 1989 年版）

陶德宽、张玉明[*]：策动蒋军黄友怀部起义

1949年三四月间，正是重庆地区“争温饱、反饥饿、反迫害”学运高潮之际，我们自贡籍的几个女师院、重大学生张玉明、刘忠汉、王伯威、王志君、李英谟等人在重庆地下党外围组织“六一社”（新青社的前身）、“民青”的领导下，参与了当时的学运活动。其中女同学王志君的舅父黄友怀（原名黄兰轩），是自贡人，早在成都上学时曾参加“少共”，后因组织被破坏，与组织失掉联系，以后考入国民党中央军校，毕业后分配到国民党汤恩伯部。抗战期间驻军河南。

暗中了解黄友怀部的情况

抗战结束后黄对蒋介石发动内战不满而离开汤部回四川；通过旧部同僚关系，推荐黄到重庆师管区任职。王志君与黄友怀是舅甥关系，了解黄以前这段历史。黄当时在重庆师管区补训班任中校参谋长，并兼任新兵团一团一营营长，黄部驻沙坪坝红槽房。黄知其外甥女王志君与一些进步学生有联系，想通过她找到党的关系，以期能把他的部队拉出去，建成一支地下党的游击队，配合解放重庆。为了了解他是否真有起义诚意，刘忠汉遂与王志君同去黄处，黄给他们看了他秘藏

* 陶德宽时为重庆地下党员，张玉明时为“六一社”社员。

的进步书刊，并向刘表态："王志君是我甥女，我们同是自贡老乡，学生是有正义感的，如有可能就帮助我向有关方面取得联系，但决不能向其他人泄露我的打算，否则，作为军人我是会被国民党杀头的。"从这些话中，刘忠汉认为黄是一个有正义感和进步思想的军官，而且确有起义诚意。

刘、王将所了解的情况与张等几人谈了（刘也向他所在的"民青"小组做了汇报），经研究，分别由张玉明、刘忠汉向上级组织反映。张玉明（"六一社"社员）向她的上级组织负责人赖松同志反映，并征得她的同意，认为可以进一步了解黄的情况。刘忠汉则通过陈援向汤逊安同志反映（汤、陈都是新四军干部，皖南事变后转移到重庆工作，陈援当时在四明银行任出纳，直接和张等联系；汤当时在上海银行任职，在地下党重庆市委领导下搞统战工作，是陈援的上级组织联系人）。

汤逊安同志指示："可以以同乡、亲戚关系初步进行接触，但军运策反工作不是几个学生干得了的，待形势发展后，再酌情考虑。"后来，重庆大专院校提前放暑假，黄友怀有意邀请王志君、刘忠汉等去他那里暂住，经汤、陈研究决定：刘忠汉、王志君、王伯威、李英谟等四人以亲戚同乡度暑假的名义，住到红槽房黄部队驻地附近黄家，进一步了解黄的情况。老汤对刘等还规定：不许与黄部的军官和士兵接触，有情况也不许找老汤直接反映。所以在刘等暂住红槽房期间，陈援和张玉明就间或看望他们或去串门的形式到他们住处，实际上是听取刘等所了解的黄的情况，然后由陈向汤反映。

在这期间，为了慎重起见，无论汤或陈都从未与黄直接见面。经过一段时间对黄的考查和了解，并多次将黄及黄部的情况汇报研究后，到 8 月中旬，陈援才通过刘忠汉把黄领到重庆城内"江山一览轩"见面，直接交谈有关黄部起义事宜，并将交谈结果向老汤反映。其后陈援传达，经过老汤向有关方面反映对黄部起义的意见是：要黄部做好起义的准备工作，但不是拉出去打游击，而是要其部在重庆解放时保护好重庆的经济物资，使其不受国民党破坏。起义准备工作也要十分慎重，不可操之过急。以后，张等就按此意图对黄部进行工作。

8月上旬，黄部驻地由红槽房转移到九龙坡，刘等也随走，由黄的副官安排到附近一农家居住。离黄部驻地不远，有一“重庆社会服务处”的中统特务，见常有青年学生出入于农家，使去找当地保长查问，保长吓坏了，告知了黄的副官，黄友怀也有些惊慌，要刘马上将此情况向上汇报，陈援当即决定刘等搬离黄部，暂回重大听候安排。此时适逢“九二”火灾之后，国民党嫁祸于地下党，各处搜捕进步人士，刘等撤回不几天，他们的原住地就受到宪兵搜查。为此陈向汤反映后，汤逊安立即决定让刘忠汉、李英谟、王志君三人立即撤回自贡。

打入黄部内部，成立策反小组

8月中旬，当刘、王等同志经组织决定撤离黄部时，对黄部及其本人情况的了解工作已告一段落。按当时形势的发展，极需要派人直接到黄部继续进行组织策反的领导工作，黄友怀也再三要求派人去，所以就由张玉明向赖松同志反映，经过研究后，赖松决定将她介绍入党的陶德宽同志通过张玉明的关系派去黄部，此事又经由陈援反映给汤逊安，也取得老汤同意后，便正式派陶德宽、李良二人直接到黄部当兵，由陶德宽同志代表党组织直接与黄联系，负责领导策反起义工作。

陶德宽同志，由党组织在同年7月决定从南川县冷水场涪（陵）南（川）武工队调回重庆，待分配打入蒋军搞策反工作的。陶回重庆，隐蔽在21兵工厂技术员、中共地下党员赖宗瑜和中共重庆女师学院支书赖松家中。8月的一个晚上，赖松同志单独对陶交代任务讲：“现在形势发展很快，组织决定派你打入蒋军黄友怀部进行策反工作。”同时介绍了黄曾有一段进步历史，当前要求接受共产党领导，并指示打进去的工作方法和注意的问题等。陶在受领任务后，为增加革命力量，通过21兵工厂地下党员蒋金土串联了该厂共产党员潘友湘、梁炳松，进步工人傅起予、雷达、熊成录、董俊等人，准备同时进入黄部。此事经赖松同意后，赖向陶交代：潘、梁二人是共产党员，由陶领导。陶与赖单线联系，并约定了陶、赖二人下次在重庆市区七星岗国风书局楼下接头的时间、地点。

8月下旬，陶德宽、潘友湘、梁炳松分别以黄的亲戚、同乡，按预约办法，到马王坪重庆师管区新兵一团一营营部与黄见面。黄把陶等介绍给其亲信营部副官罗本霖。陶未去之前，罗是营部文书上士，为争取罗，又便于陶等开展工作，把罗提升为副官，将陶安插接替罗的文书上士职务，陶化名唐文杰。潘友湘（化名陈瑞林）、梁炳松（化名李正良）被派到连里任排长、班长。不几天，江郁文、雷达、董俊、熊成录（化名陈根录）等人，以新兵名义相继入黄部。熊被安在营部当通信兵，其余傅、董、雷下连当兵。这些人员安插下去后，黄还要求增加力量。陶又串联了中央工校“六一”社员徐治民（化名徐会康，现名徐进）、进步工人丁浩洪（化名丁文）、学生何剑萍打入。黄还将他外甥王志君联系的进步学生刘钢耀（化名刘井生）、李英谟（化名李刚）也吸收到该部工作。这样，先后打入黄部的革命同志共13人。

陶等打入黄部后，根据党的指示，建立了策反小组，由陶、潘、梁分别与连里同志单线联系。策反小组开会，由熊成录分头通知，多在夜间驻地附近树丛中进行。

9月初一个晚上，策反小组开会研究如何进一步做好黄、罗的工作。针对黄多次向陶谈到他的身世和思想，想拖队伍上山，由巴县、经綦江、南川到贵州大山打游击。陶等分析了黄急于揭竿起义，目的在于争取主动。后经陶与黄耐心交谈，指出时机、条件尚不成熟，不能操之过急。黄接受了意见，积极配合陶等做罗本霖和其侄儿的工作。营部熊参谋思想较反动，但他喜欢打麻将，黄、罗有意同他打麻将，麻痹熊的思想，拖住他的时间和精力，使他尽量少管事，以使陶等开展工作。陶等对贫苦官兵，采取结拜兄弟、交朋友等方式，团结教育他们，争取起义力量。

10月初，一天，陶着蒋军军装，到七星岗国风书局向赖松详细汇报了打入黄部后工作情况，接着赖又对陶谈了形势，解放军已由湘南向四川进军，解放重庆只是时间问题，希望加紧进行工作。上级党组织曾研究，打算要陶等向市中心靠拢，准备营救渣滓洞革命同志。也曾打算要陶等向江北靠拢，配合保护21兵工厂。但由于形势发展迅猛，国民党调集了大批军警宪特加强对重庆市郊特别是军政要地、交通要道、码头渡口的警戒防卫，部队移防已很困难。根据这个情况，党组织决定陶等就地驻防，加紧策反起义的各项准备工作，配合解放重庆。

这次接头后，陶赶回驻地，连夜召开策反小组会，进行研究。当天深夜由陶和潘友湘，把黄友怀约到一个树林中对策反起义的准备工作做了进一步研究，决定：一、加强营部的力量，由黄出面，抽调人枪成立直属排，安排黄的侄儿担任直属排排长，并将潘友湘调到直属排。直属排由黄营长直接控制指挥。二、将梁炳松等所在的连调到马王坪靠近一连和营部的地区，以便互相配合接应。三、加强通信联络。将徐治民安排在营部当通信兵替换熊成录，熊充实到直属排。四、对驻地周围国民党军警宪和自卫队的力量和分布及交通要道、重要工厂设施的情况进行调查。这些措施分头由黄友怀和隐蔽在营部、连部和直属排的同志实施。

11月中旬，解放军逼近重庆的消息传到营里。为了了解形势，取得党的指示，陶再次到国风书局同赖松接头，汇报了策反起义各项准备工作的情况。赖松说：刘、邓大军已由酉、秀、黔、彭入川进军重庆，要陶等沉着冷静提高警惕，防止敌人垂死挣扎。起义时机、地点要选择好。起义后不要另立旗号。要就地保护城市，防止敌人破坏，配合解放军打击敌人。

陶赶回营部后，立即召开策反小组会做了研究。会上确定要加强侦察情报工作，掌握敌情动态军事情报。对驻地周围的地形、要道、制高点等由陶同黄友怀、潘友湘一起进行勘察。

11月25日以后，李家沱一带气氛越来越紧张，解放军神速前进的消息互相传告，物价暴涨，人心惶惶。公路上满载着蒋军和物资的车辆增多。到了28日，从鱼洞溪、土桥一带来的人络绎不绝。远处的枪炮声已隐隐可闻。陶等派去搞侦察工作的人回来说，从酉阳、秀山打过来的解放军已经到了木洞、鱼洞溪一带，土桥、南温泉街上已经发现穿黑棉衣的解放军便衣侦察人员。到了下午四五点钟，枪炮声清晰可闻。公路上罗广文的部队正向后撤退。

在这紧急时刻，陶和潘友湘、梁炳松、黄友怀、罗本霖等守候在营部，对各方传来的情况进行分析，一致认为起义的时机迫在眉睫，部队要立即进入战时状态。陶等立即把徐治民、丁浩洪、江郁文和直属排集合起来，宣布成立政工队，并立即集合部队由陶等率领拉上山抢占制高点。

这时已是黄昏时刻，由黄营长下达了紧急集合命令，第一、二连和直属排的全体官兵紧急集合起来。紧急集合时，傅起予等所在的第三连因驻在巴县跳蹬场，未能赶到。队伍集合起来后，由黄亲自率领向马王坪西南方向的制高点山头行进。行进途中，陶等同志按预先分工注视着官兵们的行动。

瞄准时机，宣布起义

行进到半山腰时，黄友怀传令部队就地停下，他登上高坡，举起双臂高声说："兄弟们，共产党、解放军已经打到南温泉了，重庆市市长杨森跑了，师管区的姚司令带着金条、老婆逃到香港去了。我们要找出路，不能再为蒋介石卖命了，现在只有武装起义投奔共产党才是唯一的出路。兄弟们，我宣布，我们全体官兵起义了。"士兵们一听宣布起义投奔共产党，感到很惊愕。这时，黄继续高声说："共产党早已打进我们部队里来了，就在我们身边，营部、连部、排里、班里都有。"接着黄声色严厉地说："我宣布军事纪律，任何人必须服从命令，谁不服从就枪毙谁。"黄话音刚落，政工队和直属排的同志举起手中的枪齐声高呼："拥护共产党，拥护解放军。""不为蒋介石卖命，不给国民党当炮灰。""武装起义，投奔共产党。""谁要顽抗就枪毙谁。"这时聚集在半山腰的官兵也跟着齐声高呼，一时口号声此起彼伏，响彻山间。

部队起义后，陶等把直属排和政工队的同志，分头安插到连、排、班里去进行控制。有少数思想顽固的军官，眼看大势已去，为了保全自己，谋一条生路，也只得服从命令跟着行动。起义队伍由黄营长和政工队带领登上山顶，控制了制高点。士兵们在山上选择了有利地形，顺山脚下的公路一线蜿蜒拉开，连夜赶挖了战壕，卧伏在战壕里严阵以待。这时已是下半夜了。恰在这时，江郁文的步枪走火，枪声和火光引起邻近公路上正在后撤的蒋军向陶等据守的山头开枪射击。陶等当即开枪堵击，一时枪声四起，持续了 20 多分钟，枪声逐渐稀落。过了不久，东方天边泛白，已麻麻亮了。

11 月 29 日凌晨，营部派出去的侦察人员回来说，昨晚国民党胡宗南剑字部队和罗广文的部队向白市驿方向逃窜，沿公路丢弃了许多枪支弹药被服装具，附近已有解放军的部队。为了同解放军迅速接上关系，陶等当即派了几个政工队员去找解放军。不到半小时，江郁文领着几个头戴红五星帽的解放军战士穿过田坎来找陶，一边走一边高呼："解放军来了！解放军来了！"陶等迎上去同解放军紧紧地握手，解放军战士连声说："你们辛苦了，你们辛苦了。"这时，在场的政工队员和士兵都不约而同地围拢来，兴高采烈地欢呼："欢迎解放军！欢迎解放军！"我们朝朝暮暮盼望见到解放军的幸福时刻终于盼到了。

解放军战士把陶等领到一幢土墙平房里，两个解放军干部热情地接待了陶等。相互介绍后，才知道他们是中国人民解放军第二野战军三兵团十一军九十三团团部的股长郭新友和张波同志，他们才弄清陶等是中共重庆地下党派进国民党新兵团搞策反起义工作的共产党员和起义官兵。相互十分激动地紧握着双手。

接着，陶带着郭新友和张波在山头阵地上同黄友怀营长和罗本霖副官等见了面。解放军同志提出要陶等回到原驻地听候整编，配合他们做好起义官兵的思想教育工作，并给了陶等一批宣传资料。陶等按照九十三团的要求，组织官兵学习《中国人民解放军布告》，学习《三大纪律八项注意》《共同纲领》等党的方针、政策文件，开展思想政治工作。同时，派直属排的同志出去收缴在公路上、山坡上国民党丢弃和散失的武器、弹药装备，交给了解放军。第二天，解放军派了张波同志来领导部队整编工作。陶等详细介绍了部队的情况，同他一起做了研究，并将陶等打进去搞策反工作的地下党组织人员名单交给了他。

12 月 1 日，陶和潘友湘、梁炳松、徐治民赶进城里，先后向赖松、卢光特和重庆市军事管制委员会魏思文同志汇报了陶等策反起义经过后，魏、卢等领导同志指示：重庆已解放了，是个大城市，接管工作恢复生产的任务十分繁重。你们赶快回去，把起义部队交给九十三团，由他们统一整编。你们协助做几天思想教育工作后，重庆去的同志都回来，由市委分配新的工作。同时，军管会办公室给了陶等一封密封信。陶等带着信件、证明和军管会的指示，赶回驻地，交给了张波。张波看了信件和证明，听取了陶等的汇报，向陶说：团部已决定，12 月 3 日新兵团全部官兵集中步行军到浮图关新市场去统一进行整训。

12 月 3 日上午，起义的新兵团一团一营的官兵除一个连因驻扎在跳蹬场同解放军遭遇，由解放军就地收编后带着一起向江津、永川方向追歼国民党残敌外，其余两个连、一个排的官兵，由马王坪驻地向浮图关开进。队伍由张波、陶和黄友怀率领。政工队的同志穿插在各连排中进行宣传鼓动工作。行军中，解放军派了少数武装战士跟随行进。沿途受到老百姓的热烈欢迎，有的热烈鼓掌，有的送茶送水。行军路线是由马王坪出发，在李家沱渡口乘木船过江，经黄桷坪、杨家坪到达浮图关新市场。这里是一个城寨旧址，有城门，有营房，有庙宇，是原中央训练团的团部。驻扎在这里的除新兵团外，还有一些其他部队。

12 月 4、5 日，政工队的同志配合解放军对起义士兵做了大量的宣传教育工作。部队起义后，官兵的思想反复不定。有的官兵对党的政策产生怀疑，疑虑重重。黄友怀在思想上也很不适应，黄曾对陶说他起义有功，而解放军把他和他的部队当俘虏兵看待，也有不满。陶等针对这些思想情绪，通过学习党的政策，个别谈心等方式耐心细致地做思想政治工作，对党的疑虑和不满情绪慢慢消除，情绪逐渐稳定下来。

12 月 6 日上午，陶等按照市军管会魏思文的指示，告别了解放军，告别了起义官兵，离开浮图关到重庆市委报到。临行前，郭新友、张波同志紧握着陶等的手说：“部队的工作也需要你们，但市军管会有指示，我们不留你们了。”黄友怀、罗本霖等官兵也怀着依依不舍的心情同陶等握手告别。为了作纪念，郭新友股长给陶等每人发了一套黑布棉军便装和一条缴获国民党军队的灰色粗羊毛军毯作纪念。

陶等八人冒着生命危险，打进蒋军营垒做策反工作的同志身着军装，从浮图关下山，一路上兴高采烈，沐浴在解放后的阳光下。为了纪念这终生难忘的战斗经历，在途经观音岩时，照了一张集体照。如今，这张照片留下了珍贵的回忆。

打入黄部做策反工作的除了陶等八人外，其余的同志都被解放军十一军九十三团留下继续工作，以后到了抗美援朝前线。

陶等回到重庆后，原21兵工厂的同志回到厂里参加军事接管和恢复生产工作，成了工作的骨干。徐治民、丁浩洪参加了第四野战军，也到了抗美援朝前线。陶德宽、潘友湘和梁炳松参加了12月8日在曙楼举行的党员会师大会，聆听了第二野战军司令员刘伯承同志、政治委员邓小平同志和市委副书记张霖之同志、市长陈锡联同志的讲话，接着，组织上通知陶等参加了市委在神仙洞举办的中共重庆市地下党员训练班学习。结业后，陶被分配到市委组织部工作，潘友湘、梁炳松分配到兵工局工作。

（本文选自《重庆的解放》，重庆出版社1989年版）

蔡鹤年*：维持治安，迎接重庆解放

1949年，我是重庆市商会理事长。同年4月初，和成银行董事长吴晋航在香港向我同生福钱庄贸易部经理王竹修说，要我快去香港面商要事（暗示密商如何迎接重庆解放，或去北京代表重庆工商界）。我取得温少鹤同意，请他代理商会理事长，我去香港把猪鬃牛羊皮卖了接济永生、同生福两钱庄差款之急。已订妥5月15日去香港的飞机票，殊至5月10日清晨，卢作孚（民生公司总经理）突来我家。他说："刚下飞机，特来找你。我在香港同吴晋航、胡子昂、古耕虞商定，叫你不去香港。将来迎接重庆解放，只有你留在渝办事较为适合。"我说："飞机票已订妥，仍拟前去。我的永生、同生福两分庄遭受伪币贬值，行将搁浅，必须亲到香港，督促把猪鬃牛羊皮等卖掉来救济急需，尤其此时本市工商企业大都受到伪币贬值，有倒闭之虞。有货在香港的企业也要促其出售来营救。"他说："用信电催售还是可以的。再说，迎接解放需要资金办商团、将来维持治安等费用，从何而来？现正是工商凋敝、民不聊生，困难不小。我已与吴晋航、古耕虞商量决定，全力支援你。必要时只要你去找民生公司郑弼臣、和成银行陈诗可、畜产公司杨质彬联系，用永生或同生福出据，他们就能支助你。"因此，我才未去香港。

---

* 作者时为重庆市商会理事长。

城市治安问题，亟待解决

5月下旬，重庆市参议会开会，参议员中的反动分子赖健君、刘野樵、古铎等提议向工商界筹款或赠营业税来组织重庆市保卫国民军。当时，我同温少鹤、周荟柏、陈诗可、丁荣灿、高允斌等极力反对，不予通过。后来我在市商会召开理监事会议，拟恢复十多年前重庆市的商团组织，由我持书面去找长官公署秘书张伯常。他允许向长官张岳军递交，待研究后再行答复。直至8月才得到批复：暂缓办。

当时的形势已经很明显，快要解放西南了，全市治安如何维护？如何保卫人民生命财产及工商业？确使我日夜难安。其时，我正在代理商务日报社社长，经常到报馆与社长高允斌商谈维持城市治安问题。

怎样才能有队伍来维持治安、保卫全市？为此，我曾同范众渠约内二警总队长彭泽中到范众渠家吃晚饭，后又约在我家吃晚饭，密商把他的队伍留一部分在本市化作为商团，一部分起义。殊到10月下旬，蒋介石拟将内二警全部调去贵州。之后，我想到反共保民军第一师驻在城内棉花街棉纱公会，该师副师长段举之原系做颜料生意的，又是第一区区长，与我很熟。其部队的人员，大部分是本市工商企业从业人员。我们把商会理事长黄道周安插在该部做秘书，通过工作，该师可能成为维护社会治安的部分力量。

当我们同段举之联系，商谈把该师作为维护市内治安的力量，他坚持要得到杨森许可。范众渠同李寰（杨森的秘书长）去会杨森，杨森表示同意，但又说："你们现在迎接解放，将来我们转来，也要迎接我们。"范众渠为了应付当时的环境，不得不应付杨森。范众渠回来告诉我，我不赞成这样应付。他还对我说："关于政治对外方面，由我负责；你只管财政事务和给养和与工商界联系等问题。"

筹备组织迎接解放小组

10 月下旬，《商务日报》社长高允斌与市商会秘书李和甫先后来找我和范众渠、柯尧放说，他们与川东地下党已经有联系，要我们暗地筹备组织迎接解放小组，推范众渠为组长，我和高允斌为副组长，柯尧放为秘书长，李和甫为秘书。随即分别暗地联络本市知名人士及各同业公会理事作为小组成员，但不集会。高允斌亲自走访联系了商会知名人士朱叔痴、康心如、江云松，迁川工厂李自亲，银行公会陈诗可，五金公会周荟柏，竹木公会吴绰裕，粮食公会蒋华村，山货公会王竹修，市参议会温少鹤、李仲平、张宗等。

11 月初，在银行公会宴请全市各界负责人士，部分市参议员和同业公会秘书长。席间同大家谈了当前本市治安秩序混乱状况，提出要严防坏人破坏，防止出现第二次“九二”火灾，大家都甚赞成。另由高允斌去联系机关工厂的进步职工，做好保卫工作。

同月中旬的一天，高允斌向我和柯尧放说，川东地下党负责人蒋仁风同志要两支手枪，我和柯尧放把黄道周找来，叫他暗地把反共保民军、师的短枪拿两支，直接送给住在市区筷子街 1 号的蒋仁风同志，以备他应急使用。

11 月 26 日，川东地下党负责人蒋仁风和高允斌亲自来找我和范众渠、柯尧放进一步研究如何迎接解放，并具体指示：一要很好地维持真空时全市治安；二要切实保护工商企业，尤其是自来水厂、电力厂；三要设法营救关在“中美合作所”的同志。据此，我们立即开展工作。市商会指挥 47 个在市区的行业公会全部开伙食，给一师队伍提供给养，发给该师每人 5 块银圆。另交 300 块银圆给黄道周，转发给该师官员。晚上开始巡夜。我坐车出去巡视，当晚 10 点，都邮街宝凤银楼有敌军抢劫，我赶到说服了这些人，给了 300 块银圆了事。27 日清晨，大溪沟电厂总经理傅友周电话告急，有乱军去破坏电厂，正在与护厂工人斗争，我马上坐车去交涉，送了 600 块银圆，得保无虞。

29日拂晓，蒋仁风同高允斌来商会与我和范众渠、柯尧放密谈，准备过江迎接解放军。商定：由我代表工商界，温少鹤代表市民，周荟柏代表迁川工厂，任百鹏代表一师起义部队，大家在市商会聚集。午后2时，川东地下党派卢光特同志带路，电话通知民生公司代总经理郑弼臣派轮船，在望龙门渡我们过江，直上海棠溪8公里原警察分驻所。卢光特同志先去与解放军联系后，叫我们在该所电话上同解放军首长谈话。先推温少鹤向解放军首长贾政委汇报真空时期维持重庆市治安情况，因温听力不好，由我向贾政委汇报的，欢迎解放军进城。

贾政委及时指示三点："一、解放军暂不进城，要跟踪追击敌人。重庆市治安仍由你们维持，好好保卫桑梓；二、明晨全市商店开门营业，工厂开工生产，市民安居乐业。行使币制暂时照旧，待进城即商解决；三、立即派汽船四只到南岸铜元局接解放军过江，追击敌军；派两支靠弹子石接解放军进城。"

我们回城时，沿街人山人海，万众欢腾。不久，拥到市商会，要我们马上传达解放军首长的指示。我用话筒向群众传达，希望明晨全市开门营业，工厂开工生产，市民安居乐业，行使币制暂时照旧。解放军跟踪追击敌军，一两日内才进城，大家维持好全市治安秩序。群众听后拍手欢呼："中国共产党万岁！毛主席万岁！"当晚到商会来的有共产党员、民主党派和进步人士如徐崇林、鄢公复、孙济世、樊恒才、李仲平、张宗等。次日来的有黄墨涵、鲜特生、邹发清、康心如、熊荫村、黄凉尘、冯铸连、陈明勋等，大家庆幸重庆解放，人民重见天日。

（本文选自《重庆的解放》，重庆出版社1989年版，原标题为《为迎接重庆解放做的工作》）

刘康*：争取北碚和平解放的回忆

1948年夏，重庆地下党组织遭受了严重的破坏，川康特委按中共上海局分管西南地区党组织工作的钱瑛同志指示，从1948年开始，陆续派遣几批党员干部到重庆工作。同时，钱瑛同志还从北平的几所大学中抽调刘述林（现名刘康）、张君平、肖俊琦、戴宜生等10名党员及两名“民青”成员到重庆开展工作，并将刘康等人的组织关系交给川康特委委员王宇光同志。

四个工作组独立开展工作

1949年2月中下旬至8月初，根据川康特委副书记马识途的意见，留在重庆工作的成都市委书记洪德铭同志将川康系统在重庆的党员和外围组织成员正式组成四个平行的、相当于大城市区一级的工作组，即：（一）沙磁区工作组（包括沙坪坝、磁器口及北碚），又称学校工作组。洪指定由刘康、张君平、李致组成领导小组，刘任组长。下有党员10多人，“民青”成员30多人。（二）文教工作组，即川西先遣工作组。组长章文伦，副组长罗民什，组员戴辉。下有党员、“民协”成员10多人。主要是在南岸、南泉的大中学校及职青中开展工作。（三）城区特

* 作者时为在校大学生，中共党员，借调到重庆开展工作。

支，又称交通工作组。特支书记是周晴晖，组织委员肖俊琦，宣传委员兼青年委员杨子明，建立的外围秘密组织叫“新青团”（全称“新民主主义青年团”）。四、工商工作组。组长张万禄，组员有陈显志、郭卓甫。工作对象主要是职员，以天府、四川缫丝厂为重点开展工作。

1949年2月至4月，国共和谈期间，重庆的公私立大中小学发生了师生员工“争温饱、争生存”的大规模的学生运动，川康系统的各个工作组及其领导的外围秘密组织“民青”“民协”“新青团”，与1948年底成立的川东特委领导的重庆地下党外围秘密组织“新青社”（新民主主义青年社）密切配合，共同领导了这次运动。运动中涌现了数以万计的积极分子。在这个基础上，川东、川康两个系统在重庆的各部分地下党组织及外围组织均得到较快的发展，较快地积蓄了一批干部力量，从而为解放前夕进一步开展统战、策反工作创造了较好的主观条件。

在马识途、王宇光等同志去香港后，8月中旬洪德铭也得到钱瑛同志指示，赴香港转到解放区去了。从此川康系统在重庆的四个平行的工作组就只能各自独立进行工作。大规模学运后，国民党反动派加紧对进步师生进行迫害，为了保存干部，一些同志被迫或主动转移。沙磁区张君平按洪德铭要求于1949年5月赴香港转解放区；李致、丁秀娟、康大均于6月上旬转移去成都；剩下刘康继续在沙磁区坚持工作。城区周晴晖转移回綦江，肖俊琦回荣昌，剩下杨子明继续在城区坚持工作。由于没有上级的直接领导，当时对形势、任务也搞不大清楚，转移到外地的关系无法转出去，自己去联系又很困难，连本人的吃住也成问题了。为了克服困难，坚持下去，城区和沙磁区的负责人于7月下旬商定定期约会，研究形势和工作任务，以便配合行动，但组织上还是各负其责。

也是在7月，钱瑛同志在武汉将刘康（当时叫刘述林）的关系交给了川东特委副书记邓照明同志，同时派江伯言、张君平等于9月份先后回到重庆，分别向川东、川西的同志传达了关于形势和任务的指示。张君平传达的主要内容是：形势——估计解放西南的时间最迟不会超过1950年春季。任务——主要是迎接解放、配合接管。

为此，当时要求加强四项工作：①加强调查研究；②加强统战工作；③反破坏；④营救政治犯。组织方面的任务是要保全组织，防止投机分子混入党内，因工作需要可以发展特别党员等等。刘康随即向其联系的党员干部做了传达。这些同志又分别向各自联系的党员及其外围组织“民青”“职青”“新青团”的一些骨干做了传达。从这以后，沙磁区和城区所属的党员和一些外围组织的成员，就围绕上级指示的各项任务积极进行工作。在统战、策反工作方面，主要作了对北碚卢子英的工作，策反江北十区区长陈秉国及自卫队武装起义，策反荣昌的一个自卫中队起义，成立渝警解放大队等工作。

与卢子英的秘密谈判

下面仅将解放前夕对卢子英进行统战工作，争取北倍和平解放的情况概述于后。

中华人民共和国成立前的北碚是一个工矿区，农业、文化教育事业也比较发达，又是一个有名的风景区。由于北碚的煤矿对重庆市的工业交通和人民生活关系重要，因此才单独将它划为一个行政区——北碚管理局。局长卢子英，是民生公司经理卢作孚之兄弟。卢氏兄弟在北碚经营了近 30 年，掌握了 70% 的资源，大小干部多是他一手培养的。在北碚卢子英的命令比国民党的命令还关火些。他的作风也比较开明，因此北碚人民对他的印象并不坏。

1949 年重庆“九二”火灾后，刘康要在北碚工作的党员干部李惠春注意调查北碚管理局的情况。李回到北碚后，就将管理局的职员王文杰（卢子英比较信任的一个行政指导员）发展成了“民青”成员。李通过王文杰及北碚其他“民青”成员，了解了管理局内部及卢子英的一些情况。刘、李研究认为卢子英这个人是可以争取的（当时刘康等人并不了解过去南方局和川东地下党对卢子英曾经做过许多工作）。

11 月中旬，重庆的形势已经相当紧张了，刘康要李惠春抓紧做卢子英的统战工作。李认为自己不合适，要求另派人做卢的统战工作，由她协助。刘决定派王烈去北碚专做这项工作，由李协助。

王烈是武汉大学经济系毕业的学生，1948 年在武汉大学参加地下党领导的外围秘密组织“民青”。由于他的爱人张锦林是重庆大学的学生，因此他于 1949 年 4 月由武汉来重庆，住在他爱人处。同年 8—9 月份，刘康联系的党员金祖怡、郑多真等同志反映，王烈希望做些工作。刘康找王谈话进一步了解后，将其介绍入了党。此人仪表堂堂，又有社会经验，正适合去做卢的统战工作。因此找王谈话，说明这项工作很艰难、很危险，要胆大心细，即使出了事，也只能一人承担，决不能使其他组织及同志受牵连和损失。王烈表示：“就是上刀山、下火海，我也不怕。”

刘康给李惠春明确交代：王到北碚去做卢的统战工作，地下组织的事仍由李负责，王不插手，以防万一出事。

王烈于 11 月中旬由李惠春同志介绍的警司炊事员王麟护送到北碚后，由相辉学院的党员高宝宁同志在黄桷镇找了一个农民家住下来，进一步了解北碚及卢子英的一些情况后，于 11 月下旬初返回重庆向刘康做过汇报，没有立即回北碚去。就在这时一个紧急情况发生了：11 月 21 日早饭时，负责做监狱工作的党员况淑华同志交了一封信给刘康，这封信是被关押在“中美合作所”渣滓洞监狱内化名“吉祥”的同志写好交给兰先生（被狱中同志争取过来的一个看守人员的化名，真姓名叫黄茂才）带出来的。

信的大意是，10 月 28 日公开枪决 10 人后，11 月 14 日又秘密杀害了一批人，竹姐（指江竹筠）亦在其中。闻所内传说即将结束，除 17 人决定释放外，其余还有第三、第四批……也将处决，每个人都笼罩着死亡的阴影，要求外面的朋友设法营救。信中还谈了渣滓洞的地理位置，提出了营救他们的办法和意见，希望派人到禁区去工作，同时他们也尽量争取监视他们的友军，在局势紊乱，内部时机成熟时，盼外面朋友亦设法布置强救他们……

为了抢救“中美合作所”关押的这批“政治犯”，当时我们进行了紧张的活动，决定单独组织武装力量进行抢救，并给被抢救出来的人设想了两条去路：其一是沿山道撤往北碚，这就需要卢子英提供掩护和物质支持。其二是由磁器口的石马河一带趁天黑过嘉陵江撤往江北第十区分散隐蔽，因为十区区长陈秉国是我们已经很有把握的策反对象。因此刘康要王烈马上赶回北碚，尽快与卢子英谈判；同时把在江北十区做策反工作的党员陈晓东同志的组织关系由重庆大学的陈英武手上转给了当时分工负责组织武装力量的杨子明同志，要杨到江北去掌握十区的起义问题，看有没有可靠的人员可以作为部分抢救力量，如果人员不能利用，也要尽可能搞些枪支弹药，并在石马河一带准备接应的船只。

王烈同志于 11 月 24 日赶回了北碚，随即与李惠春、高宝宁进行研究。当时有两个途径与卢子英有接触：一个是通过卢的下属王文杰。王烈倾向于走这条线，因为王文杰是“民青”成员，要可靠些。另一个是通过原相辉学院的进步教授，当时在北碚管理局挂名作“经济设计专员”的王文哲作中介与卢接触。高宝宁、李惠春都赞成这个路子，因为王文哲有社会地位，更易取得卢的信任与重视，经过反复研究，最后决定通过王文哲引见。对谈判的条件和各种可能发生的意外情况均做过周密的研究。开始卢子英的意思是一切由王文哲转告他，而我们坚持要直接说，直到 27 日卢才同意见我们，但是要求晚上去。因此 28 日天快黑时，王烈化名林哲元，由高宝宁介绍给王文哲教授。林哲元、王文哲二人来到卢子英家。由林哲元代表共产党北碚地方支部，把预先经过仔细研究的条件一条一条地与卢子英进行了商谈。

第一条：维护地方秩序。卢说没有问题。解放时，卢确实按谈判的具体内容执行了。卢的三个自卫队中一个未走，个个参加维持北碚地方秩序。自卫队驻防地图及时交给林哲元（王烈）转给了人民解放军高营长。12 月 2 日，卢亲自率领全管理局和自卫队人员，到天生桥迎接解放军进入北碚市区。并将自卫队的枪支全部集中在民众会堂前，等待解放军接收。但因解放军另有任务，枪支仍由自卫队员使用，作继续维持社会治安之用。

第二条：管理局负责保护各公私企业财产，不得损坏生产设备，不得转移财产，不得遣散员工，保护好文书档案，听候处理。卢答应："通知同公会办理。"他很快就召集各同业公会开会作了布置。解放时，各工矿企业均未发生破坏事情。

第三条：保护民主人士，使他们不受伤害。卢说："在北碚，我不会伤害他们。""尽力而为。"

保护、支援民主人士问题，实际是为营救渣滓洞、白公馆狱中出来的战友安排的退路。当时出于对营救计划的保密，刘康与王烈交代与卢谈判只讲："如果我们有人撤到北碚，卢要提供保护及物质上的支持。"后由于发生了"11·27"惨案，营救计划未能实现。但这条对保护北碚当地民主人士仍起了一定作用。

第四条：把握时机，扣押国民党特务分子和破坏分子。卢说："这不是我力所能及的。"实际他是不愿接受，怕惹事，得罪人。后来卢实际上采取送路费的办法让这类人离开北碚了事。

所以，解放时北碚的特务人员大多逃跑了。少数由重庆或其他地方潜入北碚农村隐蔽的特务分子，如窜到北温泉的一个特务分子则被我地下党员刘运隆（北碚巡官）和刘文襄（二岩煤矿经理）抓了。

第五条：筹备欢迎人民解放军，各界人士要拿出行动来迎接解放。卢说："这是我们应该做的，要什么？到哪里？请林先生到时通知我，一定办到。"

11月30日重庆解放了，青木关驻有解放军，但无部队到北碚。12月2日，地下党员王烈、李惠春去青木关接了少量解放军经歇马场、天生桥到北碚。卢子英、王文杰等人亲自到天生桥迎接解放军。接着在北碚体育场召开各界群众大会，热烈欢迎解放军。会上由解放军政委李长生讲活，宣布北碚和平解放，卢子英继续维护北碚地方治安秩序，等待接管。这部分解放军另有公务走了。12月5日，另一部分解放军乘船到了北碚，北碚的工人、学生、居民、商界和民主人士共约几千人夹道热烈欢迎。这些活动除地下党给各校的"新青""民青"有内部布置外，都是由卢子英公开出面筹备的。12月8日，北碚市区商店全部开门营业，交通和生产事业也迅速复工。

第六条：从物质上支持解放，支援中共地方党组织，支援解放军和人民政府。

卢说：“要钱要物，好办。”根据林哲元的要求，卢及时筹集了 15 部卡车，帮助解放军运送粮食和物资，还向卢借了 100 元（银圆）作迎接解放军和解决部分地下党同志生活困难之用。

第七条：卢提出：“对国民党溃军怎么办？”林答：“不让他们留驻，不许他们占山头。”

卢子英等人知道自己力量单薄，又要达此目的，就采取了“礼送”的办法对付。即在辖区公路上的场镇设立了几十个饮食茶水站，供溃军吃喝。这样，从 11 月 29 日到 12 月 1 日，路经该区的国民党溃军约有 6 万余人，没有进行破坏。

第八条：保护好机关文书档案。不要遣散人员。卢说：“这个当然。”

12 月 13 日，北碚解放军军管会成立。由于各单位财物、档案保管良好，接管工作进行得很顺利。

北碚终得和平解放

综上所述，沙磁区工作组派王烈、李惠春等同志与卢谈判所做的工作是正确的，有成果的。但是应当指出，北碚之所以能和平解放，却有多方面的原因。

第一，应当归功于党中央的正确领导，特别是 9 月份张君平同志带回来的关于加强统战工作的指示，使我们的工作有了明确的方向。

第二，应当归功于人民解放军排山倒海的神速进军和威慑力量，使国民党无法在重庆附近进行大较量。

第三，是因为卢子英这个人 1926 年就曾参加过社会主义青年团，对党毕竟有一些认识，他在北碚苦心经营了几十年的事业和财产也是很难搬走的，他的确也不是国民党的贴心，过去不时难免要受些排挤，明争暗斗实际上是不少的。保护好北碚，也就是保护了他的事业、财产和地位，因此他早就说过：“只怕乱，不怕变，变则光明，乱则毁灭。”他对迎接解放是早有思想准备的。

第四，南方局和川东地下党在抗日战争时期和解放战争时期都很重视对卢子英进行统战工作。早在 1939 年李亚群同志任北碚中心县委书记时，就成立了以刘文襄为组长，周仁举、唐必直为成员的三人统战小组，从那时一直到北碚解放，刘文襄（二岩煤矿经理）、周仁举（二岩乡乡长）等同志一直未停止过对卢子英的工作。另外还有龚肇章（黄桷镇乡长）、唐甲（大明厂警卫队）、刘运隆（北泉巡官）等都是在川东特委干部樊恒才同志直接联系下做卢子英工作的党员。川康系统的李惠春同志又将卢的亲信王文杰介绍加入了“民青”，对北碚管理局内部和卢本人的思想、动静基本掌握了。

在王烈与卢子英谈判前，王文杰就暗中对卢做了一些促成工作，卢子英对迎接解放也主动采取了一些措施，如地下党布置调查各单位资产情况，卢子英就支持这个工作，在《北碚日报》辟了一个专栏登载出来，使职工群众都知道并动员大家来保护。

11 月下旬，又成立了迎接解放的“应变委员会”，把北碚管理局的一些主要中层干部都纳入到“应变委员会”来工作。“应变委员会”有七个委员，分三个小组，即警卫组、宣传组、接待组。警卫组负责保卫北碚，维护社会治安，防止国民党军队过境破坏；宣传组注意解除一些人对共产党的误解，在高处安广播、写标语；接待组主要是对国民党军过境时，有接有送，使其不扰乱地方等等。所以，对卢子英进行统战工作的成功，北碚和平解放的顺利实现，是多方面的原因促成的。川康特委沙磁区工作组派王烈与卢直接谈判的作用，就是使卢更加知道了在解放过程中他应当怎样去行动，因而大大增强了长期统战工作的效果，或者说，使我党长期的统战工作结出的果实更丰硕一些。

（本文选自《北碚的解放与接管》，1989 年版，原标题为《对卢子英进行统战工作　争取北碚和平解放》）

樊恒才*：我在天府煤矿公司的点滴活动

1948年初，我被党派到天府煤矿公司工作，同年7月，与公司主任秘书孙济世建立革命联系后，通过他做公司总经理黄志恒等上层人员的工作。在他们的大力支持下，一年多来，做了以下几个方面的工作。

策动公司领导层，筹集资金支援革命

早在1947年7月，我被派去宜昌清理川军潘文华部队中几个共产党员的组织关系和了解曾被该部逮捕过的共产党员在关押中的表现。由于我人地两生，无一线索，只好以天府煤矿公司驻宜昌转运站主任身份，通过同乡关系，来往请客，认识潘部一些处级军官；从他们的言谈中了解到被捕共产党员的情况。1948年初，我调离宜昌时，为支援宜昌特支的活动，曾给特支书记陶敬之法币300万元。这些钱都是悬在天府转运站账上，以后由于法币贬值，更主要是由于同孙济世关系好，那些账便不了了之。

1948年，华蓥山的游击队武装起义失败后，有的同志撤到重庆隐蔽，生活有困难，也从天府弄出部分钱，通过熊扬等同志支援他们。

---

* 作者时为天府煤矿公司员工。

同年8月，“小民革”秘书赵景生讲，下川东游击队买武器需钱，我以进步朋友生活困难为由，通过孙济世从天府拿出较大一笔金圆券交赵转去。以后，为接济被关押在渣滓洞中的革命同志，多次从天府弄出经费买药品、衣物等交蒋汇泽，通过他的社会关系带进去。宜昌特支书记陶敬之被关在渣滓洞，他多次通过狱中一看守班长带条子到他父母处，要棉花、绒衣等。狱中女同志生小孩后所需药物，均经陶的爱人陈倩华转交那个班长带进去。从而解决了狱中同志们的急需。这条连接内外的传递线索，直到解放前半个月才被迫停止。

1949年初，上级党组织要我弄清重庆一些大、中型企业的情况，做好解放时的接收准备。当时，我们用春节旧习，由天府公司出钱，孙济世（兼营运处经理）和我（营运处营业课长）出面，以招待卖煤为名，拉关系，陆续宴请所有在渝的军工和民用企业的厂长、经理，借以调查各企业工厂的设备、财产、人员及组织机构情况，前后历时一个多月，用钱不少。

淮海战役后，重庆经常戒严，搜查过往行人。为了活动安全方便，孙济世以交运军工厂生产用煤需要为名，由天府总务处刘少甫花了两条黄金通过警备司令部参谋长关全斌的关系弄出两个特别通行证。我和邓照明同志各用一个，以备检查。同年8月，为弄清蒋介石集团在重庆的破坏计划，我与孙济世商量，以天府公司总经理黄志恒出面，宴请警备司令刘雨卿，我同孙济世、刘少甫等作陪。席间，我们旁敲侧击，了解到一些情况，而这些费用均是天府公司开支的。

同年四五月，邓照明、萧泽宽同志去香港所需旅费，有一部分也是天府支持的。以后为支援党的活动经费，在7月曾给10两重的一条黄金予刘兆丰同志。中华人民共和国成立前夕，刘兆丰同志提出，为营救渣滓洞被囚的同志，需黄金140余两，天府同意支援，并已做了准备。只因“11·27”大屠杀，许多同志已牺牲，才未取用。

积极谋划，营救同志

1948 年夏，重庆和川东地下党组织遭受严重破坏后，国民党特务也加紧对天府煤矿的控制，但我们也更加警惕，更积极地为党工作。我与孙济世研究后，多次通过黄志恒与刘少甫了解特务内部情况以及他们掌握的我地下人员名单。因刘的钱多，交往面宽，了解情况也多，他是供给我们情报的一个重要来源。一旦进步人士被国民党抓捕，我们积极策动公司领导派人出面保释。1948 年夏，地下党的积极分子、天府子弟小学总务主任谢肃宜被怀疑，抓去关在渣滓洞，天府派刘少甫活动保释出来了。1949 年夏，特务企图控制天府子弟校，制造事端，排挤该校进步人士，诬陷该校私藏枪弹，准备暴动，因而逮捕该校韩校长，经孙济世、刘少甫做工作，将韩保出，仍回该校负责。这个万人煤矿，从 1948 年夏到中华人民共和国成立时，没有发生捕人事件，这与我们出谋和黄、孙、刘敢于出面做工作都是有重要关系的。

护厂护矿，交给人民

1949 年，革命胜利形势迅猛发展，如何保护天府公司财产免遭损失，完好回到人民手中，是个极为重要的问题。我们根据上级党组织指示精神，我向孙济世、黄志恒提出四项要求，由他们出面向下布置。

（一）护厂护矿。保护好天府公司所属三大煤矿，特别是较大的天府矿的设备和财产。

（二）保存资金不被股东分走。

（三）人员不动，特别是技术人员，不能放走。

（四）储备粮食和现金，以备职工渡过困难。

因此，在重庆解放前夕，没有召开股东会，没有发放股红息。直到 1952 年公私合营后，才开股东会，发放1948年以来的股红息。由于上述有力措施，也保存了技术力量。重庆解放后天府的技术人员成为西南各矿生产的骨干力量。中央燃料工业部在中华人民共和国成立初期，将天府杨力生同志调去负责全国煤矿安全生产的技术工作。同时，天府总公司存有800两黄金，下属各矿储备了一个月的粮食和现金，以备“应变”。

储煤应变，保障生产

1949年10月，国民党政府面临彻底垮台，重庆即将解放，天府煤矿广大矿工在大好形势鼓舞下，在地下党的直接、间接的教育帮助下，没有停产，苦挖煤。我们对生产的煤采取有目的供给，对无款购煤的军工企业拒售煤；对恢复生产关系较大的电力公司，民生轮船公司的需煤，他们虽无钱，我们也陆续保障供应。电厂虽遭敌人小的破坏，但由于有存煤，保障了及时供电。

民生公司在渝各条船，为防敌人破坏和强行调用，他们装满燃料后，分别隐蔽停靠在长江沿岸，以备解放军使用，和中华人民共和国成立后及时恢复交通运输和厂矿生产使用。公司运用大溪沟河边20余条船，屯煤两千余吨。刚解放，及时分送给有关厂矿恢复生产。

一年多来，我们在天府煤矿为迎接解放、配合接管所做的工作，是我们正确执行党的统战政策的结果。

（本文选自《重庆的解放》，重庆出版社1989年版，原标题为《重庆解放前夕我在天府煤矿公司的点滴活动》）

3

第三章

江边激战，突破重重防线

赵秀昆[*]：蒋介石集团的匆忙备战

1947年6月以来，中国人民解放军先后歼灭国民党军200余万，国民党被迫由战略进攻转为战略防御，因而西南地区的战略地位异常突出，重庆遂又成为国民政府在西南的政治、经济、军事中心。

从1948年初到1949年重庆解放，我都在重庆，任国民党第七编练司令部参谋长，并先后兼任一〇八军副军长和一一二军军长。仅就自己在重庆约两年时间里亲历、亲闻的一切，加以叙述。

搜括兵源，拼凑实力

1947年底，国民党在解放军的打击下实力锐减，已不足抵御解放军的进攻。赖美帝国主义者的授意和支持，蒋介石在各战略要点都设置了所谓“陆军训练处”，借以搜括兵源，成立第二线兵团。其方式一是利用被歼的番号和残余官兵重新组建，一是给予新番号组建。为了表示重视，训练处长多由主持方面的高级将领兼任。如顾祝同兼任徐州训练处长、傅作义兼任北平训练处长、关麟征以中央军校校长兼任成都训练处长等。罗广文新任第四兵团司令官不久，蒋介石召见后

* 作者时为国民党第七编练司令部参谋长。

调任汉中第十训练处处长。

其时，我正任青年军整编第二〇三师第一旅旅长，原驻成都，因陕北吃紧，胡宗南叫喊兵力不足，着我全旅车运汉中支援。我认为已熬过了抗战，不愿为参加内战送死或被俘，就借故回成都养病，并图谋摆脱现职，曾函托参谋次长方天（方任十八军军长时，我任过他的参谋长，分管人事），借口与副旅长黄焕荣（黄埔二期）不和，请为调整工作。适在官邸会报时，蒋介石指示："天津地位重要，警备司令陈长捷为晋系，靠不住，要选一年轻而操守较好的人去任副司令。"方天遂令国防部第一厅签了 3 个人选请蒋介石批示，其中有我和石祖黄及另一人，蒋在我的名上划圈并批"来见"。

我由成都飞到南京后，知道是这么回事，不禁大吃一惊，因当时平津形势较陕北更为紧急，如果去了，不啻是自投罗网。所以蒋召见时，我说明自己虽系北方人，但一直在南方工作，北方情况不熟悉，且部队刚开驻陕西，官兵情绪不稳定，此时离开恐有影响等等。蒋介石"嗯嗯"了几声，问了问部队情况后说："陕西情况也很重要，且师长新换为陈鞠旅，他对部队情况不熟，你还是赶快回去吧。"

我正在进退维谷之际，罗广文知道我也在南京，找到我的住处，一见面连说："真是巧极了，我发表第四兵团司令官时，即曾电请任你为参谋长，一直没有批下来，现在我到汉中有新任务，不能单枪匹马去，我们一块去吧。"但考虑到蒋介石不批准，罗广文亲自找军务局局长俞济时，请他代转报告，调我任第十训练处参谋长。没有等批准，我就和罗约定，他径飞西安转陕南汉中，我则由南京飞成都后再转去汉中。

我到了汉中，知道我的部队已向西安开拔，也了解到罗广文到汉中就任训练处处长的原委。罗到西安后，方知汉中训练处是胡宗南编练第二线兵团的基地，想以此为跳板，随着形势的发展，将其势力扩入四川，以利用四川较充足的人力物力。但四川军阀们对蒋系势力特别是对胡宗南的入川素有戒心，故胡宗南向蒋介石推荐以罗广文充任汉中训练处处长，意在一是罗为四川人，便于得到川人的支持；二是罗属陈诚系干将，易于得到陈的关注；三是认为罗勇敢善战，对上级服从，便于指挥。

对此，罗广文不仅不领胡宗南的“好意”，反而思索如何摆脱胡宗南的势力范围。这是因为罗任十四军军长时，曾一度受胡宗南指挥，在晋南固守运城曾顶住解放军的围攻，而以后十四军奉国防部令东调中原，胡宗南却留下他一个师不放，所以他认为胡好吃别人的部队而对胡存戒备之心。当时汉中第十训练处的任务，是督训驻陕南的一九九旅和驻昆明的余程万师（五十七师）。但主要的是要新组成新二十二、二十三、二十四3个旅。这3个旅的团以上军官，除新二十二旅旅长由国防部调第五军四十五师副师长吴建新出任外，大部分都是由罗广文曾任军长的十八、十四两个军里调任的。中下级军官则在四川的军官总队和青年中学（青年军复员兵）里选任。而新兵的来源、武器和粮食补充，全由四川负担。

基于这种情况，我向罗广文建议，为了选调军官和补充的方便，我们去重庆成立训练处，采取“先斩后奏”，一面行动，一面报国防部备案，以后看形势再说第二步，以谋摆脱胡宗南的控制。

罗广文很同意这个意见。于是我们以副参谋长李文伦留守汉中，其余人员开到重庆，驻在原海军部在山洞的驻地。对这一举动，国防部始终未复电，等于是默认了。不久，国防部正式下令，将第十训练处与成都中央军校校长关麟征所兼的第八训练处合并，改以罗广文任第八训练处处长，督训在川的原有部队和组建新的部队。我曾代表罗广文去成都处理编并事宜，关麟征对此颇不满意，避不相见，仅派兼副处长的王锡钧（军校政治部主任）负责移交。

该处多数干部仍留军校，仅原副处长王锡钧、副参谋长戴传薪（曾任川军师长）及部分中级人员留任。

新编3个旅编成后，值国民党军改制，师又恢复称军，旅恢复为师。因而3个旅依次改称二三九、二四一、二四二师，并予以一〇八军番号统率为建制部队，罗广文兼任军长；我任副军长，仍兼训练处参谋长。军司令部设在大竹，由军参谋长汤国城处理日常事务。稍后，又组建一一〇军，由陈诚系老人向敏思任军长，辖 3 个师。军部初驻成都附近的双流，一四〇师驻内江，一四四师驻新津，一一一师驻泸县。这是罗广文到川后新建的两个军，兵员、装备都较为充实，但军官来自各方，素质差，团结差，因而战斗力不强。

1949 年初，蒋介石由于淮海战役的失败，实力锐减，不得不积极拼凑军队，做垂死挣扎，训练处的职权随之扩大，并改称为“编练司令部”。在重庆的第八训练处亦改称为“陆军第七编练司令部”，仍以罗广文为司令官。改称后的编制规模已超过一般“绥署”“兵团”，司令官为中（上）将，参谋长为少（中）将，副参谋长和各处处长、副处长均为少将级。司令部的直属部队，除警卫营、通信营和汽车队外，另设一个军官训练班，下辖一个教导总队，辖 3 个团，相当于一个师的编制。从而使第七编练司令部成为在重庆统御全川蒋系军队的最大的实力机构。被歼于淮海战役、渡江战役的各军，以后陆续在四川重建的，按其先后顺序计有：

郭汝瑰任军长的七十二军，辖三十四师、二三三师，驻川南宜宾、泸县地区；

陈春霖任军长的四十四军，辖一五〇师、三四九师，驻綦江、南川地区；

王克俊任军长的二十一军，辖两师，驻乐山地区。

此外，还先后督编过几个独立师，计有：

由范绍增残部编成的三六一师；

由杨森残部编成的三六五师；

（以上两部不久调出，不受罗广文指挥。）

以谢直为师长的三六六师（江津地方武装编成）；

由艾绍衡为师长的三六七师（空军特务第五旅改编而成）。

在重庆解放前夕，三六六、三六七两师组成一一二军，我任军长。因其时罗广文已兼任第十五兵团司令官，在川南部署防务，编练司令部的日常事务仍由我主持，故该部参谋长也仍由我兼任。

罗广文名义上所辖的 6 个军的番号，有的已经编成，有的尚待编成，虽然成为当时在西南有较大军力的实力集团，为各方面所重视，但在解放军的强大攻势下，没有经过较大的战斗，就以覆灭的命运而告终。

有名无实的“西南长官公署”

1949年初，解放大军继淮海战役胜利之后，有继续渡江之势。

蒋介石为保住长江以南半壁江山，作了战略调整，以张群主持西南军政事务，将重庆绥靖公署改称“西南军政长官公署”。第七编练司令部地处重庆，接受长官公署的指挥。由于人事、经理、军队编遣等均直归国防部管理，长官公署在军事上就成了“有名无实”，没有什么作为。又因张群为蒋介石重要亲信，经常住在南京，长官公署实际上由副主任钱大钧主持。

我常代表罗广文参加长官公署的例会和会议，感觉到他们机构虽庞大，但“大事管不了，小事又不需要它管”，是个可有可无的机构。事实上如军统直接听命南京，有些反共反人民的勾当，长官公署既无权过问也不知道情况；补给机构直接隶属联勤总部，对各部队的补给，形式上都不通过它；人事上也同样如此。唯由于张群的“人望”，在政治上协调西南各省人事，还可起一定作用。长官公署只能以上达下传例行公文和管理内部机构为主要任务，至于对防务的全盘规划和种种准备就谈不上了。所以在1949年9月西南局势紧张时，蒋介石亲飞重庆部署军事，曾在重庆召集军以上的将领会议。当胡宗南、宋希濂、何绍周、刘伯龙、韩文焕、陈春霖、郭汝瑰等中央系将领与会之际，胡宗南曾发动了一次倒张群的活动，他倒张的实质是想借机退入四川，总揽一切。

经过情况是在开会期间，罗广文曾以地主之谊邀请上述诸人吃饭，饭后，胡宗南提议：“总统这次来，对西南全部军事并未提出具体办法，今后怎么办？我们是不是可以先研究一下，这个地方（指沧白路某私人住宅，即罗宴客所在地）很好，明天下午我们仍在这里聚会一次如何？”

大家都摸到了胡宗南的意图，届时，七嘴八舌，集中攻击张群是政客，不懂军事，长官公署形同虚设，对大巴山防务毫无部署，通信设施不合军用等等。结论是写一个报告给总统，建议由胡宗南主持长官公署，积极进行防御准备，以应付共军的进攻等等。并推郭汝瑰和我拟稿，推宋希濂、罗广文去面呈蒋介石。

蒋对宋、罗等人的陈述表示可以考虑，但未立即采取行动。直到重庆解放后，蒋军残部退到成都，蒋才明令胡宗南以西南长官公署副长官兼参谋长的身份统一指挥，做最后的顽抗。

一贯的军事镇压和政治欺骗

毛主席早就说过，军事镇压和政治欺骗是蒋介石的惯用手段。就我在重庆两年的亲身经历，对此体会很深。说到镇压，第七编练司令部干了两件事：

一是在 1949 年初，黔西赫章县民众不堪国民政府的剥削和搜括，自发集聚数千人，用简陋的兵器实施暴动，夺占了赫章的马菇、五里坪等地，分了当地地主、豪富的财物。当时贵州空虚，没有正规军队，向重庆长官公署告急，该署请准国防部，派一〇八军二三九师主力车运贵州去镇压。暴动的民众见正规军到来，自动散去，该师又趁势击退了由云南彝良方向进入黔西的反霸武装，俘获 20 多人，贵州绥署主任谷正伦令就地枪杀了 3 人。

二是在镇压黔西民众的同时，共产党在川东北华蓥山地区的地下武装有所活跃，使重庆震动，国民党生怕其成为将来里应外合的“巨患”，西南长官公署请准国防部，派部队去镇压。就防区而论，该地为川鄂边区绥署孙震的辖区，但孙部仅一个军（两师），又尚未整补完毕，没有兵力可派；而罗广文有兵力，但又不愿归别人去指挥。经过钱大钧几次和我会商，才决定以罗广文兼任川陕边区绥署副主任及大竹指挥所主任的名义，指挥一〇八军二四二师负责华蓝山的“清剿”任务。

罗广文鉴于华蓥山地区地形复杂险要，有经营它为自己根据地的考虑，所以对任务的执行很认真，强迫当地人民带路、搜山、放哨，多路搜“剿”，给华蓥山地区民众带来了很大灾害。尤以二四二师师长雷鸣（重庆解放前夕，部队溃散，他个人潜逃，下落不明）借口“窝匪”“通匪”，屠杀无辜达数百人，被当地人民詈之为“雷屠户”。罗广文也任意杀人，甚至以协助“清剿”不力的罪名，将广安县一个与军统有关系的乡长也杀了。罗曾对所俘获的地下武装领导人王代甲、地下党干部徐相应等18人施以威胁利诱的办法，不收缴其武器，想利用他们从内部破坏地下武装组织，但这一方案未能得到批准（军统不同意），罗遂借换枪为名，将他们集体枪杀了。

说到欺骗，国民党的报纸、电台常是一派谎言，欺骗人民，蛊惑人心。如有一次，我以一〇八军副军长的名义去万县视察二四一师，归来后见《扫荡报》（军方办的大报）刊登了一篇访问记，大标题是“匪军侵占汉口后的情况”，副标题是“对第七编练司令部赵参谋长的一次访问”，内容是对我访问的叙述，而名字却误为赵德树（七十二军二三三师师长），可见荒谬到何种程度。其内容主要是说我曾到奉节视察，遇到由汉口逃亡到奉节的亲友，他们说“匪军”所到之处，如何“杀人放火”“共产共妻”等，具体事实有姓名有地址。

我没有去过奉节，也没有这些亲友，更没有听说过这些事情，这篇报道纯系捏造。当时，我曾气愤地打电话质问该报主编，他果然抱歉地说：“这是因为宣传上的需要，借用你的名字，事先未商量而又搞错名字，我们工作有缺点，请原谅。”

我怕得罪国民党军政工负责人，没有深究，但通过这件事，我知道国民党军在情报、新闻方面假的居多，不再相信。为了对解放军的进展情况有所了解，我利用一台报话两用机，把它安放在我的办公室内，收听新华社广播，听后从感受上都觉得很真实。特别是听到我在陆大读书时的一位后期同学游凌云（某师参谋长）被俘后对他老婆的广播，提到共产党如何优待俘虏，不杀不辱，还嘱咐她如无钱用，可向某地某人索要赌账等，亲切可信。又一次，听到七十二军军长余锦源投降经过，说在解放军的围攻下，余和所部高级将领都猬集在掩蔽部内，有人主张降，有人反对降，副军长谭心拔出手枪说：“不愿降的以此对待！”结果都走出掩蔽部向解放军投降。根据余锦源要求，又将其遣返到蒋管区等等。但余归来后却以大吹大擂他如何英勇“突围”而仍受重用，发表为第七编练司令部副司令官。因为我和罗已知道余的底细，当他到职时都表示冷淡，以后他就没有再来过了。

我听新华社广播并不瞒罗广文，只说目的是为了弄清“敌情”，罗知道后表面不仅不反对，还常问“新消息”，但暗里却认为我已经动摇，影响了他部的军心，意见很大，可他又不便明讲，只多次地向其亲信透露过。中华人民共和国成立后，原罗部副参谋长贾应华向我谈及此事，说罗当时为此很恼怒，贾曾向罗建议调开我的职务，而罗认为那样做影响太大，下不了决心。

罗广文自己也搞过一次欺骗行动。那是在 1949 年 4 月，由于南京的解放，西南地区的豪绅富商极为恐慌，寻求自保之计而囤积物资，影响所及使物价一日数涨，国民党军官兵的生活困苦至极，每天的副食费只能作购买食盐之用。罗广文打算强制重庆的富商大贾和银行界出钱“劳军”，一面命编练司令部政工处长谷若虚向重庆新闻界透露：“十几万饿老虎要武装访问豪门，要借人头平物价”；另一面准备用贴了标语的手榴弹分送各大商店和银行。钱大钧很震惊，急召我去并由我转告罗广文：“这样搞会影响社会秩序，对你个人也不利。”罗因而作罢。此事说明，他并不是真想这样干，只是欺骗官兵，稳定军心而已。

派系丛生，矛盾重重

国民党军内部素来派系丛生，矛盾重重，但在垂死挣扎中却又相互勾结、拉拢，以求依附或增大势力。罗广文组织“新军”之初，胡宗南就曾面告罗广文，为求得川系军阀邓锡侯的支持，可对其次子邓亚民、副参谋长万里各予以旅长职务，罗广文不愿下这样大本钱。及至训练处迁往重庆后，为讨好朱绍良，除由我经常参与朱之女婿、公署第一处副处长邓墨林的宴会和舞会，拉拉扯扯建立关系外，罗广文还委任邓墨林为一一一师副师长，委公署第三处副处长孙伯先为编练司令部教导总队第一团团长。事实上他们都不到差，只是培养资历，拿点干薪而已。

朱绍良本人则酷好烟酒，酒非法国白兰地不饮，烟非英国三五牌不吸，罗广文投其所好，不时买一些此类烟酒送他。一次，朱绍良到璧山视察第七编练司令部的干训班，中午要在那里吃饭，费了很大人力收集好烟好酒，朱喝得酩酊大醉，由我陪送他回重庆，车过青木关，朱命停车，下车来向值勤宪兵敬礼，说“你们辛苦了”，朱当时身着上将军服，东倒西歪，口齿不清，很失仪态。我心中暗想：“这样的上将真丢人！”又及至钱大钧以副长官实际负责西南长官公署时，因钱是蒋介石亲信，为讨好他，在他女儿生日或在节日里，罗广文都以金饰杂于一般礼物中送他。钱大钧爱财如命，人讥之为“钩大钱”。

蒋介石的表面引退，使国民党军中高级将领有无所适从之感。罗广文为求得陈诚指示，曾借口参观孙立人部训练而飞去台湾。陈诚告诉罗广文，要和胡宗南多联系，有事多向胡请示，对原十八军系统在西南的将领，要罗把他们团结起来，并要罗将此意转告当时驻汉中地区的九十八军军长刘劲持。罗广文原想胡、陈矛盾很深，何以会叫自己听命于胡呢？后来想通了：他们的矛盾虽大，但反共的立场是一致的。

罗广文任十四军军长时，在中原战场曾短期受过白崇禧指挥，不久升任第四兵团司令官。我去南京办事时，白的亲信孙国铨（当时任陆军总部第二署署长，兼带为白办事）是我在陆大的同期同学，请我吃饭，并约了白的夫人。白夫人对我说：“白部长对罗广文很赞许，他升任司令官，就是部长保的，希望他今后多与白部长联系。”解放军渡江战役之前，国民党军内部异常混乱，白崇禧几次电约罗广文去汉口议事。胡宗南也来电邀罗去西安。方天（当时任江西省主席）也以电报对罗和我说：“大局如此，吾人将如之何？”胡琏（淮海战役溃逃漏网后，在江西任第八编练司令官）更露骨地电促罗广文：“望兄率师顺流而东，与逸公（指方天）相会后，以做最后奋斗。”

罗广文当时对白、方、胡的拉拢都不感兴趣，主要是想独树一帜，且不愿失去现在的有利地盘。但对胡宗南则不敢不敷衍，可自己去又不便讨价还价，所以借口正在巡视部队，派我代表他去西安见胡宗南。我到西安后，胡宗南以宾礼相待，除问问部队情况外，没有谈别的；宴请时在座的还有邓锡侯的代表林树恩和杨森的一名代表。散席后胡宗南约我上他的车同往其私邸，在车上他就和我拉关系："早知你和昆冈（李昆冈，四川荣县人，曾任胡的副参谋长，在一六七旅旅长任内，在陕北蟠龙镇被解放军俘虏）是郎舅之亲，他在那边（指解放区）表现很好（很顽固之意）……"

及至胡宗南家里，他才说明想和罗广文面谈的原意，是以局势越来越严重，下一步仅靠四川，纵深不够；为不受四川军阀威胁后方，所以请罗广文带两个军自动进入西康，解决刘文辉，经营根据地，责任全由他承担等等。我归来向罗广文说明情况后，罗认为进西康还不如在四川的回旋余地大；万一失败，口说无凭，胡可以不认账，加上当时对胡也无隶属关系，因而入康一事也就置之一旁了。我由西安归途去汉中，约刘劲持会晤，也转达了陈诚要"团结"的意旨。

与此同时，在四川的一些黄埔系政客，如李天民（三青团头子）、任觉五（原教育厅厅长）、王元辉（原保安司令）等，因反对王陵基主川，想借罗的势力反王，主张四川的党、政、军大权由罗一把抓，并图谋组织一个小组织，作为政治基础。罗广文对此事的态度是搞成了对己有利，不成也无损，所以同意搞搞看。这样由前面提到的三人会同罗广文、郭汝瑰、陈春霖和我，在罗的私寓开过几次会，并讨论了小组的章程，因形势日渐紧张，那几位政客逃去台湾，此事也就没有下文了。

张群重回西南，趁混乱之际，自己也想掌握一点武力，曾利用其秘书长牵线，拉拢四川籍的中央系将领罗广文、郭汝瑰、陈春霖等密谈过几次。

我和罗广文多年的公谊私交都很深厚，但就其实质仍是一种相互利用的关系，一旦涉及个人利益还是要出现矛盾。在重庆编练司令部的两年里，我和他的矛盾主要产生在两个问题上：一是由于我贪图安逸，想做官而又怕内战，所以表现消极，特别是我收传新华社广播消息，他认为影响军心但又不便加以干预，因而心存芥蒂；二是他之长期兼任一〇八军军长，多是从经济上着想，以军的经费调剂编练司令部经费的不足。在酝酿组建又一新军时，他曾有意令我去任一〇八军军长，他再自兼新编成军的军长，我不同意；因为一〇八军的人事和经理人员都是他安排的，我去任军长，不仅得不到什么好处，甚至有当傀儡的可能。另外，一〇八军编成较早，必先投入内战。这些想法促使我表示“宁愿不当军长，也不去一〇八军”。罗对此大不理解，曾向人说：“不知什么事得罪了参谋长，他连军长都不想干了。”

一一二军奉命组成时，对军长的人选，长官公署主管人事的第一处副处长董健认为奇货可居，造出空气说，军长候选名单上有刘宗宽、吴鹤云、岳星明、戴高翔和赵秀昆，并托人对我说，如能以他任副军长，他可设法让我充任军长。实际上该军已明令由罗广文的第七编练司令部组成，且钱大钧和罗的关系又不错，军长位置不可能让与外部人。

其时，国防部已暂迁重庆办公，参谋总长顾祝同就住在钱大钧家里。钱有一天约我去他家谒见顾祝同，由顾出面向蒋介石保荐我任军长，顾只简单地作了些问话，适逢宋希濂派其副主任沈铸东在顾处告朱鼎卿（湖北省主席）的状，大意是朱不与宋合作，独行其是，致宋处处为难，建议改由宋兼湖北省主席等等。朱属于陈诚系，我归来后告知罗广文，暗中通知朱防备。可见，覆灭已临头，内部还在明争暗斗。

贪污和敲诈之风盛行

1948 年至 1949 年，国民党军在战场上连遭败北，人力物力搜括殆尽，更加刺激物价上涨。因而市场流通手段先是迫使民众以黄金、白银兑换“金圆券”，实行不久就大大贬值，又改币制为“银圆券”，造成社会一片混乱，贪污和敲诈也更为泛滥不息。

1948 年重庆发生的最大贪污案，实际就是绥署主任朱绍良所为。案情的简要经过是，第七编练司令部所属一一〇军的一一一师在四川泸县成立，并负责该地区的警备任务。某一天，据密报有两辆武装押运装满货物的汽车要经兰田坝渡江通过泸县，师长周鉴派队前去截获。只见护运人员服装整齐且各持卡宾枪，检查货物都是烟土，而押运人员毫无惧色，仅表示“你们把我们送往重庆好了”。师长知道来头不小，既不敢办又不敢放，连夜派人押送到重庆。

此时此事在社会上已经流传，而绥署办理此案也出奇地迅速，仅两三天，“大批走私烟土，主犯五人已经枪决”的新闻就出现在报纸上了。原因在于这个走私案是朱绍良的老婆及女婿邓墨林伙同军统分子合伙搞的，见事情败露，从监中提了几名不相干的犯人予以枪决了事，发表新闻无非是掩人耳目而已。

1949 年夏，又发生一起大案，主犯是联勤总部派驻重庆的财务署收支处处长沈同尧。沈对驻川部队的杂牌军（即川军）公开克扣，以其所得存入张慕良私人所设的银行折放比期牟取暴利，克扣最多的达到三四成。甚至七十二军、四十四军在四川重建，沈也对两军扣发了二成经费，引起郭汝瑰和陈春霖的不满，在罗广文的率领下谒见张群，揭发此事。张群为捞军事资本正在拉拢罗、郭等人，表示一定要严惩沈同尧、张慕良，并当即将沈、张逮捕入狱。但因沈的后台有力，不但未治罪，而且几个月后沈又扬长在重庆街头了。

当时，军队“吃缺”之风远远超过抗战时期，公开订出师、团、营、连的吃缺数字，超过了数字才算“贪污”。罗广文治军甚严，当发现二三九师陈泽普（陈春霖胞弟，团长）吃缺数字远超过规定，遂将陈及其军需主任扣押。碍于陈春霖的情面，仅将陈泽普撤职了事，军需主任被枪决。对于罗广文自己，因编练司令部经费有限且开支又大，附属教导总队的三个团虽上报成立，但一个兵也没有，等于是吃了三个团的缺额。有人告发到国防部，批令监察局处理。因我与监察局局长彭位仁是陆大的同期同学，关系不错，罗就派我飞南京去疏通。我见彭后直截了当地说：“物价这么高，开支这么大，不如此又怎么办？”因而此案也就不了了之。

敲诈之风更有各种各样的手段，在这当中我遇到两件事。一件事是国防部迁到重庆后，曾遣散部分人员，国防部第一厅厅长毛景彪系蒋介石亲戚，也是我在陆大时的同班同学，他借口遣散经费未到而又必须先处理掉部分人员，向第七编练司令部借5000银圆。他打电话给我，我当然不敢得罪他，就命军需人员将款如数送去。而带回的凭据只是他个人的收条，方知道此款是收不回来了，明知是公然敲诈，对其人也无可奈何。再一件事是白崇禧的副参谋长赖光大来电，说他岳父孙仲三在重庆办大成银行，是为白崇禧所部筹划经费，要罗广文和我支持。对此也不能不敷衍，遂也向该行存了不少的经费，结果是一分钱也没有取回。

蒋介石的错乱指挥

1949年8月下旬，胡宗南在西北连连失败，放弃西安、宝鸡，退守秦岭，指挥部移驻汉中。蒋介石企图守住西南地区，8月24日，亲自来重庆坐镇指挥。蒋住在山洞林园，但不住正楼而住在一座偏僻的平房内，随侍大员只有蒋经国、俞济时两人。

蒋介石在到达的第二天就要召见罗广文，因罗适赴川东北，改召我去见。他详细询问了部队训练和布防情况，并令催罗广文回渝。一二日后，蒋又召见了钱大钧、刘宗宽和我，并命我将地图铺在地上。蒋介石身着长袍，以手杖指指点点，说胡长官所部已退守秦岭，但甘南川甘边区武威方向形成缺口，如共军由该处进攻，胡部后方被截断，四川也受威胁，现在决定派罗司令官率一〇八、一一〇两军去川、甘边境布防，要我们迅速研究最快的行军路线。罗广文赶回山洞后又亲去见蒋，蒋重复了这个命令。罗回来说，蒋介石还要他亲率我和长官公署副参谋长刘宗宽、补给区司令邱渊专机去汉中，与胡宗南会商指挥事宜和补给办法。

罗广文出于考虑自己在四川的有利地位而不愿受胡宗南长期指挥的设想，在汉中协商时坚持两点意见：（一）四川还有其他部队待编练，川甘边区作战指挥可由胡宗南负责，但编练司令部的其他一切业务仍直归国防部及西南长官公署；（二）补给仍归重庆补给区。胡宗南虽看出罗不愿听从他指挥，但自己正处于逆境而无可奈何，只得同意。

罗广文回到重庆后，遂部署一〇八军、一一〇军向川西北开拔。但是，当先头部队抵达绵阳时，解放军已向贵州行动，重庆受到直接威胁，且广州已解放，代总统李宗仁将总统府以及重要部会迁重庆办公。蒋介石为逼走李宗仁，重新掌权，再次飞来重庆，亲自指挥一切，并曾召开将领会议，唯一的法宝，还是“第三次大战即将爆发”，要求再坚持几个月。罗广文对我说：“总统来，以为有什么好办法，只是那句老话，具体的什么也没有，顶什么用。”

此时，国民党部队的士气已低落到极点，蒋介石为挽救败局，只有采用封官、收买、亲笔信鼓励，甚至利用日本战犯出主意等等办法。蒋为了固守重庆，特任杨森为重庆卫戍总司令，又急调胡宗南的第一军向重庆增援，但都无济于事。罗广文在南川白马山布防时，蒋介石竟派日本战犯、前日本华南派遣军参谋长斋藤去指导布防。连罗广文也说：“打了八年日本人，今又请他来帮打中国人，这个账该怎么算！”这个日本人也知无能为力，敷衍地提出一个阵前出击方案（即一部兵力守阵地，主力阵前去出击），罗广文部下军官都骂，全力守都守不住，还出击什么？在此期间，蒋介石曾派蒋经国持其亲笔信去慰劳宋希濂、罗广文，但无作用。一〇八军和一一〇军原来都还有点战斗力，由于蒋介石的慌乱指挥，长途行军，致部队疲劳，逃亡的又多，临时拼凑成的十五兵团由罗广文兼任司令官，仓促在南川布防，立足未稳，解放军就到了；加之二四一师七二二团在团长崔百川率领下阵前起义，更打乱了罗军阵脚，遂不战而溃，仅罗广文个人逃回重庆。

当罗广文失去联系时，俞济时曾以电话多次查问罗的行踪，及至罗回到编练司令部并正在我的房内吃饭时，蒋介石又亲自挂电话问：“罗司令官回来没有？”我回话：“刚刚到。”蒋遂命罗即刻去见他，罗自认凶多吉少，去前对我说：“此去不一定回得来，一切靠你了。”但不到一小时，罗安然返回，并说：“总统关心的是共军情况，以定行止，现已决心向成都撤退，命杨森统率余部经由川北遂宁方向向川西撤退，沿途收容部队，我们也归杨指挥。”罗广文对受杨森指挥颇为沮丧，决定由他率残部经川北去收集流散，我率编练司令部和一一二军去宜宾与郭汝瑰会合，他到川北后也设法去宜宾。我率部于 11 月 29 日晨离重庆（车运），三六六师徒步，三六七师仍在守飞机场，蒋介石于 30 日晨飞离重庆，重庆也就宣告解放了。

蒋介石第二次到重庆时，戒惧之心颇重，什么人也不敢相信了，为此曾由台湾空运一个警卫营来担任他的警卫。因飞机有限，大量金银未及带走，为守机场的三六七师（原空军特务旅）所得。据说在西南被歼的蒋军中，缴获三六七师的金银最多。蒋介石在无法可想之下，也曾以大量金钱收买人心。有一次俞济时打电话给我，总统批给罗广文 10 万元（银圆券）特别费，直接派军需到官邸来领。不两天财务署又通知，总统批给罗广文 10 万元，要人去领，这显然是发重了，我将错就错地对两份批赏都派人领回，换得黄金千余两。罗广文起义后，部下有人控告他贪污，他请我主持营以上干部会议，决定以 200 两赠给他私人（以后由他爱人上交了成都市人民政府），余分配给各军、团、营作为补助金。

（本文选自《四川文史资料集粹》第 2 卷，四川人民出版社 1996 年版，原标题为《重庆解放前夕我的经历和见闻》）

何正文*：打开入川通道

1949年初春，人民解放军继辽沈、淮海、平津三大战役的胜利，全面实施战略追击。当时我任第二野战军三兵团十一军三十二师师长。

我军经过半年多的进军作战，先后解放了华北全境，华东大陆和西北、中南大部。蒋介石及其国民政府被迫由广州迁往重庆，残存于中国大陆的国民党军两个主要集团胡宗南部和白崇禧部，正分别撤向西南各省和广西一隅，妄图盘踞西南，重建陪都重庆，继续与人民对抗。

10月25日，第二野战军司令员刘伯承、政治委员邓小平根据中央军委和毛泽东主席的战略部署，下达了向川、黔进军的战斗命令。兵团司令员陈锡联慷慨激昂地对我们说："现在杨勇、苏振华率领的第五兵团已直出黔北向川南挺进，切断了国民党向云南的退路。我们三兵团的主要任务是直出川东，占领黔江、彭水，打开入川通道，并在该地区歼灭宋希濂集团，解放重庆，尔后向川西进击。"

一举击溃咸丰受敌

我军立即冒着连天阴雨，开始了艰难的行程。三兵团的十一军、十二军和四

* 作者时为第二野战军三兵团十一军三十二师师长。

野四十七军以及湖北省军区部队，以突然、猛烈的战斗行动于 11 月 1 日在北起巴东、南至天柱宽 1000 多公里的战线上，以迅雷不及掩耳之势分左右集团钳击宋希濂集团。我三十二师于 11 月 4 日，由慈利地区出发，经大庸、永顺向龙山、来凤攻击前进。于 11 日在兄弟部队的配合下一举击溃咸丰守敌，迫使来凤、龙山守敌闻风西逃，全线溃乱。

宋部在惊慌失措之际，急忙收缩兵力，企图南移黔江、彭水、两河口、龚滩一带组织抵抗。这一带山岭连绵、地势险恶，并有磨岩河、郁江为天然屏障，易守难攻，素称“川湘咽喉”。宋希濂移兵布防于此，既可抵挡一阵，万一有失，仍可退至乌江以西，凭借乌江天险，依托陡峭的白马山护卫重庆。

为迅速追击逃敌，我师主力全部轻装前进。部队昼夜兼程，翻山涉水，冒雨前进，克服了缺衣少粮、风餐露宿、极度疲劳等重重困难。指战员们斗志高昂、战斗情绪十分饱满，以不歼灭逃敌誓不罢休的英雄气概，每日前进百里以上。17 日，我师主力追击前进 180 余里，抄小路超越兄弟部队进至郁山镇保家楼附近。这时，溃敌第二六三师残部企图横越公路向西逃窜，我师九十五团以一个营的兵力向该敌发起猛烈冲击，仅激战 10 余分钟，即将该敌全歼。随即于当日黄昏前，我率师主力进至彭水近郊，威逼敌乌江防线。

强渡乌江，穿越白马山

敌人为了迟滞我追击，掩护其主力西逃，妄图依托乌江天险顽抗。乌江，发源于贵州北部，从龚滩入川，经涪陵流入长江，是四川境内长江南岸的一大支流，有一条公路由东向西越过彭水、武隆直抵重庆。乌江两岸悬崖陡峭，怪石嶙峋，江水湍急，密布险滩暗礁。国民党军在溃逃时，以“不给共军留下一粒粮食，一根木头”为口号，实行烧光、抢光政策，大肆破坏乌江沿岸的道路、桥梁、索道，放火烧毁村寨、城镇。紧靠乌江东岸的彭水县城，几乎被烧成一片废墟，沿岸船只早被抢掠一空。我军重炮又未赶到，在没有力的火力掩护情况下，要从彭水正面强渡乌江，显然是十分困难的。

我命令部队先渡郁江，抄小路，在乌江下游寻找渡口与船只，充分做好抢渡乌江准备。当我们进至彭水东岸时，见彭水城中火光冲天，我主力继续追歼逃敌，一部兵力立即奔赴火场救人灭火，许多同志带着伤痛奋力抢救，有的同志还把自己仅有的干粮让给了老人、孩子。群众看到此情此景，无不为之感动，纷纷自发地将沉在河里的船只打捞起来送给部队渡江之用。

11 月 20 日，我师主力在彭水西北高谷堆一举抢渡乌江成功，迅速向敌纵深发起攻击。此时，兄弟部队亦由彭水之南河口等地胜利渡过乌江，守敌弃阵西逃，乌江防御全线崩溃。我师九十四团在团长涂学忠的带领下，穷追不舍，追至罗葡垭时，我兄弟部队的一〇一、一〇四团正与敌第二军第九师对峙，我迅速命令该团从侧翼发起攻击，经一小时激战，敌大部被歼，我九十四团一举抢占了江口镇。21 日，我师部队全部胜利渡过乌江，乘胜前进，相继攻克敌第二军、第一〇八军驻守的江口镇、白马场、长坝口等纵深要点，迅速发起全线追击。“川东门户”被打开了，蒋介石妄图凭借乌江天险阻我西进的计划彻底破产了。

过了乌江，挡在我们面前的就是那高高的白马山。白马山位于南川东北，上下 60 里，山高谷深，地势险要，只有一条崎岖不平的川湘公路绕山而行。时近严冬，雨雪交加，道路泥泞不堪；茫茫四野，荒无人烟，补给极端困难。部队又连续追击了 20 多天，非常疲劳，此时，走路真是比打仗更艰难。但广大指战员忍饥耐寒，“以速度胜速度，以疲劳胜疲劳”的英雄气概，发扬我师“三猛”战术追歼逃敌，于 11 月 24 日与兄弟部队五六个师的兵力在白马山地区胜利会师。

白马山欢腾了，道路两旁挤满了得胜的勇士，他们握手称贺，互道胜利。为了继续扩大战果，我与李德生、尤太忠等几位师长共同研究，认为决不能使敌有喘息之际，一定要战胜疲劳，乘胜追歼。我率师主力绕道从小路连夜向南川进发。我师九十六团进至长坝村以东时，发现敌前哨警戒部队，该团为了捕歼其主力，在团长顾登友的指挥下继续果敢前进，当敌主力发现后，该团主力已将敌分割，迅速发起猛攻，经一小时激战，敌第一〇八军七二六团大部被歼。被俘的匡锡鹿副团长惊叹道：“贵军似飞机一样的前进速度，使我们跑都来不及。”

乘胜追击，威逼重庆

27 日，我师由南川出发经观音桥、清和场、五市场等地向重庆疾进。九十五团代团长严大芳率部一举攻占了清和场，歼敌第一〇八军一部，迫其主力向白沙井一带溃逃。为不失战机，我当即命令该团跟踪追击。在严大芳的率领下，该团一路追杀，及至白沙井后，发现敌已西逃，又乘胜追击兼程 170 余里。追至双胜场时，敌已疲惫不堪，正忙着生火做饭，吵吵嚷嚷，一片混乱，该团乘机冲入敌阵突然攻击，激战不到 20 分钟就全歼敌一〇八军七一五团。翌日，我师以一个团的兵力向栋清场、迎龙场守敌出击。途中，根据侦察报告，企图西逃之敌主力仍在栋清场以东地区，我想敌人是不会久留的，当即命令一部兵力在栋清场东北及其东南地区设伏。当夜，敌果然由此通过，我伏击部队突然发起攻击，迅速将其分割包围，歼敌一一一师大部，迫使敌副师长林惠民以下 2000 余人缴械投降。

29 日，我师主力继续向重庆方向奔袭。九十五团三营沿途粉碎敌人两次抵抗，一举抢占了汪山、黄山，于 16 时一举抢占黄桷垭，该团主力由侧翼向海棠溪迂回攻击。在我前后夹击下，敌人四散逃窜，该团于黄昏前胜利攻占了长江南岸的重要渡口海棠溪。与此同时，我九十六团亦占领了大兴场。四野四十七军也已进至长寿、江北，抢占了嘉陵江、长江以北地区。山城重庆已完全暴露在我们面前了。至此，我三兵团各路部队按照预定计划，先后控制了西起江津，东至木洞近百公里的长江南岸地区，威逼重庆。

截断西逃之敌的退路

蒋介石自知坚守无望，已于 11 月 29 日中午在山洞召集国民党陆海空军将领举行最后一次军事会议，下达了炸毁重庆的命令。29 日深夜，蒋介石就在白市驿机场仓皇登机，准备逃往成都。

我来到长江边，望着灰蒙蒙的重庆，听到不时传来的阵阵爆炸声，心里就好像在燃烧。我立即回到指挥所和副师长史景班凑了凑情况后，命令部队要尽一切努力迅速渡过江去，使城市和人民免遭更大的破坏与摧残。

在地下党组织的积极配合下，经过广泛宣传动员，海棠溪的群众看到真是自己的队伍来了，自发地把沉到江底的船打捞上来，许多青壮年纷纷要求为部队渡江撑船，有个老大爷还亲自带着儿子找到我说："官长，就让这小子给我们大军摇橹吧，别看他愣头愣脑的，在长江上可是把好手啊！"我紧紧握着老人家的手说："老大爷，抢渡长江很危险啊！"老人听后好像有些生气似的说："要是怕危险我还来找你干啥子嘛。"看着这父子俩，我的眼睛潮湿了，多么好的群众啊！是他们养育了我们，是他们保障着我们打胜仗啊！

当天夜里，对岸地下党也开来两只船，他们留下一只船后，便急忙回对岸动员群众开来了10余只木船。我九十五团代团长严大芳率部驾舟抢渡长江成功，猛扑市中心，于翌日凌晨一举抢占了重庆市中心区。九十六团在团长顾登友的率领下，从九十五团侧后跟进突过长江，向第五十兵工厂发起猛攻，经短时激战攻占了该兵工厂。与此同时，我九十四团与兄弟部队也分别在木洞镇、李家沱、顺江场等地渡过长江，继续西进猛追逃敌，从东西两个方向形成对重庆的包围。

11月30日，西南重镇重庆宣告解放。

当天下午，我正全力组织部队抢救被烧的工厂和仓库物资，陈锡联司令员忽然赶来，一见我就风趣地说："何正文，你到底是四川人啊，我的汽车轮子都撵不上你！"我把部队的作战和警戒情况以及下一步的打算详细地向陈司令员做了汇报。至此，三兵团所属与四野四十七军先后在爆炸声中进占重庆，并截断了西逃之敌的退路。蒋介石破坏重庆的大部分计划因守敌迅速被歼或溃逃以及我地下党组织与工人群众的英勇斗争而破产了。

12月1日的早晨，天空格外晴朗，阵阵晨风不时带来人们的欢声笑语。指战员们换上了干净的军装，绑腿也打得利利索索，一个个精神抖擞。隆重的入城仪式开始了。入城大军浩浩荡荡，山城人民载歌载舞，万人空巷，夹道欢迎，庆祝古城的新生。入夜后，为了不惊扰市民，部队在数九寒天露宿街头，人民群众无不为之感动。

奉兵团首长命令，我三十二师除九十四团随兵团主力迅猛向成都方向逼近，参加成都战役外，其余部队担负重庆市的警备任务。

重庆是蒋介石的老巢。就在我军入城的前一天，国民党军统特务头子毛人凤还在这里召集匪特首脑紧急会议，对整个西南地区“游击武装”的任务重新进行了布置，在会上他特别要求重庆的匪特组织要寻找一切机会进行破坏；一些地方游杂武装在重庆市郊隐藏起来，他们与潜伏的国民党特务组织相勾结，进行暗杀、抢劫、爆炸等恐怖活动。重庆宣告解放的当天，特务分子炸毁了土桥仓库。

第二天，又在我军进城仪式结束后，炸毁了嘉陵江岸边的一座兵工厂。地方封建势力原封未动，人民深恶痛绝的各种反动道会门和帮会组织有100多个，他们到处制造谣言，欺骗群众，扰乱治安。刚刚解放的重庆，社会政治情况十分复杂，匪特活动猖獗，局势十分严峻。特别是需要保护的工矿、学校、仓库和交通、电信枢纽很多，重庆又是国民党有名的军事工业要地。西南局首脑机关也已迁至重庆。肩负着拱卫党政军领导机关安全和城市警备的重任，我深感自己责任的重大。

我是四川人，从小参加红军离开了家乡。我爱家乡的土地，爱家乡的父老乡亲，看到被敌人炸毁的工厂、烧毁的房屋和破坏的道路、桥梁，想起入川时沿途群众衣不遮体，面黄肌瘦，被烧毁的房子冒着缕缕青烟，皮包骨的娃儿在妈妈的怀里饿得已经哭不出声了，母亲只是默默地流泪；残墙断垣上随处可见敌人张贴的征粮、催款、抓丁的布告，惨遭洗劫后的村落、城镇一片凄凉。“天府之国”啊，竟被糟蹋成这个样子，我的眼睛湿润了，我的心在流血。

部队入城后立即投入了新的战斗。我们马上与重庆的党组织密切配合，对所有主要街道和重要目标组织警戒。战士们不顾连日来奔袭作战的劳累，日夜搜索、巡逻、抢救物资。我带着两名参谋对市区和郊区的地形进行了勘察，跑遍了所有重要山头和重点防范地域，特别是对党政军首脑机关驻地，都亲自组织和检查警戒，并建立了严格的城市纪律和警卫制度。

一天下午，嘉陵江上发现两只不明身份的船只，我九十五团立即打信号命令船靠岸，但这两只船却越行越快。值班参谋向我报告情况后，我马上赶到江边、命令鸣枪警告，没打几枪，这两只船就乖乖靠岸了。原来船上装的都是国民党特务从兵工厂盗出的武器弹药，足够装备两个团。执勤哨兵把特务分子押走后，战士们议论开了，有的说，“这下可好了，我们可以鸟枪换炮了”，还有的说，“船是我们发现的，枪是我们缴获的，理所应当先装备我们。”几个干部也反复找到我，非要我下命令，把武器留下来。我来到战士中，问大家：“我军三大纪律八项注意，对缴获武器是怎么规定的？”同志们异口同声地说：“一切缴获要归公。”我告诉大家，我军之所以能够克敌制胜，正是因为我军有铁的纪律。经过说服教育，干部战士思想通了，两船武器弹药全部如数上交。

在上级的正确指挥和重庆人民的大力支援下，我师全体指战员高度戒备，忠于职守，严格执行三大纪律八项注意，积极与重庆市地方党组织相配合，给予匪特及各种反动帮会组织以坚决的打击，爆炸、破坏活动终于被制止了，重庆社会秩序步步好转。

清晨里，雾气笼罩着大地，寒气袭人。我来到西北郊歌乐山下美蒋合办的专事残害共产党人和革命志士的“中美特种技术合作所”。我越过杨家山、钟家山，由松林坡至渣滓洞，这方圆约 40 里的所谓“特区”，旷无人烟，四周密布电网、岗亭，遍地是革命烈士的尸骸，阴森可怖。革命志士的尸体层层叠叠，有的五花大绑，有的还戴着脚镣手铐，还有的捆绑在柱子上被枪杀而死，那些被丢进镪水池的同志更是皮绽肉烂，令人不忍侧目。为了今天，这些革命烈士身受酷刑折磨，在山城解放礼炮响起的前夕，满怀必胜的信念，把自己宝贵的生命献给了祖国解放的庄严事业。我钦佩那些胸带奖章的战斗英雄，但我更加敬重这些为胜利而牺牲了的英烈们，我流着热泪摘下了军帽，怀着无限崇敬的心情深深地向烈士们鞠躬致敬。我在心底里告慰同志们：中国人民被杀戮、被奴役的日子已经一去不复返了！

让我们，让我们的子孙后代永远记住：共和国的国旗是用烈士们的鲜血染红的！

（本文选自《重庆文史资料选辑》第 32 辑，1989 年版）

曹里怀*：鏖战川东　突破乌江天险

第四野战军第四十七军配合刘、邓军大进军大西南的作战过去 40 年了，但参加川东战役追击作战的情景，至今历历在目，无时或忘。

1949 年 7 月中旬，在宜昌、当阳战役中，我四十七军同国民党军宋希濂集团进行了较量，宋部遭我打击后节节败退。遵照毛主席、朱总司令向西南进军的指示，为配合第二野战军解放西南，同时保障第四野战军主力挺进广西、广东的侧翼安全，中央军委命令我军疾进湘西。我们马不停蹄，人不卸甲，过长江，越武陵，先后进抵常德、慈利、石门、桃源。我们首先在湘西展开紧张激烈的剿匪战斗，先后解决大小武装 39 股，12000 余人。

10 月 16 日，又歼灭敌一二二军大部，俘敌军长张绍勋以下 5000 余人、解放了大庸、桑植两县城，此后便拉开了川东作战的序幕。为便于协同作战，11 月 5 日，我们四十七军归刘、邓统一指挥。根据二野司令部电示，我们走小路，取捷径，直向两河口插去。

---

* 作者时为第四野战军四十七军军长。

蜀道险阻，日夜兼程

历时 40 天的川东作战，部队一直没有休息。由于阴雨连绵，山高路险，部队行军打仗异常艰苦，加上入川作战的思想、物资准备都不足，一个时期连鞋子也不能完全解决。很多同志是赤脚行军，这是我军在解放战争中没有遇到过的。

11 月 15 日，我军一部在彭水县郁山镇附近和二野三兵团老大哥部队会师了。他们看见我们光着脚，就送给我们一些鞋子。记得以后师领导同志还向我汇报了群众给部队送绣花鞋的故事。一天晚上，在江北悦来场宿营地，当地群众看到护士班 10 多名女战士光着脚，就给她们每人送来了一双鞋。第二天早晨打开一看，原来都是些崭新的红红绿绿的刺绣花鞋。姑娘们不禁大笑起来，逗趣说："穿绣花鞋的都是小姐、少奶奶，堂堂的解放军女战士，穿花鞋有失军威。"于是，她们便把绣花鞋打进了背包，留作纪念，又继续光着脚去行军打仗了。

天公又不作美，雨下个不停，40 天时间里只有三天见到太阳。四川是红土地带，泥土黏性很大。下大雨还好走，因为泥都叫水冲走了，脚下不滑。最讨厌的是下毛毛雨，脚下滑溜溜的，一不小心就要摔跤。有的战士在一小时的行军路程里，就摔了十多次。于是便有战士每摔一跤就往衣袋里装进一个石头子，到晚上"算总账"。为走快些，许多部队就走小路。小路多是石板路。要比走碎石子铺的公路强多了！

时间一久，战士们打满血泡的双脚又磨起了一层硬茧。有些战士因踩泥蹚水，伤口感染，脚肿流脓，每走一步就揪心似的痛。最苦的还数炊事班，他们挑着盐油担，背着炊具，夜间行军为了不摔坏锅和盐、油担子，他们从棉衣里掏出没有打湿的棉花，浸泡在盛油的瓷碗里用来照明，拄着拐杖，后面人踩着前面人的脚印窝，深一脚浅一脚地向前挪动。战士们就这么凭着一双双"铁脚板""飞毛腿"，蹚过了无数条河，翻过了无数道山。

赤脚行军苦，吃住问题也不小。由于湘西土匪对我军后方供应的破坏，国民党败兵沿途抢劫，越往前走，粮食越困难。路过之处，人烟稀少，大山地区有时数十里不见人家，即使发现几间房屋，在蒋军造谣欺骗下群众也锁门跑光了。加上急行军，时间紧迫，吃、住休息遇到了不少困难。很少一点大米留下来给病号吃，其他人只好自己动手推磨加工稻谷。仅仅去掉谷皮的糙米饭，加上一碗酸菜或盐水汤，就是大家的佳肴。有时只能煮整粒的麦子、玉米充饥。在轻装奔袭时，有时一天只能吃上一顿饭。后来，连食盐也吃不上了，汗水都带有一股涩味。

宿营休息时，为了防雨挡风，战士们常常把窄小的油布摊在小树上，或蹲在布棚里嚼炒米，或背靠背歇息片刻。山于长时间劳累，不少干部战士眼睛都熬红了，有的一边走路一边打瞌睡，摔倒了爬起来继续走。部队到达两河口，为了轻装前进，更快地追击敌人，有些连排干部连行李都不带，每到宿营地，没有行李的干部都找自带行李的宣传员、通信员“团结团结”（睡在一块，互相取暖）。机关只有少数干部是自带行李，很多人没有被子。晚上大家围火而坐，取暖过夜，漫话天南地北，似睡非睡地度过一宿，后来才逐渐找到了门路：铺稻草，盖稻草。既防潮，又比较暖和，但盖稻草不能完全御风寒。于是，又有人在稻草上压木板，虽然重却暖和多了。

控制乌江，活捉钟彬

二野第三兵团和我四十七军以迅雷不及掩耳之势，向敌人意料不到的川东挺进。不到半个月时间，连续攻克了秀山、酉阳、黔江等城。这时蒋介石慌了手脚，急令罗广文兵团向川东增援，以配合宋希濂集团沿乌江南岸布防，凭天险阻我前进。我们昼夜不停，每日以百里以上的速度轻装急驰，直插乌江。我第一三九师一四六团到达郁山后，准备抢占白涛渡口，搭制乌江，搜集船只，以便主力顺利渡江。经过艰苦行军，11 月 21 日该团进占白涛镇。三连一排担任前卫（排长韩喜）。22 日晨，一排登上了金子山，看见乌江像一条玉带似的，从深谷中蜿蜒向北流去。

白涛镇与陈家嘴渡口，隔江相对。这里江面较宽，滩多水急，不少船只被敌抑制停在陈家嘴。韩喜命令一个班抢占有利地形，自己率领两个班乘两只小船划过对岸，占领了陈家嘴。不久，后续部队源源进占白涛镇，乌江被我们封锁控制了。

这时，宋希濂已于11月23日在南川召集会议，做出了“走为上计”的决定。

这天下午，从上游驶来了四只木船。韩喜命令大家散开，待机歼敌。船临近时，战士们齐声高喊：“停下来，快停下来，不然就开枪了！”

“弟兄们，我们的人太多了，坐不下！”敌船上戴大盖帽的军官大声回话。

战士们忍不住笑了，“这家伙，把我们当成他们的人！”

船飞也似的顺流而下，眼看就要通过渡口，韩喜一声令下，冲锋枪、机关枪向敌船扫去，对面的枪也响了，打得更加激烈。敌人乱成一团，四只船被迫靠岸。30多名敌军军官，还有他们的太太、女兵、军乐队，都再三求饶，并向我们报告说：这些木船是七十九军后勤部的，船上有该军少将参谋长和他的太太。还有少将独立团团长以及其他一些中高级机关人员，共载有45000双胶鞋、两麻袋光洋和6000斤大米，还有医药用品和大批美国香烟……

战斗刚刚结束，又有几只船驶来，战士们再三警告，敌军官仍执迷不悟，一个劲地嚷：“怕什么，给我冲过去！”

我军战士又是两岸同时射击。第一只船被打翻了，后面四只见情况不妙，随即在上游向西岸靠拢，企图登岸逃命。一排迅速冲上去，占领了一个小山头，向敌人猛烈射击，200余名蒋军官兵又当了我们的俘虏。

正当战士们为胜利高兴的时候，四班发现有一个瘦小的国民党军官，拼命往树林里跑，帽子也跑掉了。韩喜追过去，捡起那顶大盖帽一看，“啊，这家伙官儿一定不小！”便命令四班长带领一个组赶上去把他抓回来。这家伙料定已经逃不脱了，就一屁股坐在地上，还假装正经，用广东话佯装着说“你们是哪一部分的，别闹误会了！”

四班长逼近他一步，拍着胸膛说："我们是毛主席、朱总司令的战士，刘、邓首长指挥！"

敌军官脸色铁青，颤抖着，从口袋里掏出两根金条，请求我们战士收下，把他放了。

四班长斥责道："解放军不要俘虏的东西，快跟我走！"

天快黑时，敌军官被送到团临时指挥所，还有一封被搜出来的信。副团长苗汝鹍打开信一看，原来是蒋介石的亲笔手令。上面写道：

中兵（钟彬）吾弟，大鉴：

特派经国儿前来慰劳。金门大捷，看来共军不是不可战胜的。望弟抓住大好时机，鼓舞官兵士气，率部死守乌江，严防共军占我重庆。

切切！

中正

苗汝鹍边看信边质问，敌军官才吞吞吐吐地说："我……叫钟彬，是、是……十四兵团司令！"最后又叹道："来得这么快，真没有想到啊！"

"你没想到的事还多着哩！"苗汝鹍冷冷一笑。

与此同时，我军以敌人梦想不到的速度渡江，敌整个乌江防线在西进大军的多路强攻下迅速崩溃。

直捣"黄龙"，抢占重庆

我军过乌江，蒋军更发慌。这时，蒋介石一面勒令宋希濂和罗广文部负隅顽抗，一面又急令孙元良兵团由川东调到重庆外围布防。同时，又把防守川北地区的胡宗南一个军，车运重庆，固守"陪都"。刘、邓首长高瞻远瞩，洞察一切，指示：我四十七军迅速协同二野十一军捕歼冷水场、龙潭场地区及向重庆、木洞镇逃窜之罗敌主力。并令我军准备由木洞镇东西及长寿地段渡江。我第一三九师急行军抵木洞镇渡口，准备 11 月 29 日渡长江，形成直捣重庆的态势。

但是，渡口的所有船只均被敌人拖到北岸，并在岸边山头设了防。

我一三九师四一五团担任渡江先遣任务。受领任务不到一个小时，颜得明师长两次打电话，询问准备情况，限令天亮前务必过江。团领导决定由李洪杰参谋长先率侦察连和一个步兵连在木洞镇左右沿江搜找船只。结果只有侦察班长孙绍银和两个战士抬回一只小木船。孙绍银提出要驾船到北岸继续搜集船只。谁知，又没有船桨。李参谋长只好派宣传员到村子里去向群众做宣传。结果，群众一下子献出了五把船桨，并争先恐后报名："我去，我愿送大军过江。"

29 日上午 10 时，在我迫击炮、重机枪的掩护下，孙绍银等三人驾着小船向对岸划去。江面一千多米宽，风吹水面，小船颠簸得很厉害。敌人又在对面山上向小船射击，炮弹连续在小船周围爆炸，机枪子弹呼啸着从船边掠过。孙绍银他们镇静地划着，用身体的左右移动来掌握船的平衡。

突然，一颗子弹击中了船夫陈福生的右臂，他狠狠地骂了一句："就是打断老子的手，也要划拢来！"仍使劲地划着。这时，从未经历过这种场面的船手刘治国，全身发抖，倒在了船上。船速慢了，从破缝里涌进来的水越来钱多，情况十分紧急。孙绍银赶紧对刘治国说："快起来划，再划近一点，我的冲锋枪就能对付敌人了。"陈福生也鼓励他："刘大哥，你不是早就盼解放军来吗？现在要送解放军过江了，重庆快解放了。我负了伤还不怕，你怕啥子？！"

刘治国终于爬起来，重又拼命使劲地划起桨来。

离岸只有 50 米了。我们的枪、炮以更猛烈火力压制敌人。孙绍银也端起冲锋枪，一下子就撂倒了两个敌人。在江边的其余几个敌人慌忙往岩石后面跑，孙绍银没等敌人找好地方架枪，便迅速跑到岸上猛力扫射，并用刀砍断了一只大船的缆索，跳上船便往回划。刚刚划出，岸上突然涌出一群老百姓，高声喊："解放军同志，敌人跑光了！我们来接你们过江……"他们抢了四五十只大船，飞快地划过来迎渡大军。这样，第一三九师顺利地渡过了长江。

11 月 28 日，第一四一师四二三团接到师里命令："你团迅速抢占木家坝木洞镇长江渡口，并歼灭江南岸抵抗之敌，积极搜集船只，在条件许可的情况下抢占重庆，占领要点。"该团以勇猛的动作直插木家坝，于 29 日 13 时左右插到指定地区俘敌舰艇 4 艘。我军经过对敌官兵的审问获悉重庆之敌已开始逃跑，决定以最快的行军速度抢占重庆。

30 日 1 时左右，四二三团三营乘刚刚俘获的 4 艘舰艇以每小时 20 公里的速度向重庆进发。营领导边做俘虏的工作边前进，同时分别动员部队，做好战斗准备，并讲清入城后的任务和政策。4 时左右接近重庆时，听到市内枪声不断（但没有子弹声），还夹杂着锣鼓声。营的领导判断不是敌人抵抗，决定立即靠岸。5 时左右部队登岸后，国民党地方军 200 多人列队欢迎。敌军官说："刚才鸣枪是欢迎贵军的。"收缴枪支后，地方党组织派联络员，引带部队分别占领了发电厂、自来水厂、兵工署、银行、粮库等重要设施。7 时许，该团团部也抵重庆……

我川东追击作战结束后，刘伯承司令员、邓小平政委等首长在重庆皇后餐厅接见了我第四十七军营以上干部，发表了热情亲切的讲话。

（本文选自《重庆的解放》，重庆出版社 1989 年版，原标题为《鏖战川东　解放重庆》）

严大芳*：千里追敌逼山城

1949 年 11 月，我第二野战军主力开始了向大西南进军，对敌人进行大迂回、大包围。当时，我在十一军三十二师九十五团任团长。全团根据军师首长的指示，昼夜行军。

急迫求战，昼夜兼程

部队行军几天了，天总是阴沉沉的。牛毛细雨淅淅沥沥下个没完，淋得人湿漉漉的。

这次向西南进军，我们师是军的第二梯队，我们团又是师的第二梯队，担任掩护军直机关的任务。部队行动前，师首长对我们交代任务时说：“你们团在渡江作战中，英勇顽强，俘获敌人七八千，现在向西南进军，你们就在后面掩护军直机关吧。”

我们这是受到了上级的优待，但同志们怎么也享受不了这种优待，指战员们个个气不顺、想不通，但又要服从指挥，只好耐着性子行军。可是，越走越别扭，越思忖越心烦。

* 作者时为十一军三十二师九十五团团长。

我们走到咸丰时，部队休息。同志们再也憋不住了，纷纷跑来找我和政委方音同志，我也有些沉不住气了：如果在这次向西南进军中，打不上仗，那可太遗憾了。

“走，找军首长去！”

“首长能同意吗？要是不同意，还得挨顿批评。”

“去，一定得去，批评就批评！”

我说着，连警卫员也没顾得带，就纵身上马，向军部飞奔而去。大约跑了六七里路，远远望见了曾绍山军长和鲍先志政委，他们站在大路旁边，身上被雨淋得湿乎乎的，正在向部队讲着什么。我来到跟前，跳下马来，上前敬礼。他们一看我这急匆匆的样子，奇怪地问：“严团长，你一个人现在跑来干什么？”

“报告首长，部队要求到前面去追击敌人，西南进军这一仗捞不着打，我们当领导的不好向部队交代啊！我建议，我们的二营和团直仍跟军直一道行动，一营和三营去追击敌人。”我一边说着，一边观察着两位首长的表情。

曾军长、鲍政委仔细听着我的讲话，不时地点着头。等我把话说完，曾军长看着鲍政委说：“我看可以！”鲍政委连连点头：“好，好。”

我一看军首长同意了，高兴得不知说什么才好，慌忙向军首长敬了个礼，跨上马，箭一样地奔回了部队。

方政委、王参谋长、乐主任等见我回来了，都急忙围上来。

经过商量决定：我和方政委带一营和三营到前面去追击敌人，王参谋长和乐主任留下带二营继续掩护军直属队。

一营和三营的同志们听说要到前面去追击敌人，像开了锅的水，顿时沸腾起来，你捣他一拳，他推你一掌，高兴得又蹦又跳。

当晚我们出发了。途中，我们早上路，晚宿营，短休息，一路尽是小跑。同志们不怕山高河宽，不顾困倦疲乏，心里只有一个念头：“追，坚决追上去。”平均每天要跑一百七八十里路。有一天，我们跑了200余里。

当我们追到第七天时，在白马山发现前面不远有许多我们的部队。大家高兴地喊起来："追上了！追上了！"

我命令部队原地休息，就带上警卫员到前面去看看。说来也巧，在一个草棚子里，碰上了我们师的师长何正文。他见我突然到来，愣住了，惊讶地问我："你们怎么来了？""曾军长，鲍政委批准的。"我自豪地回答，"我和方政委带一营、三营追上来了。"

何师长见我们既然已经来了，便向我们交代任务："你们快速挺进，将敌人的一〇八军分割在南川以北双胜场地区，配合主力将其歼灭。"

穷追猛打，勇闯敌营

我们按照何师长的命令，立即出发，跑了170多里路，在南川赶到大部队的最前面，但还是没有追上敌人。这时，我们带的粮食都吃光了，同志们忍饥挨饿，不顾疲劳，继续往前追。穿过南川到清河场，我们终于追上敌人的一个后卫连，捉到一些俘虏，得知敌人有一个师正在向白沙井方向逃窜。我和方政委商量决定：方政委带三营去斩敌人的腰，我带一营去卡敌人的头。

我带一营赶到白沙井，结果扑了个空。根据情况判断，敌人已向北逃去。我们立刻掉转方向继续追赶。天渐渐地黑了，远远地看见两面山腰上有稀疏的火光，还能隐隐地听到人喊马嘶的嘈杂声。是敌人！我们到底追上敌人了。同志们不由得加快了脚步。

大约晚上9点钟，我们发现前面有灯光，靠近一看，原来是一个村镇。村头上有一座二层的小楼房，村里的敌人正在吵吵嚷嚷地做饭。看样子，他们也是刚到不久。

我低声对身旁的冯鸿章营长说："通知部队，准备战斗。马上把连以上干部叫来。"不一会儿，干部们来了。我把消灭敌人的想法告诉他们：一连先夺取村头小楼，控制制高点；三连进攻村镇，捕捉敌人；二连为预备队。

夜更黑了，天下着小雨。一连的两个排，像两把锋利的钢刀，直奔小楼。一排搭着人梯迅速翻过围墙，三排的同志冲到院门口。院内放哨的敌人问："谁？"同志们没有答话，打了一阵冲锋枪、手榴弹，趁势冲进院里，直攻小楼。楼上楼下一片喝声："不准动，我们是中国人民解放军！""缴枪不杀，快投降！"敌人犹如当头挨了一棒，立刻被打蒙了，纷纷举手投降。

不到一刻钟，这里敌人的一个机枪连、一个步兵连，共 200 多人，除了被打死的，全部当了俘虏。

一连占领了小楼后，迅速向双胜场东北前进。这时，四面高山上突然枪声大作，子弹如流星交叉飞射，在村子的上空形成了密集的火网。

听枪声这样紧，看弹道这样密，我不觉心头一震：四周的山上都是敌人呀！我带着冯营长和其他几个同志，赶紧上了小楼，观察周围山上的情况。山上的敌人是在无目标地乱打枪，大概是因为天黑不摸底，没敢下山。但他们很可能在天亮后向我反扑，我预感到天亮后会有一场血战。为了做好战斗准备，我立即命令二连副连长带一个排，抢占村东北附近的山头高地，又在楼上架起机枪，并命令二连的其余两个排，也投入村子里的战斗。

在一连袭击小楼的同时，三连摸进了村子。敌人有的正在吃饭，有的东倒西歪地睡大觉。战士们端着枪对敌人喊道："不准动，快缴枪！"敌人被吓得呆若木鸡，糊里糊涂地当了俘虏。战士们比赛看谁捉的俘虏多，这个班，那一个排，左冲右突，到处搜捉敌人。过了一会儿，他们从村里押着一批又一批俘虏，送进了大院。院子里到处是喊声：

"这是我们连捉来的，放哪？"

"这些是哪个连捉来的？"

"三连。"

"那些是哪个连捉来的？"

"二连。"

10 点左右，师里派来个参谋报告："师首长说，你们现在已经打到敌人一〇八军军部了。你们人少，敌人多，要赶快撤出来，不然要吃亏。"

我也感到情况危急，可是又一想：我们用了这么长的时间，好不容易才追上敌人，部队的战斗情绪很高，作战形势很好，山上的敌人不了解我们的情况，不会立刻下山，再说师主力离我们不很远，我们拖住敌人，可以等大部队下来将其歼灭。我把这些想法告诉了那个参谋，并向师首长写了请示报告，说明我们不能撤。那个参谋回师部去了。我心想：我们的处境毕竟是恶劣的，必须迅速歼灭村子里的敌人。于是，就向同志们交代："快，要尽快地把敌人捉获，越快越好！"

被押来的俘虏越来越多了。小楼里、大院里，坐得满满的，光卸下来的枪支，就有一大堆。12 点钟，村子里的战斗基本上结束了，部队一部分警戒、构筑工事，一部分吃饭、休息。

看着那一千多名黑压压的俘虏，我不禁有些担心。为了防备万一，我派机枪连连夜将俘虏全部押送到师部去了。刚刚送走了俘虏，师部那个参谋又来传达师首长的指示：你们的请示报告，我们看了。你们钻进敌人当中，但敌人下一步的行动还不清楚，你们最好还是撤出。

我们又一次给师里写了报告：现在村子里的战斗已经结束，捉到的俘虏已押回师里，山上的敌人还是无目标地乱打枪，我们要拖住这些敌人，为主力歼灭敌人创造条件，我们现在正在构筑工事，已经做好了迎击敌人反扑的准备。我们认为还是不撤为好。请指示。那个参谋带着我们的请示报告，立即返回白沙井，向师首长汇报了我们的情况。师首长批准了我们的请求，并派来九十六团增援我们。

不知不觉天已亮了，雨也停了，部队已修好了工事。我们把二连全部调到山上阵地，准备迎击敌人的反扑。等着等着，四面高山上的枪声渐渐稀疏了。这是怎么回事？如果敌人下山进攻，枪声应该越来越紧，难道是敌人跑了？很可能敌人是逃跑了。

"集合！集合！"我立即命令部队沿着小路，向西北追去。为了堵住逃敌，我们没有直接尾追，而是从西边一侧迂回包围，迎头堵截。经过九十里路的追击，我们终于堵住了一〇八军溃逃之敌。

当我们来到栋青场一个村子里时，正巧碰上了师部，我去见何师长，汇报了前一天晚上双胜场战斗的情况。他听了很满意，连声说：“好，好，你们打得好！”何师长听到我们还想继续追歼一〇八军逃敌，摆摆手说：“你们不要去了，歼灭这股逃敌的任务，交给九十六团。你们不是想打大仗，捉更多的敌人吗？前面的敌人多着呢。你们继续往前追，一直追到海棠溪，追到重庆去，消灭那里的敌人。”我一听去打大仗，高兴极了，立刻跑回部队，传达了师长的指示。

江岸歼敌，威逼山城

我们立即向重庆方向开进。29 日下午 2 点，我们在土地垭同方音政委带的三营会合了，他们正在向敌人进攻。土地垭是重庆南岸黄桷垭守敌的第一道防御阵地。我和方政委研究：三营继续从正面攻打，我带一营从土地垭侧面迂回。我们刚刚组织部队展开攻势，敌人就不战自溃，退至凉风垭第二道阵地。我们紧追到凉风垭，敌人又逃到老窝黄桷垭，我们又追到黄桷垭。

这里有一座高山，南面山下是黄桷垭村子，北面山下是海棠溪，与重庆市中心隔江相望。这儿是敌人设在重庆长江南岸的一个屏障，守敌是杨汉烈师和国民党内政部警察彭斌之部。敌人的主要兵力部署在高山阵地上，指挥部设在山下海棠溪。要解放重庆，必须首先攻取这座高山阵地，斩断天险长江。但这座高山阵地工事坚固，敌人居高临下进行抵抗，火力密集猛烈。看来，强攻难以奏效，我们又决定：三营从正面攻打，进行佯攻掩护；一营深入虎穴，直插海棠溪，去捣毁敌人的指挥机关。我们只有两个营的兵力，而敌人在山上有一个多师，附近有三个汽车团，还有胡宗南部增援重庆的一个师，江上又有舰队。但他们处于兵败如山倒的境地，士气低落，又摸不清我们的底细，我们可以以夜幕为掩护，像孙悟空在铁扇公主腹中一样，把敌人搅个天翻地覆。我们对行动做了具体规定：一是要动作迅速；二是要秘密，不能暴露我们的行动企图；三是途中遇上敌人，不要恋战，不要打枪，用欺骗手段，蒙过敌人，一直前进。

天黑以后，我们从黄桷垭村出发，沿着山间小路向前疾进，直插海棠溪。大约走了半个多小时，来到一座小庙，发现里面有敌人，一连一排迅速将小庙包围起来，庙内 20 多个敌人，全部当了我们的俘虏。

海棠溪就在我们跟前的大坡下面。那里一片灯光，一群群的敌人像散猪一样在街上闲逛。同志们不顾一切地向海棠溪镇里冲去，从混乱的敌人当中穿过大街。一连直奔江边控制了渡口；二连直插西南攻取高地；三连以排为单位杀向大街小巷搜捉敌人，见一个捉一个，见两个捉一双，只听得镇子里到处在喊：“不准动，跟我走！”“走，快走！”

有的敌人没搞清怎么回事，还在吵吵嚷嚷：“别闹、别闹，你们开什么玩笑？”“谁和你们开玩笑！”战士们用枪逼着敌人，严厉地喝道：“我们是‘宪兵队’，快跟我们走！”敌人就像老鼠见猫，乖乖地被我们捉走了。也有的见势不妙，惊慌而逃。

我带一部分同志，由俘虏带路，一直向敌人指挥部冲去。敌人的指挥部设在南面山坡上的一个大瓦房里。我们赶到一看，房门四敞大开，里面亮着灯，却空无一人，到处乱糟糟的。碎物破纸撒了满地。显然，敌人已经仓皇逃命了。

我们一进屋，就听到“铃铃铃……”急促的电话铃声。我抓起话筒，听见耳机里一个劲地叫唤：“指挥部，指挥部……”

“喂！”我喊了起来。

“你们为什么不接电话？你们那里有什么情况？”声音特别尖厉。

我立即意识到这是从山上阵地打来的电话，决定给他来个将计就计。我避开敌人的问话，反问道：

“你们山上的情况怎么样？”

“‘共匪’还在进攻！”

“你们迅速把部队带到海棠溪东侧公路上集合！”我故意拉起声调命令道，“师团长官速来指挥部接受新任务！”

说完，我将电话一下卡死。敌人的话没有讲完，马上，电话机又“铃铃铃”响起来了。不管怎么响，我再也不去理它，心想：反正我已经下了“命令”，看你们听不听吧。

我和营长冯鸿章继续守在敌人的指挥部里，密切地注视着海棠溪的情况。过了一会儿，忽然有一个人慌慌张张地闯了进来。

这人身着国民党上校军服，他见到我们觉得很陌生，便一脚门里，一脚门外地站住了。正当他进退未定，我立即问道：“你从哪里来？”

他惊慌地回答：“从山上来。”

“你们的指挥官换了！”我意识到他一定是山上派下来探听虚实的，便对他说：“你赶快回去，告诉你们长官，立刻把部队带到海棠溪以东五公里处公路边集合，接受新任务。”我说完，就叫警卫员把他送走了。

这时，已是 9 点钟了，各连陆续报告了战斗的进展情况：一连已经控制了江边去往重庆市的渡口，切断了海棠溪与重庆的联系，现正在附近捕捉敌人，并监视两侧嘉陵江口敌海军的行动；二连利用敌人的口令很快夺取了西南面高地，正在加修工事和在阵地周围搜捕敌人；三连继续在大街上擒捉俘虏。

海棠溪有敌人 3 个汽车团，200 多辆车，像长长的蟒蛇，停放在一条长街上。汽车上满装着军用物资。我们已将这些汽车全部缴获。为了防止敌人打毁汽车，就派出一部分战士，押着敌司机，把汽车开到海棠溪东侧四五公里的公路上。

到了夜里 11 点半，山上的枪声逐渐变得稀疏零星，海棠溪里搜捉敌人的战斗也基本结束。由于同志们大胆穿插、神速袭击，一枪未放就捣毁了敌军指挥部，占领了整个海棠溪。

正在这时，三连一个排长急匆匆跑来报告：“山上下来了很多敌人，在海棠溪东侧公路上抢夺汽车。”

“好哇，敌人还真听指挥，到底从山上下来了，冯营长。”

“到！”

“你坐上敌人的小汽车，带上一个排，乘坐两辆卡车，再架上两挺机枪，赶快到海棠溪东侧公路上。到了之后，叫他们都下车站队，就说统一分配车辆，把敌人集合起来就好办了。”

冯鸿章同志接到命令，立即走了。他到那一看，黑压压的一片，敌人正在骂着吵着，拼命地争夺汽车。他下车假装大发雷霆，狠狠地痛骂了敌人一顿，命令他们集合。敌人以为是他们的长官，规规矩矩地站了队。这时，冯鸿章高声喝道：“我们是中国人民解放军，谁也不准动。放下武器，缴枪不杀，放你们回家……”敌人一听是解放军，吓得武器一丢，“哄”地一下向四处奔跑而去。

当时我们的主张是：只要敌人不反抗，我们就不打，也不追。敌人跑就让他跑，反正他们已经失去了战斗力。敌人下山后，方政委带的三营便占领了黄桷垭高山阵地。

午夜 12 点左右，突然有两艘国民党军舰从嘉陵江口开出，向我们这儿驶来。我们急忙在江岸做好了战斗准备。片刻之后，我们发现重庆的国民党军队突然以密集的火力向军舰射击，同时，军舰也向重庆的国民党军队进行还击，枪炮声响成一片。我们正迷惑不解，这两艘军舰已从我们面前的江面飞驶而过，向下游驶去。军舰没有向我们射击，我们没有弄清情况，也没有向他们射击。后来我们得知，这两艘军舰当时已经起义了。

天渐渐地亮了，江面上的雾正在消散。战士们在大街上巡逻警戒。忽然传来了“一二一”的口令声和急促众多的脚步声，原来是敌人看守仓库的士兵正在出早操，他们根本不知道海棠溪这一夜所发生的事情。我们的战士端着枪向他们喊道：

“喂，你们不要跑步了。海棠溪已被我们占领了！”

敌人一听，将信将疑，当他们的目光移到战士们头上的那颗解放军帽徽上时，立刻惊恐地呆住了。

我们占领了海棠溪和黄桷垭高山阵地，完全控制了重庆市南岸。清晨，重庆市沿江一线防守的敌人，在我大军的逼迫下全部撤退。

到了 30 日下午，重庆市各界人民派代表给我们送来了渡船。我们团进驻重庆以后，开始执行重庆市内的卫戍任务，保卫人民的胜利成果。

（本文选自《重庆的解放》，重庆出版社 1989 年版）

方音[*]：激战黄桷垭　占领海棠溪

1949年11月24日，我人民解放军第二野战军第三兵团的主力，通过强行军，胜利地越过了武隆县险峻的白马山，一举突破了乌江天险，解放了彭水县城。国民党残敌一〇八军、二十六军和一一师等部，仓皇向南川、綦江一线退却。兵团首长命令：我四十七军走小道向敌后迂回；十一军、十二军沿川湘公路并肩前进，日夜兼程，务要在重庆外围全歼该敌。

25日，正面我军行程135里，到达水江石，接受敌人七二二团投降。26日中午12时，我军即进至南川县农场一线，残敌向重庆方向逃去。为了不使重庆遭到战火破坏，十一军三十二师师长何正文命令我九十五团，轻装间道，向敌后穿插迂回，截断敌退路。

兵分两路，分道截击

27日，我团决定，兵分两路强行军。迂回至白沙井一带截击敌人。严大芳团长率一营，行程170里至双胜场，歼敌500余人；我率三营行程150里至泡桐，残敌一〇八军闻讯逃窜，仅俘敌散兵50余人。

---

* 作者时为十一军三十二师九十五团政委。

28日何正文师长通报，白沙井一线之敌正向重庆溃退，命令我团再分道向重庆南岸截击。我们决定：严大芳团长带一营走小道直插海棠溪；我带三营由五布河、长生桥向黄桷垭逼近。连日以来，部队日夜兼程，穷追敌人，除了吃饭，就是走路、打仗，从未睡过觉。许多同志一站下来就睡着了。又值阴雨阵阵，路滑难行，部队十分疲劳。但是，为了抓着战机，为了截击敌人，战士们情绪高昂，相互鼓励，相互帮助，奋勇前进。

我带的部队强行军140余里，于29日晨5时，进至长生桥，俘敌散兵50余人，未经休息，便继续前进。29日这天，重庆南岸地区，大雾迷漫，10米之外不见人影。上午10时半，我军进至土地垭，便同敌之前哨接战。顿时，枪声大作，山谷齐鸣。我军战士虽然十分疲劳，但枪声一响，士气大振，英勇冲杀。

10分钟后，敌人即向纵深溃退。雾大，看不清楚地形，我们便循着枪声向前追击。上午11时许，追至凉风垭，残敌三六一师之3个团，凭借坚固工事和执行上峰“掩护过江”的死命令，对我军顽强阻击。我军凭借强大声威和余雾的掩护，分两路向敌阵地勇猛冲击。一个山头一个山头地争夺，战斗十分激烈。三营长龙光银率两个连，在夺取白塔山的战斗中，即伤亡40余人（黄桷垭后边有一小白塔的山头，我们当时称它为白塔山）；我带的部队在逼近黄桷垭时，被敌火力压制在百米以内达两小时，无法脱身，伤亡20余人，激战至晚8时许。

我团一营占领海棠溪渡口后，三营占领了黄桷垭。我们令三营的少数部队看管灯泡厂、汽油库和兽医站等单位不被破坏；令一营加强铜元局、海棠溪一带的江防，搜集船只，准备渡江。一、三营和团直分队（二营和团直大部随军部行动，此刻未到）集结在海棠溪渡口一带，一部分休息，一部分清点俘虏，打扫战场。当夜大致统计，在解放南岸地区战斗中，除大量毙伤敌人以外，生俘敌官兵1300余人，缴获各种汽车300余辆和堆积如山的军用物资。但是，在这次战斗中，我军共伤亡100余人，其中阵亡烈士43人；而从总的来看，它又是我军以少胜多的一战例；并为占领国民党总统府，扫清了外围，打开了通道。

群情振奋，争做渡江先头兵

30 日晨，沿江警卫的一营报告：南岸沿江一带无船只，江对面亦未见船。上午 8 时许，团长严大芳和我决定：一营再扩大搜寻面，必须找到一些船，准备渡江；另派骑兵通信员请示师首长如何渡江。

约 11 时，师长何正文赶到铜元局，立即派人叫我和大芳前去接受任务。何师长令我迅速找一只小船，带一个班渡江，找地下党和群众组织，准备船只，部队今日渡江；大芳掌管部队，待命行动。我们一面组织渡江突击队和火力保障，一面派侦察兵沿江上游找船。

下午 4 时许，我们接师部紧急通知：停止单独过江。重庆各界代表已来南岸，渡江船只已解决，要我团做好渡江准备。全团干部战士听此消息后，群情振奋，个个都争为解放重庆城，占领总统府的渡江先头兵。

下午 6 时许，我团除留三营小部兵力继续在南岸执行看管任务外，主力从铜元局渡口，乘两艘火轮和一些木船，分批渡过长江。经两路口，进占伪空军司令部、国防部和总统府，占领复兴关（现为浮图关）一线。在复兴关俘敌三六一师散兵 30 余人。我们在行进的沿途，受群众夹道欢迎。

午夜时分，我和大芳去查看我团进占国民党总统府的战士们，个个精神振奋，大家不约而同地唱起了“向前向前向前，我们的队伍向太阳”的军歌。嘹亮的歌声，震荡着总统府的内外。歌声停了，我和大芳站在总统府门前阶梯上，相互拥抱，思绪万千，我们与陪都人民见面了。

12 月 2 日起，我团部先后进驻市区的“范庄”、复兴关，沙坪坝的杨家花园。三营重返驻南岸，一营驻磁器口、化龙桥、鹅公岩一线。我师九十六团驻市中心区及其以东地区。同月初，重庆军管会和警备司令部成立后，我师九十五、九十六团和十二军一部，编成重庆警备部队，执行警备任务。

（本文选自《重庆的解放》，重庆出版社 1989 年版）

陶怀德*：过江占浮图　直插重庆城

1949年11月初，我们二野三兵团三十一师九十三团干部战士，在进军大西南追歼敌军的征程中，连续日夜兼程，进至四川南川，配合主力歼敌一部。11月27日天黑，又在綦江与敌打了一仗。

28日，我团奉令与九十一团徒步强行军，大家强忍疲劳饥渴，交替追击逃敌，日行170余里，天黑至巴县渔洞场。九十一团先头连已包围敌军一个营，待我团吃饭后合力围歼其敌。该敌乘隙向马王坪潜逃，我团立即尾追至马王坪，狡猾的敌人，采取金蝉脱壳，将县保安队赶出，阻击我军；而他们乘机由李家沱过长江。几个保安队人员哪堪我部一击，仅打了几枪，保安队即举枪投降，伪县政府机关人员200余人也被解放了。

渡江突击队直扑浮图关

这时，当地地下党的同志主动与我们联系，问我们需要什么？我说，需要带路的人。他们立即派了6人，把我们带到李家沱。毛纺厂的工人出来欢迎我们，我们向厂里要了一些麻袋，并嘱咐他们，保护好工厂和机器，以防敌人破坏。

---

* 作者时为二野三兵团三十一师九十三团团长。

到了李家沱江边，已是 29 日晨 5 时许。我们站在江边，虽然江面有雾，但从望远镜中看去，可见对岸江边一些火团。经过仔细观察，北岸敌人是在烧毁木船，使我军无法渡江。由于火势不断增大，视度更好。可见有的敌人在加固工事，有的在沙坝上来回奔跑。在缭绕的火焰中，还夹杂着爆炸声。我率领二营急于渡江。在江边找到 3 只烂木船，经当地群众抢修好后，在各船船头堆放了一些沙袋，并各架一挺机枪。五连担任渡江突击队。我同二营长、五连长 3 人各带一只船。即将出发时，十一军参谋长杨国宇同志赶到。他认为，我们对北岸敌情不太明，北岸江边是沙滩开阔地，不便隐蔽。沙滩后面又是山坡，易遭伏击；我们过去的人少，可能会吃亏的。我说：为争取时间，追歼敌人，早日解放重庆，使重庆少受损失，就是有危险，也应及时强渡过江。身侧急于渡江的战士低语道：不久前，我们解放彭水县城时，由于晚了一点，县城遭受敌军严重破坏。如果再犹豫，船被烧完，又没有烟雾掩护，我们渡江更困难了，何况敌军早是惊弓之鸟，疲于奔命，没有战斗力了。我再次强调，时间就是胜利。我是团长，我带突击队渡江，请首长放心！杨参谋长只好同意了我的意见。

杨参谋长早年曾在重庆上学，了解重庆地形。他限令我当天 18 时前占领重庆咽喉地区浮图关制高点，断敌退路，待二梯队上来围歼其敌。接着，我问：“如遇逃敌，怎么办？”杨参谋长讲：“你们不要管，后续部队来解决他们。”话刚说完，3 只载运战士的木船上，各有两名船工掌舵划船，在我团火力的支援和浓雾的掩护下，像 3 只飞箭射向北岸。船上干部战士密切注视着敌人动态。船行约 10 分钟，快到北岸沙滩，我命令各种火器，跟我打！这时，炮声、枪声和战士们的冲杀声，汇成一阵轰雷。敌人闻风丧胆。敌军一个营像一群无头的野牛，向歌乐山方向奔跑逃命。我英勇的战士登岸之后，猛追不舍。有的敌兵举枪投降，有的喊叫饶命。但我们没理他们，率五连直扑浮图关。

渡江成功，生俘三名军官

这时，团二梯队一、三营在团政委张厚瑞等首长的率领下，赶到李家沱江边。他们在江边观察到，对岸敌人逃跑后，躲藏的人民群众纷纷出来，七手八脚地抢修未被敌军烧毁的木船，准备过江迎接亲人解放军。

不久，北岸传来似密集的枪声和手榴弹爆炸声。战士们凝望着北岸划来的3只小木船，急待登船过江支援。这时，杨参谋长判断，陶团长可能遭敌伏击？大家正在焦急之时，突然北岸又划来不少木船，岸边战士和人民群众，不约而同地响起了雷鸣般的掌声和欢呼声！我们渡江胜利了！胜利了！

杨参谋长立刻命令部队快速渡江，增援陶团长。待杨参谋长过江赶到九龙坡，已不见我和突击队的人影。一位老人笑容满面地对杨参谋长说：刚才你们听到的爆炸声，是我们老百姓欢迎你们的鞭炮声。这解除了杨参谋长心中的疑团，但敌人又跑了。他又命令部队向浮图关追！

这天，薄雾中夹着霏霏细雨，路滑难行。干部战士们连日追击敌军，虽然汗水一次又一次地湿透了军衣，但没人叫苦，一往直前。在追击中，时见腾空升起火光，时听雷鸣般的巨响。它们即是有声的命令。战士们向前追，加速再加速！我率二营和团里一个侦察排，追到大坪，天已黑了。突见大坪公路上停放一长串汽车，约300辆。附近一幢楼里闪着灯光。在汽车上虽然有守候的零星敌军，但他们不知我们是什么部队，看着我们行进，既不盘问也不开枪。但我心中有数，已入敌营，并传命所部，提高警惕，准备战斗。

约19时，我团一、三营赶到大坪。我将四、六连放在大坪白鹤嘴原炮兵营区内，五连摆在公路上，阻击增援敌军；并令侦察排的一个班（六人），沿小巷前进，侦察浮图关山顶敌情。该班前出距我约200米时，突遇三人手执电筒迎面而来，侦察排长令战士伏卧小路两侧。排长已见其步入伏击圈内，下令：上！抓活的！几名战士如猛虎，直扑过去，生俘“舌头”三个。

经我审问，高个军官回答："我姓邢，是国防部警卫二团副，另两个，一个是参谋，一个是我勤务兵，我们是来了解情况，选定明日撤退路线。我率领全团和通信兵三团一部，约 2000 人。我团每人配备卡宾、驳壳、加拿大和左轮等枪各一支，跟随蒋介石行动。车上有电话机、报话机 70 余部。我们向广州南逃，至云南境内，得知广州已经解放，便折回重庆，今天刚到，准备与胡宗南会合，退守康藏。"我又问："你们上面有多少人？"邢答："上面有两个团，我团人多，三团人少。"我说："你们被包围了，你们只有放下武器投降，才有出路。"邢答："我回去商量一下。"我坚定强硬地说："没有什么商量不商量的，你们只有投降，限你回去，半小时即来向我回话，将你们的人员、装备器材造册点交。不然，只有死路一条。"我侦察人员随邢一同前往。不到 20 分钟，邢返回对我讲，他们愿意缴械投降。这时，我带部分人员随邢到其团部，将敌各种武器装备和器材集中存放在那里的一所学校内。敌官兵千余人就地集合在"夜雨寺"内外，等待处理。人员、武器分别集中结束后，三十一师师部人员赶到，我们将人枪交给了师部。

紧接着，我去那里的一所中学内找到一辆吉普车（此车系一川军军长之妹所有），另在敌警卫二团内找到一辆吉普车。五连指战员跟随我车后，向市区进发，因市内已无守敌，我们经上清寺向沙坪坝开进，沿途受到人民群众的热烈欢迎。以后，师首长命令我团为师的二梯队，随师前卫九十一团后跟进，追歼西逃残敌。

（本文选自《重庆的解放》，重庆出版社 1989 年版）

卢光特*：过江联络　迎接解放军入城

1949年11月29日，蒋介石在重庆市白市驿机场美龄号上度过了惊惶的一夜，30日凌晨飞逃成都。奉令死守重庆的卫戍司令杨森，在同日早晨，也逃离重庆。就在此刻，进攻重庆正面的中国人民解放军二野三兵团十一军三十二师九十五团直逼长江南岸；左翼迂回部队，由李家沱过江，经杨家坪、大坪至沙坪坝，包围了重庆市区。但是，不知道重庆事态发展的重庆市民，由于受反动派的种种反动宣传，加之耳闻目睹了3个月前的“九二”火灾的惨景，和一天以前二十一兵工厂大爆炸的巨响。大家惧怕市区成为战场，成为火海，惶恐不安。

这时，川东特委决定：为使市区少遭破坏和损失，要尽快与解放军联系，解放苦难深重的人民，迎接曙光的到来，为此，特派我过长江与解放军联系，计议解放重庆市区的大事。

“民运”号逆水直驶海棠溪

30日（星期三）这天，天空灰蒙蒙的，珊瑚坝上笼罩着银色的薄雾。枯竭的江水，已退近江心，砾砾砂石的河床，显得格外宽广。北岸人民，南岸解放军哨

* 作者当时分管重庆的工运和农村工作。

兵，虽然相互隐约可见，但却不能相聚，因为国民党军队，将南岸沿江船只全部驱至北岸，企图利用长江“天堑”以固守市区为逃跑延缓时间。这时，把船开过去，迎接解放军过江来，成为党组织和成千上万的市民们急切的愿望！

下午 2 时，民生公司的小火轮“民运”号停靠在北岸望龙门，为不使解放军误会，我们在船头上插了一面白旗。“民运”号从此起锚，逆水直驶南岸海棠溪。船上载着重庆市参议长范众渠与温少鹤，重庆市商会会长蔡鹤年，重庆市工会理事长周荟柏、重庆国民自卫队（原反共保民军）师长任百雕等人组成的欢迎解放军代表团。原来这四个团体早已在中共重庆地下党的领导下暗暗做着迎接解放的准备工作。经一个多月的秘密商谈，反共保民军第一师和部分警察人员，以及七只军舰站到人民一边；又与杨森达成不破坏市区的默契。

11 月 25 日，地下党在重庆商务日报仓库成立了由蒋仁风同志主持的策反指挥部。廖亚彬、张平和等 10 名同志负责指挥部的保卫工作。党组织又决定：自 4 月 27 日起，集中重庆市参议会等四个团体的头面人物范众渠、温少鹤、蔡鹤年、柯尧放等在市商会集体办公，昼夜守候，联络各方，筹集物资器材，控制市区秩序。郊区各大工厂、学校也组织了护厂护校的群众队伍，对挫败敌特的破坏计划，已有了部署。

“民运”号开到了海棠溪江边，在岸上一位解放军战士的注视下，我由跳板下船，涉水上岸，向他挥手致意，他和蔼地走了过来。他穿着满身征尘的黄色棉军装，戴着佩有“八一”帽徽的军帽，胸前挂着淮海、渡江战役纪念章。我第一次见到憨厚、机警，为人民立下战功的子弟兵，不禁肃然起敬，眼眶湿润了。

“我是地下党的……”没等我讲完，他满脸笑容，亲切地说：“请找首长谈！”显然他对地下党一事早有所知。他热情地引导我走过警戒哨，到达碛坝中间，我们分开了。

另一位解放军战士陪同着我，很快就到了首长的驻地——国民党海棠溪警察局分驻所。接待我的解放军，都是约 30 岁的青年。衣着与江边所遇战士一样。两位首长与在场的四五个同志随便谈着，真是官兵一致。当我刚要谈到重庆地下党的几位负责人的姓名时，政委同志没等我说出，就紧握着我的手叫道："你就是老卢啊！还有老刘（兆丰）呢？早就知道了，你们够艰苦了。"他那爽朗、亲切的话语，使我激动得流出热泪。

政委同志安排过接待代表团的事，又和我谈重庆的情况。我在介绍迎接解放军的工作及代表团的组织经过后，说："我的身份还没公开，不是代表团成员。"他连连点头，表示理解，说："那就另外接见他们吧。他们是各界代表，要更客气。"他目光转向刘副师长："看来市区没有仗打了，进城的部队，主要是保护市民，态度要和好。对过江的同志要严格要求，不要出问题。"我留下了在市区见面的地址，他们就去接见代表团。我只身回到"民运"轮，只见望龙门一带人山人海，等待着我们的消息。

下午3点过，"民运"轮在望龙门码头靠岸。代表们一下船，便淹没在等候的人群中。人们急欲知道究竟，忙着问这问那。代表们以荣幸的神情，高声回报："解放军首长热情地接待了我们代表团，并叫我们维持好社会秩序，大家安居乐业。"我们边谈边挤边走，好容易才到市商会。

万帆竞渡，迎接解放军过江

6时许，一只只轮船，按照解放军首长的预定计划，分别开到南岸弹子石、铜元局接解放军过江。夜幕降临，细雨纷飞。7时左右，人民子弟兵进入市区停电的街头。有些商店开门张灯，以睹军容。"请进屋坐坐！""喝杯茶！"他们婉言推谢说："不能休息，我们要继续追歼敌人。"队队子弟兵穿城而过。他们所到之处，不时有群众高呼"毛主席万岁！""解放军万岁！"商会门前几个老人议论："这几十年重庆像走马灯一样，驻过几种军队，还从未见过这种和颜悦色，不进民房的军人。真是秋毫不犯、军纪严明！"

深夜，一辆吉普车开到市区和平路口原国民党市党部（当时为川东地下党负责人的临时办公处），这是十二军军长王近山同志派来接我们的专车。刘兆丰、蒋仁风和我随车去李子坝十二军军部（蒋军李根固的别墅）。

近山同志和蔼可亲，他对地下党的工作，给予了充分的肯定，所询甚详。当即指示：“军队要继续追歼敌人，另定日期举行入城式。市区社会秩序暂按你们原有部署，由重庆市各界人士参加的临时治安委员会负责。我们只留少量部队巡逻。”次日清晨，和平路一带解放军已在巡逻执勤，市区秩序井然。

重庆市区的解放，敌我双方，没有炮火轰击、短兵相接的拼杀场面，可谓和平解放。但是亦倾洒了不少烈士的热血，巴县一品场，南温泉作战牺牲的解放军烈士，“中美合作所”集中营大屠杀中被害的烈士，大渡口二十一兵工厂、502 电厂护厂殉难的烈士，二十九兵工厂大爆炸时遇难的职工、居民等，先后共有 900 余人，在解放前夕献出了自己的生命，迎来了重庆的解放。重庆人民在欢庆解放之时，也忙于安葬烈士遗体，痛悼自己的亲人。

12 月 1 日，重庆各报广告栏内登出一则启事：“政治犯注意，我们这群革命工作者，虽然在各方面推进了中国的进步，带来无限光明；但被蒋匪政府认为最厉害的敌人——政治犯，即使在其最后崩溃的时候，亦枪杀其大半，殊甚痛心。若有破狱脱险者，请到和平路伪国民党部报到，重新参加工作。”后署：“脱险同志联络处”，没有冠以中国共产党的名义。事隔三天，三兵团政治部主任阎红彦同志批评我说：“怎么不用党的名义呢？”我们说明，是因为一年以前上级叫我们不打牌子。他高兴地说：“你们很守纪律，是对的。不过，太拘谨，太小气了。”6 日，川东区党委（包括重庆市）组织部部长魏思文同志叫我们结束脱险同志联络处，搬到市区“范庄”和“大溪别墅”合并办公。中共重庆地方党组织历时 23 年地下斗争阶段，于此胜利结束，重庆历史开始了新纪元。

（本文选自《重庆政协五十年》，重庆出版社 1999 年版，原标题为《过江联络　解放重庆》）

李钦哲*：解放重庆琐记

1949年10月，为了掩护二野进军西南和策应四野主力沿湘桂路向广西进军，我四十七军奉命进入湘西，歼灭了敌一二二军，当时川东主要之敌宋希濂的主力驻扎在恩施、咸丰一带。10月底，四十七军受命组织指挥所，率一三九、一四一师划归二野三兵团指挥，向川东进军，切断敌入川的退路，协助友军将敌歼灭在鄂西南。

11月初，我一四一师从龙山招头寨出发，向黔江、彭水之间的郁山镇前进，部队越过了湘川边界的“摩天岭”“白云山”“十八盘”“三十七道湾”“四十八道拐”等大山险道，于14日赶到郁山镇。而敌人因我军到了湘西，在11月初就沿川湘公路把部队转移到了彭水的乌江以西，故俘获敌人不多。

宋希濂是国民党川湘鄂绥靖主任，他拥有两个兵团八个军共十几万人，是蒋介石的嫡系，装备精良，尤其二军是蒋介石建军时的二师扩编，全部美械化，现在他以二十兵团担任彭水乌江西岸的防卫，以十四兵团担任白马镇至涪陵乌江西岸的防卫，宋部在撤退中虽被我歼灭了一部，但实力基本存在，加之又有乌江天险，便成了保卫重庆的主要屏障。

蒋介石于11月初带参谋总长顾祝同从台湾飞抵重庆，为了支援宋希濂在乌江

* 作者时为二野三兵团一四一师四二三团政委。

西岸的防卫，急令罗广文兵团开赴南川一带布防。蒋介石还派汽车星夜从川北把其精锐的第一军运抵重庆，企图固守重庆，保住大西南，与我军抗衡。在此情况下，三兵团首长决定，在彭水正面暂不发起攻击，命我四十七军在彭水以北、乌江北岸的山区，向西穿插，迂回到敌人后面，以便把宋希濂的主力歼灭在川东。

茶园激战

在执行这一穿插任务中，四二三团担任一四一师的前卫，我当时在该团任政治委员。我团于 17 日从郁山镇下公路，在乌江右岸山区日夜兼程，爬高山、走小路，隐蔽、迅速地向武隆西面的白马镇前进。部队在湘西出发时轻了装，每人只带武器、粮食及雨衣。

11 月份的天气已经转冷，又是阴雨季节，夜晚睡觉没有棉被，只能盖一些稻草御寒，山区人口稀少，群众十分贫穷，不少人见到军队就跑，部队筹粮非常困难，经常吃不饱饭，全团没有一匹马，重机枪和迫击炮都要由人来扛，山高坡陡，一人失足常要使一串人摔倒。又因连续行军，许多人脚被磨破化了脓，突出的问题是没有鞋子穿。磨破的鞋子小洞还可找点破布垫上，但逐渐就没法再垫了，只有打草鞋穿。可在连续的急行军中打草鞋，也是十分困难的。为了消灭敌人，大家忍痛、挨饿、受冻，克服一切困难，向敌人后方插去。

从郁山镇出发后的第四天，即 11 月 20 日上午，我团正在距白马镇还有 20 公里的乌江北岸山上行进，忽然发现乌江南岸白马山上有什么东西在活动，用望远镜一看，是一连串的汽车和炮在公路上朝重庆方向奔驰，距离我处只有十来公里。团的几个领导真是心急如焚，决定改道下山去土坎场，尽快南渡乌江，切断公路，扎住口袋，不让敌人跑掉。

部队在上午 11 时左右才下了天梯一般数百米高的陡坡，到了土坎场这个小村，村里没有渡船，看着这哗哗翻滚的江水真是急人！为了抢时间，部队绑木筏渡江，而木筏在乌江的激流中总是打旋，行进缓慢，运过去的人员很有限。下午

3时，从涪陵方面来了4只大木船，截获后得知是给江口国民党军队送粮的。我部便马上用这些船把部队运向乌江南岸。渡过两个营之后，天已接近黄昏。前卫营逼近白马山公路两里多路时，敌人不仅没有发现我们，而且开始安置宿营。我们考虑到在黄昏的时候打散了敌人不易捕获，因而团决定：当晚暂不向敌人进攻，趁着夜暗把一、三营秘密地运到公路沿线北侧的高地上，一营在左，三营在右，该地段的中心是茶园村，东距武隆20多公里，西距白马镇10多公里。两个营在细雨蒙蒙、寒气逼人的情况下，在山上屏着气整整守候了一夜，大家的四肢都冻麻木了。

21日拂晓，敌人还没有起床，一、三营就向茶园村沿公路两里多地段内的敌人发起了攻击，由于敌人毫无准备，又是二十兵团的辎重团，所以很快就解决了敌人。九连文化干事孟庆臣带着炊事班进一个小村去煮饭，碰见了敌人的一个运输连，通过喊话宣传，便俘获了这个连107人及60多匹骡马。由于夜里没把公路破坏掉，在战斗打响之后，敌人有八九辆汽车凭借其速度，不顾一切地沿公路向西逃窜。汽车越过了一营，冲到了三营区内，三营翟玉祥教导员带领通信班十几个人赶到公路上，这时有人急中生智地喊道："打轮胎！"

接着，一阵激烈的枪响之后，这几辆汽车被打得像没头的苍蝇似的，乱转几圈之后就歪在了公路上，车上敌兵团机关的军官和工作人员一一被擒。在我们切断公路之后，武隆方面来了大约有一个营的敌人，他们为了打通退回重庆的这条唯一的公路，向我一营发起了疯狂的进攻，三连占领公路两侧的高地进行阻击，前后打退了敌人四次冲锋。该连九班战士周济田，在敌人一个排冲到他们跟前时，他端起机枪就是一梭子，打倒了五六个冲在最前面的敌人，后面的敌人吓得转身就跑。在打退敌人第四次冲锋后，敌人溃退，二排出击，八班长乔玉林同志率领该班，对敌人穷追不舍，最后截住了敌人一个连，俘虏80多人。

我团在茶园地区整整战斗了一天，俘获敌人1000多人，都是敌二十兵团直属队的。茶园战斗切断了武隆去重庆的唯一的公路，把该敌部能战斗的部队全都隔到了武隆以东，大部被我十一、十二军歼灭。

次日，我一三九师在白涛镇捉到了从白马坐木船顺乌江而下的敌十四兵团司令钟彬。事后得知，宋希濂在茶园战斗后，因失去了战斗部队而不敢与在重庆的蒋介石联系，带着其机关工作人员和南川留守的教导队，悄悄地向川西逃去，12月中旬被我十六军俘获。

从此，蒋介石守卫重庆东大门的精锐部队——宋希濂的十几万军队便土崩瓦解。这不仅迫使蒋介石放弃了死守重庆的计划，而且对整个西南的敌人，在精神上是一个沉重的打击。为此，我团受到了三兵团首长的通报表扬。

猛追穷寇

22 日上午，团决定留二营向武隆方面警戒，一、三营各留一个步兵连看管俘虏和战利品。团组成轻便指挥所，于下午率一、三营向白马镇进发，晚饭前便到达该镇。镇里已没有敌人。白马镇北临乌江，有一条公路向西直通南川、重庆。镇西百多米处有条流入乌江的小河，在江、河汇合处的西面，有一个五六十公尺高的小山包，由于离公路很近，就让三连三班在上边放了一个班哨，另外在镇西小河的公路桥上也放有哨兵。

因连日的行军、作战，部队非常疲劳，吃过晚饭就都休息了。半夜，担任桥头哨兵的三连十一班班长回连叫哨，桥头只剩下战士杨文学。当晚仍在下细雨，天色一片漆黑，杨文学听到桥西头有动静，以为是三班的人，便和善地问：“是谁呀？”对方回答：“一排”。小杨还没顾得想“一排”和“三班”的差别，对方就问：“连部在哪里？”就在小杨搭话时，对方用打火机点烟，小杨看出是两个敌人。机灵的小杨上前一步，打掉敌兵嘴上的烟，说：“我领你们去。”小杨穿着雨衣在前面装出很自然的样子往前走，心里盘算着如何制服这两个敌人，到了街口，正好班长叫哨回来，小杨便转身大喝一声：“缴枪！”两个敌人还没弄清情况就瘫在地下缴了枪。

经审问才知道，这两个人是罗广文兵团一〇八军的，他们下午侦察了白马镇，发现没有解放军，是特意赶来布防的。十一班长正准备去连部报告这一情况，敌人却以两路纵队开进街口，4 个放哨的战士立即开枪向敌人射击，枪声震醒了全镇的同志，三连各班和机炮连的同志们立即投入战斗，三连连长郝忠云带了一个班从房后河边插到桥头，断了敌人的退路，俘获了一个多连的敌人。在镇西公路北边小山包上放哨的三连三班，在山包靠镇子这一边休息，监视着南边公路上的动静。当晚，由于阴雨山风的影响，视听都很困难。

不知什么时候，敌人却上来了，上来的敌人就是山下那两个敌人所说的“一排”，他们停在山包背镇子的西侧，就这样在一个山头的两侧，只隔一二十米的敌我双方，却谁也没有发现谁。在镇里打响之后，山包上的敌人鸣枪助威，才被发现，三班长黄在和立即带领全班向敌人冲去，在投了手榴弹之后，接着向敌人喊话，全部歼灭了这个排的敌人。

23 日清晨，我团一、三营从白马沿公路向西攻击，在镇西一公里处，有敌人 6 门山炮按行军队形放在公路上，人都跑了。罗广文兵团刚刚到达，还没有组成防卫体系，部队只是一堆堆地集中在山窝里休息。我团上半天就俘获了他们 600 多人。下午，十一、十二军都从公路开了过来，向南川方向打去。

27 日师指示：敌人在重庆东南的防卫体系已被我摧毁，命令我团在师左翼和十一军并肩向冷水场、广阳坝攻击前进，歼灭这一地域内的敌人。宋希濂和罗广文被击溃后，敌 3 个兵团的残余部队，结成大大小小的单位，都在向南川以北的长江边逃跑。我军则日夜兼程，奋力追击。我团三营追击到栋青附近时，歼灭了敌人的一个整营。其他更多的是几十个、百多个一股一股地俘获，有的场面还很生动、惊险。

在追击中，六连副班长殷福恩的脚磨破化了脓，小腿肿得像大腿那么粗，实在走不动了。他走进路边一个破棚里休息，一下迷糊了过去而掉了队。忽然有动静把他惊醒，睁眼一看，一群国民党兵站在棚前。他呼地一下站起来，抓住手榴弹，大喊一声：“不许动！”这群敌人呆呆地站着没有反抗。殷福恩向他们宣传了我军宽待俘虏的政策后，他们表示愿意跟小殷走。殷福恩领着这些敌人走不多久，遇到了后卫一营的部队，跟着一营，他一瘸一拐地把这群一共 9 个全副武装的俘虏押回了连队。

还有一次，在部队开向广阳坝那天，团侦察连副连长王清温同志，带一个侦察班先去广阳坝侦察情况，收集船只，准备渡江。他们一到广阳坝就得知有几个国民党军官，正在一个饭馆里吃饭。王清温同志穿的是美式军用雨衣，因走热了没戴军帽，还敞着怀，他领着侦察班到小饭馆跟前，自己先进去，一看有四个国民党军官和两个士兵在坐着喝酒。敌人看他这样子便把他当成了自己人，喊他过去喝一杯。王副连长真的上前接杯喝酒，刚一伸手，掩在胸前没扣扣的雨衣散开了，露出了解放军的军装和胸章，敌人唰地站了起来要掏手枪，王副连长大喊："不准动！"在门外等候的侦察员一起持枪冲了进来，敌人一下蔫了下来，不得不举起了双手。

经审问，这几个人是被一〇八军二四二师的一个营派来联系船的，他们的部队在离这里一里多的一个小村里，已派人去叫，很快就要到了。王副连长向这几个军官做了工作，告诉他们只有放下武器才是出路。这几个军官被制服后，即让他们去了一个人，到镇边领他们的部队在指定地点集合，集合之后王副连长和侦察班突然出现，这一百几十个敌人就全部放下了武器。这几天的追击，全团共俘获敌人 800 多人。在紧张的追击中，要求部队必须积极勇猛，机动灵敏。磨磨蹭蹭、大大咧咧就可能两手空空，甚至受到损失。

登上 3 只小火轮

我团于 11 月 30 日上午 11 时到达广阳坝。此地在重庆东 25 公里处，是北靠长江的一个小镇。部队到达后吃饭休息，组织木船准备过江。正在吃中饭时，侦察排副排长李春荣派二班侦察员来送信，说在广阳坝左边一里多的古家沱，有 3 艘敌人的兵舰，没有抵抗，他们已上了敌兵舰。梁青山团长和我扔下饭碗就去古家沱察看：看外貌是三艘银灰色的火轮船，上去一看，没有火炮。经过询问，才知他们是民生轮船公司的商船。船员们说：重庆的国民党军队从昨晚起已开始西逃，昨晚在江北还有很响的爆炸声。他们这 3 只轮船就是怕被国民党抓，才跑到这里来的。根据形势分析，敌守卫重庆的宋希濂和罗广文的部队都已被歼，我军又都已抵长江边正在渡江，贵州方面的我军也已进至川南，这样，敌人从重庆撤退完全是可能的。

我们想把这个情况向师报告，可电台已过了联络时间。团的几个领导研究决定，为了使重庆在敌人撤退时少遭破坏，部队应赶快向重庆前进。为争取时间，我们就请这 3 只小火轮送我们去重庆。船员们非常热情，愿意送我们前往。但他们提出，重庆有国民党江上舰队，他们的船是不敢接近敌舰的。经过进一步的商量，商定在黄昏时到达，并且在离敌舰一定距离时就下船，这样才得到了他们的应允。于是，下午 2 时，全团登上了这 3 只小火轮，向重庆开去。开船时，当地群众聚集江岸，放着鞭炮欢送我们。

船开动了，两岸的树木和房屋在向后移动，江水打着船舷哗哗地响，对长期靠两条腿走路，初次坐上这火轮的同志们来说，真是思绪万千。干部们此时议论的是走了多少路？打了多少仗？算行程已近两千里，俘虏数比全团的人数还多，大家对两条腿的威力感到欣慰。民运股长李树田同志说他的记录是行动以来只洗了三次脸，引起了大家会心的一笑。战士们此时议论的主题则是船：这船能装多少东西？一天能走多远路？当他们知道离重庆 50 多公里的路，只要两个小时就能到时，都感到惊奇。就这烧煤的不太先进的轮船，还能使我们加快这么大的速度，引起了我们不少的深思。

由于历史条件的限制，使我军长期以来，以劣势的装备去和装备精良的敌人作战。我们虽然战胜了敌人，但在作战的伤亡和战争的时间上，我们是付出了很大代价的。就拿这次战役来讲，我们若能用汽车加快部队的运动速度，宋希濂恐怕早就被消灭在鄂西南了。这次坐轮船，对部队进重庆帮了大忙。在茶园战斗时，缴获敌人的那九部汽车，就是因为找不到会开车的人，所以只好用马把汽车拉到白马镇存放起来，想起来也真好笑。此时，团领导考虑的是敌人是否已跑完了？

如何对付敌兵舰？——国民党的长江舰队有七艘军舰，是从南京、汉口逐步退到重庆的，前几天有两艘在万县起义，另外五艘停靠在朝天门码头一带。怎么对付军舰？这是需要认真研究的关键问题。

缴获 5 艘军舰

在轮船上，团领导和司令部有关人员，进一步研究了进重庆的计划。据重庆的情况估计，不管敌人跑完没有，军舰吃水深，向长江上游是跑不了的。大家一致认为，必须首先解决长江舰队。步兵能不能打兵舰？对这个问题大家作了认真分析，认为：重庆长江水域窄，军舰不机动；军舰重火器多，不宜打近处的小目标；尤其在夜晚困难更多。加之敌人在重庆外围的防线已经崩溃，城内敌人又在撤退，舰上水兵的士气一定很低。因此，团决定由一营去打兵舰，二营向市内攻击，以保证一营的陆上安全；三营去攻占江北地区。

下午 4 点多钟，重庆已历历在望。为了保证商船的安全，轮船在江北区以北的青草坝停靠，并请了几位船员做向导。团侦察股长滕锡高带侦察排先下船，去嘉陵江边摸清情况，各营分路向嘉陵江边开进。下船后弄清了江北区已没有敌人，只有少数保安队。

为了打好解决长江舰队这一仗，除一营外，又抽调了三营机炮连和九连参加。到了嘉陵江边，除了侦察排和各营派少数人去找船外，部队一律在街内隐蔽休息。据说朝天门码头没有敌人，而市内情况还弄不清楚，重要的是敌人兵舰还在，人没有跑。做向导的商船船员办了件好事，找来了江北水上派出所的人，他们对兵舰非常熟悉。指出靠近朝天门码头那只是敌旗舰“民权”号，其他四艘舰都停靠在长江东南岸的深水线中。各舰之间有一定距离，停靠的面比较宽。

团和一营研究先集中精力打这突出的敌旗舰，解决了它，其他的舰就好办了。决定先由侦察排和一个连前去，看情况的发展，后边几个连再行动，部队需要的木船，都停在朝天门码头附近。为防止敌舰东逃，三营机炮连在嘉陵江口北侧占领了阵地。下午6时许，天已黄昏，敌旗舰上的灯已发亮，侦察排和一连同志们持着枪，拿着手榴弹向敌旗舰驶去。

在离敌舰二三十米时，敌人还没有开枪，于是侦察排和一连就向敌人喊话："我们是解放军，放下武器，不要抵抗，我们宽待你们！"敌人不但没有反抗，反而拉起了汽笛。我们在朝天门码头水上派出所的小艇上，问是怎么回事，派出所的人说："好了，好了，他们鸣汽笛是表示欢迎你们。"接着，派出所的小艇也鸣起了汽笛，由近及远，所有江上的机动船都自动地鸣起了汽笛。响声划破了夜空，又加上山城的回声，江面上一片轰鸣，十分雄壮。

由于兵舰已解决，团立即派一营和二营一起向市内搜索前进。旗舰只由侦察排上去，并留下九连归侦察股滕股长指挥，接收整个舰队。滕股长带侦察排上舰后，解除了哨兵的武装，进了舰舱。少将舰队司令叶裕和站着拘谨地说："欢迎，欢迎！国民党已经彻底完了！给我们的命令是死守重庆，而他们昨天晚上却悄悄地撤退了。今天早上才来人要我们把船凿沉，上岸撤往成都。我们没汽车，怎么走？所以，我们不愿再犯什么罪过，等你们来，把舰交给你们。"他这话说明了国民党军队的撤退是非常仓促的，蒋介石当时坐镇重庆，想死保重庆不放，在山穷水尽时不得不仓皇撤退，他本人是30日拂晓才从白市驿机场，无可奈何地飞向成都的。

接着，股长问他："其他几只舰怎样？"他说："各舰都同意，请诸位去接收。"他马上让信号员向各舰发信号，信号发出后，四只舰都做了同意的回答，并且都开亮了全舰的灯，江面上一片通明，全舰队一目了然。经过商定，滕股长让九连乘舰上的小艇分赴各舰，封存了武器，冻结了公用资财（该舰队有20多箱银圆），并对官兵分别进行了教育，舰队就这样被解决了。

在重庆缴获敌长江舰队的舰只共5艘，旗舰是"民权"号，其他各舰是"永平""常德""英德""英山"号。舰上共有300余人，大多是福建和江浙人，还有一部分军官家属和小孩。由于敌重庆防卫已经崩溃，航线已到尽头，水兵们没有离开舰只生活的能力，加之军官拖儿带女，所以他们既没有跑也没有打，把军舰交给了人民，使自己获得了新生。部队进重庆后，才得知重庆地下党曾派人上船做了工作，后按起义舰队对待的。

进入重庆，排除障碍

解决敌长江舰队后，已是晚 7 时多了，部队从朝天门码头迅速向重庆市开进。二营插向小什字街，一营插向精神堡垒（即现在的解放碑广场）。部队刚从码头进入市区时没有电灯，满街漆黑，快到小什字时，路灯豁然明亮，群众发现了解放军，沿街观看，有不少人还跟着部队向前走，要看个明白。过小什字后，一、二营和团直分别向四周派出警戒。部队集结稍事休息，以了解情况。

重庆市的敌人于下午已跑完了，当时群众反映的突出问题是国民党军队在很多地方安放了炸药，由于撤退得急，有不少地方还没爆炸。

这时，二连带来了十几个穿国民党军服的人，为首的是个军官，他说："我是保安团长任百鹏，国民党都跑了，我们是本市人，不愿再跟他们去卖命，现改名保民军，听从你们吩咐。"

我们赶快领他到跟前一个小铺里坐下问话，他的保安队除了江北区和杨家坪各驻一个营外，市中心区只驻了三个连和团部，任务主要是担任国民党的党政机关、银行、仓库、水厂、电厂、电信等要害部门的警卫。为了迅速控制这些部门，我们和任百鹏团长议定：他们市区这三个连的警卫任务一律交由解放军担任，他们的武器一律交给解放军集中保管，人员适当集中，严加管理，听候处理（当晚十一军一部已到杨家坪，任也通知了杨家坪的营照办）。

团参谋长刘伦同志当即布置各营：要立即排除炸药，要保存好党政机关的档案，要保护好一切资财；值勤连队立即开赴各点，接管了要害部门的警卫。在这些点里，情况比较紧急的是大溪沟电力厂，国民党交警在撤退前拉了一汽车炸药，要炸毁这个电厂，因工人起来护厂，锁上了大铁门，才没炸成。满装炸药的汽车还停在门口，没有人敢动。团立即派了个工兵班，随连队用保安团的汽车马上开赴电厂，清除了这些炸药，部队受到了工人们的热情欢迎。

部队在街头集结休息时，政治处向各单位布置：我们是代表共产党进入重庆的第一支解放军，一定要严格遵守群众纪律，尤其不要用人民币买东西（因为人民币和国民党的金圆券没有比值）。次日，部队都是吃自己米袋带来的米，没吃上菜，住地群众发现部队没有菜吃，纷纷向连队送菜，连队都一一婉言谢绝了，群众对部队的反映非常好。

进入重庆的第二天，部队迅速地清除了敌军留下的路障、沙袋等障碍物，帮助群众打扫卫生，使环境焕然一新。部队还对住地的群众进行访问，和善地回答他们提出的问题，但对群众的工作和生活却不加干扰。一连三排住在饼干厂，战士们在车间门口看做饼干，大家议论着，部队若能带着这东西打仗作干粮就好了。厂里的工人端出半箱饼干，要大家品尝，但谁也没有拿一块，在群众中成了佳话。

30 日夜晚，部队在街上集结休息时，聚集观看的群众越来越多，不少人向部队提出这样那样的问题，同志们都一一作答。12 月 1 日，重庆出版的《新民报》对该晚军队和群众的答话，做了如下报道："他们对这些极琐碎的问话作答，一直是那样的温和，问什么答什么，没有一个人有飞扬跋扈的姿态或夸大的说法，简直使人疑惑自己不是同'军人'（市民对以前的军人，差不多都存着一种凶恶的印象）谈话，而是与纯朴的农夫或工友'摆家常'，军民真是亲如一家"。——这是解放前办的报纸的报道。

到晚 10 时许，部队要分散住宿了，而群众还恋恋不舍，团政治主任张耀先同志向街上的群众作了简单的讲话，讲了我军的宗旨和《解放军宣言》中关于我党城市政策的要点。群众先是报以热烈的鼓掌，接着就有人带头喊起了"欢迎解放军！""欢迎解放！""欢迎共产党"的口号。一直到部队走完后，群众才三三两两的，议论着陆续离去。

重庆解放的第二天，也就是 12 月 1 日，重庆地下党就来人到部队联系，对肃清敌特残余和发动群众提出了宝贵的意见。饱受国民党践踏的重庆市人民，在新旧军队的对比下，在地下党的发动下，一下子沸腾了起来。首先，他们向部队提供了大量的敌特残余的线索，在这些线索下，部队两天就收容了分散在市内的敌官兵千余人，并收集了一大批武器弹药。其次，部队进入重庆的次日起，工人、学生、市民就结成了大大小小的队伍，敲锣打鼓在街上游行，到部队驻地进行慰问，喜气洋洋地庆祝解放，整个山城沉浸在沸腾的欢乐之中，全市群众在欢腾中迎接我三兵团及野直、军管会的到来。

（本文选自《重庆的解放》，重庆出版社 1989 年版）

刘宗宽*：国民党重庆保卫战的幻灭

抗日战争胜利，国民政府还都南京，蒋介石为了把西南广大地区川、康、云、贵、渝四省一市牢牢控制在他的手中，以重庆为中心，作为他进行反人民内战人力、物力、财力的补充基地和最后根据地。1946 年 5 月间，在重庆成立了“国民政府军事委员会委员长重庆行营”，总揽西南军政大权，以张群为行营主任、萧毅肃为参谋长。我于 6 月间经农工民主党组织决定，接受了中共重庆负责人吴玉章同志的意见，利用机会，打入新成立的“重庆行营”，为革命工作。

调整部署方案，加强防御体系

1947 年夏，张群调任行政院长，7 月朱绍良接任主任，后撤销军委会成立国防部，改名为“国民政府主席重庆行辕”，蒋介石就任总统后，又改称“重庆绥靖公署”。1949 年 1 月，朱绍良调任福州绥靖公署主任兼福建省政府主席，张群又回西南接替朱绍良职务，同时将“重庆绥靖公署”改组为“西南军政长官公署”，张群为长官、钱大钧为副长官、萧毅肃为参谋长、刘宗宽为副参谋长。由于萧毅肃是国防部副总参谋长，其参谋长一职只是挂名而已，故由刘宗宽代行参谋长职务。

---

* 作者时为西南军政长官公署副参谋长。

1949 年 4、5 月，南京、武汉、西安相继解放，南京国民政府逃往广州，胡宗南部退守秦岭、汉中、安康一带，宋希濂部与白崇禧的“华中剿总”联络隔断，解放军声威所至，四川已感到威胁。西南军政长官公署，盱衡全局，及时报准国防部，重新调整了部署，以期加强防御体系，准备作战，应付形势的骤变。

其调整部署方案大体如下：（一）将宋希濂的绥靖司令部改组为川黔湘鄂边区绥靖公署，主任宋希濂，驻恩施。（二）将孙震的川东绥靖司令部改组为川鄂边区绥靖公署，主任孙震，驻万县。（三）增设川陕甘边区绥靖公署，主任胡宗南（兼），驻绵阳。（四）增设贵州绥靖公署，主任谷正伦（兼），驻贵阳。（五）增设云南绥靖公署，主任卢汉（兼），驻昆明。（六）成立叙泸警备司令部，司令郭汝瑰（兼），驻泸州，另设自贡指挥所。（七）成立川黔边区绥靖指挥部，以八区专员庹贡庭兼指挥官，欧百川为副指挥官，以八区的酉阳、秀山、黔江、彭水及贵州的沿河、松桃等县为其辖区，以辖区内的保安团队为基干配合民兵组成。（八）西昌警备司令部、成都警备司令部、重庆警备司令部均仍旧。（九）机动部队（总预备队）：一〇八军（罗广文兼）璧山地区；一一〇军（向敏思）汉渝公路沿线；四十四军（陈春霖）綦江、桐梓一带川黔公路沿线；二十军（杨森）驻重庆、涪陵地区；三六一师（罗君彤）江津；二六三师（徐正纲）重庆；内二警总队（彭斌）与宪兵二十四团（沙吉夫）则在重庆警备司令部指挥下担任重庆市治安及警备任务，随时可以担任作战。

这个方案把宋希濂、胡宗南两部都划归西南军政长官公署统辖之下。当时胡宗南的西安绥靖公署仍驻汉中，由于这一方案的实施，已全部隶属于西南军政长官公署之下了。

这个调整部署方案是我亲自拟订的，故意成立一个空有其名的川黔边区绥靖指挥部，以掩人耳目，为解放军入川留个空隙，尔后解放军就是从这里进入四川境内的。

6、7 月间，解放军陕南军区部队，为了迷惑国民党部队，对陕南发动了进攻，先后攻占安康、平利、石泉等县城，8 月间进逼西乡县城，围攻甚急。守军军长盛文向胡宗南告急，胡宗南手中无兵可派，急电张群求援。国民党内普遍认为，假若西乡失守，汉中亦将不保，大巴山便整个暴露于解放军之前，四川便形成唇亡齿寒之势。在我极力主张之下，张群、钱大钧决定命令罗广文率一〇八军、一一〇军开赴汉中支援胡宗南，解西乡之围。

计议已定，8 月 24 日，蒋介石由穗飞渝，加紧部署西南反共军事。蒋介石一下飞机便发表谈话称："今日重庆或再成为反侵路、反共产主义之中心，重新负起支持作战艰苦无比之使命，所望我全川同胞，振起抗战精神，为保持抗战成果，完成民族革命而努力。"

蒋介石到重庆后，即电告各地主要负责人到重庆来见他。8 月 26 日兰州解放，进攻西乡的解放军也陆续退去，汉中暂时稳定。但由于兰州的解放，大局却紧张起来，解放军究竟下一步如何行动，是西进新疆，还是先进攻大西南？解放大西南，四川则首当其冲，但解放军主力从东边来，还是从北边来？这些都必须判断清楚，以便进行部署，指导作战，确保西南。

蒋介石召开紧急军事会议

为此，西南军政长官公署决定于 8 月 29 日上午召开一次紧急军事会议，由蒋介石亲自参加，张群主持。参加会议的有：蒋介石、蒋经国、黄少谷、曹圣芬、俞济时、张群、钱大钧、刘文辉、罗广文、宋希濂、胡宗南、杨森、刘宗宽、沈策、徐远举、孙伯先等 20 余人。由徐远举作了《敌情报告》，由沈策作了《情况判断》。

事前，由我考虑了一个足以迷惑国民党而使其信服的《情况判断》，其目的在于把防御重点由川东北转移到川西北，以利解放军进军。因为这个《判断》是把胡宗南摆在主要防御方向上，由沈策出来报告，容易得到胡宗南的同意，是容易获得蒋介石的赞同，更可避免对我的怀疑，万一不同意也不会把我暴露出来。

于是我先征求得沈策的同意，请他开会时作《情况判断》。他不知是计，反而认为这是在蒋介石、胡宗南面前表现自己的好机会，慨然应允。他在会上熟背我的《情况判断》，侃侃而谈：兰州失守后，共军必停止西进，而先取西南以统一关内，故四川首当其冲。自衡宝战役后，湘西、鄂川一带一直无共军大部队调动迹象，且其地形复杂，不利大兵团行动，因此不会从川东进军。而川北方面，有川陕公路相通，背后又有陇海铁路，横贯东西，交通运输便利，共军主力必取邓艾伐蜀偷渡阴平的策略，一路沿川陕公路南下，一路经武都出碧口，两路汇成一把尖刀，直指成都。由于强调邓艾伐蜀这一历史事实，迫使他们相信这个《判断》的正确性。果不出所料，这个《情况判断》竟在“御前”会议上无人提出不同意见而顺利通过。

会后，长官公署即命令罗广文率领一〇八军、一一〇军，开往青川、平武一带川陕甘边境布防。

这次蒋介石来重庆后，宋希濂和胡宗南二人，曾两次向蒋介石面陈：在解放军尚未大规模向西南进军之前，放弃西南，将主力逐步转移到滇缅边境，以保全实力，等待国际变化，“反攻复国”的建议。蒋介石坚决不同意。他认为：（一）在大陆必须保有西南地区，将来才能与台湾及沿海岛屿相配合进行反攻；（二）如果在大陆上完全放弃了，则国民政府在国际上将完全丧失其地位；（三）西南地区形势险要，物资丰富，尤以四川人力、物力均很充足，必须努力保持这一地区，成为复兴的根据地。

他们根据当时的形势，判断解放军不久就会向西南进攻，如不避免决战，有被包围以致歼灭的危险，积极设法保存实力，实为上策等意见，向蒋反复陈说。蒋不仅坚决不同意，而且最后面有愠色。

29 日“御前”军事会议之后，罗广文邀约胡宗南、宋希濂、何绍周、刘伯龙、郭汝瑰、陈春霖、向敏思、沈策、赵秀昆等 10 余人聚餐，交换对时局的意见。大家一致同意联名上书请求蒋介石长期留驻重庆或成都就近指导军事政治党务，使西南地区全体军民团结一致，奋斗图强，“国家前途、实深利赖”。并推胡宗南、宋希濂、罗广文、何绍周、刘伯龙五人，于第二天下午前往山洞林园谒见蒋当面呈交。

蒋介石看了信后，首先向大家发了一大套议论，把失败的原因归咎于几百万党员、特别是许多负责干部之“不能努力实行三民主义”，接着便说：“我现在台湾办了一所革命实践学院，训练负责干部，由我亲自主持指导，如果战局稳定，将来大家也可轮流前往受训，这个学院能不能办好，关系本党的生死存亡。因此，我要常住台湾，而不能长留四川。西南方面，只要大家同心协力，能撑持一个时期，国际形势就一定会有变化，到那时，我们就可和台湾方面的力量配合起来进行反攻，以争取最后胜利。”蒋说完后，虽然他们几个人相继说了一些请蒋介石留在四川的重要性，但最后蒋介石只表示说：“以后我可以常来四川，希望你们把我的意思传达给各军师团长。”约一个钟头的会谈，就这样无结果而结束了。

10 月 14 日广州解放后，代总统李宗仁、行政院长阎锡山，相继来到重庆，国民政府各院、部也相继迁渝。参谋总长顾祝同、副总参谋长萧毅肃率领国防部各厅处也来到了重庆，准备盘踞重庆，以西南为根据地，做垂死挣扎。重庆市政府为此还专门设立了一个接待委员会。由于蒋介石的积极操纵，李宗仁于 11 月 3 日离开重庆，飞往桂林，准备出国。

卷土重来的迷梦破碎

蒋介石于 11 月 14 日由台湾飞来重庆，亲自坐镇，调兵遣将，企图负隅顽抗，保住这个最后反共堡垒，等待国际形势变化，以便卷土重来。

1949 年 10 月中旬，解放军开始向西南大进军，宋希濂部开始与解放军有了接触，情况日趋紧张；刘嘉树兵团被解放军击溃，残部退入贵州。西南长官公署根据以上情况，一面命令宋希濂部，奋力阻击解放军前进，确保川东门户；一面命令驻贵州镇远、玉屏、施秉一带何绍周兵团的四十九军与刘嘉树兵团残部，沿贵州边境在玉屏、三穗一带布防，阻击由湖南方面向贵州前进的解放军。另一方面因西秀黔彭一带原无军队防守，急令驻重庆附近的徐正纲师开往秀山一带川湘黔边境布防。

解放军第二野战军杨勇兵团，击退了何绍周兵团，于 11 月 15 日解放了贵阳。徐正纲师，因本人请假去成都，部队由副师长陈国璋率领，还未到达目的地，即被由秀山进入川境的解放军歼灭于酉阳附近行军途中，陈国璋被俘。

当开始发现人民解放军由湘鄂方面向西南大举进军、宋希濂正面已发现情况时，川北方面尚平静无事，乃急电罗广文率部星夜赶回川东重庆附近地区待命。

贵阳解放后，重庆震动很大。此时宋希濂方面情况也很紧张。蒋介石在林园召集顾祝同、张群、钱大钧、萧毅肃等举行紧急会议，我也随钱大钧前往参加。

这次会议决定：

（一）急令四十四军陈春霖部及贵州保安第一旅，分别沿乌江布防，协同宋希濂部，凭借乌江天险，阻止解放军前进。

（二）由长官公署分别命令陈春霖军长，指派专人、组织力量，迅将乌江大桥彻底破坏，以阻止解放军渡江北上。命令城口、万源驻军师长，指派专人、组织力量，迅将大巴山通往陕南的道路，彻底破坏，并普遍设置障碍。命令川鄂边区绥靖主任孙震，指派专人、组织力量，对大巴山通往陕西、湖北的道路，彻底破坏，并普遍设置障碍，以阻止解放军前进。

（三）命令第四补给区，迅速准备大量烈性炸药和其他爆破器材备用。

（四）由长官公署分别派高参或在该署工作的国防部部员，分乘专车，将上述命令和所需炸药及其他爆破器材，送交各该部队。在所派高参或部员监督下，迅速执行，完成任务后回渝报告。

（五）命令第四十四军军长陈春霖，按照命令于破坏乌江大桥后，向乌江北岸对贵阳方向，派出前进部队，防止解放军渡江。这个破坏桥梁、道路命令发出后，除陈春霖按照命令立即破坏了乌江大桥外，其余都杳无消息，不久重庆就解放了。

以上命令下达之后，16 日顾祝同、张群、钱大钧、萧毅肃和我及第三处处长孙伯先，携带制订的沿乌江防御部署要图向蒋介石汇报时，宋希濂方面情况急剧恶化，部队纷纷后退，十四兵团损失惨重，兵团司令钟彬被俘。黔江、彭水、武隆一带，到处是溃兵。秩序很混乱，彭水发生了大火，在很远的地方都看得清清楚楚，火光照耀满天彤红，而宋希濂与国防部和长官公署失去联系。蒋介石对宋希濂作战不力非常愤怒，要把宋希濂枪毙以振士气。张群、顾祝同等，为了安慰蒋介石，建议派蒋经国持蒋介石亲笔信，乘汽车向南川方向沿途去迎接。对宋激以私情，晓以大义，要他勉励诸将士同心协力，艰苦奋斗，巩固川东战线，确保重庆安全。当晚蒋经国做好准备，第二天一清早就出发了。至于是否见到宋希濂，其结果如何，我就不得而知了。

正当川东情况危急的时候，奉调回川东的罗广文部陆续到达重庆附近。罗广文的这支部队，成立较早，本是一支装备精良，训练有素，比较有战斗力的精锐部队。因千里迢迢，长途跋涉，甫从川东调往川西北，喘息未定，又星夜兼程开回川东，已经拖得筋疲力尽，到达重庆后，即令其在南川以东白马山一带紧急布防。部队还未全部展开，就被解放军歼其大半，根本没有发挥出作用。罗广文只好率领残部与宋希濂残部向成都方向撤退。

所谓重庆保卫战，其实并无这种作战准备，只是蒋介石一时心血来潮，也未能真正如愿实现，只不过空喊一阵而已。

重庆几年来一直是由重庆警备司令部指挥内警二总队（相当一个加强师）、宪兵二十四团及市全部警察，负责维持治安和军用仓库、军事机关、重要军事场所、机场、码头等警卫任务，没有作战的准备。从地形和历史经验，守重庆通常要守外围，如浮图关、涪陵等地，而当时并未构筑防御作战工事。

1949 年 11 月 2 日，国民政府下令成立重庆卫戍总司令部，以杨森为总司令，刘雨卿、杨汉域为副总司令，范埏生为参谋长，于 11 月 11 日正式宣告成立。其卫戍区域为：重庆、北碚、巴县、江北、璧山、长寿、合川、江津、綦江、南川、涪陵等 10 余县市，以内政部警察第二总队、宪兵第二十四团、市警察局全部警察及保警总队以及第二十军（三个师）为基干部队。以二十军的精锐部队七十九师（杨汉烈）扼守重庆门户涪陵，以加强外围防御。

重庆卫戍总司令部成立后，杨森即着手组织反共保民军，自任总司令，成立了三个路：第一路总指挥喻孟群、第二路总指挥夏炯、第三路总指挥许绍宗，共编成五个军分隶各路总指挥，大都是以自卫队、警察中队为基础而编组，其中有一个军（军长陈亮）是以保警总队为基础而编成的。准备应付紧急变化，保卫重庆。

由于重庆外围情况急剧变化，西南军政长官公署为了防止解放军突然逼近长江，危及重庆市区安全，当即下令卫戍总司令部以三个师的兵力——二十军一个师为左翼地区、罗君彤的三六一师为中央地区、彭斌的内二警总队为右翼地区，在重庆南岸，从大兴场经黄桷垭至九龙坡一线，占领防御阵地、构筑工事、阻止解放军前进，不使接近江岸，渡过长江，确保重庆市中区的安全。但各部奉令于 27 日前往占领阵地，布防还未完成，29 日就纷纷自行撤退下来，根本还未见到解放军的影子，就仓皇逃跑了。

在 11 月下旬，正当战火日益逼近重庆、人心惶惶之际，美国共和党参议员诺兰 25 日下午由香港飞来重庆见蒋介石，诺兰向蒋表示，希望国军能在大陆上支持六个月，当由美国出兵支援。他并表示“如果苏联出兵支援中国共产党，因而爆发第三次世界大战，美国是有决心和力量打这场仗的”。

蒋介石当时的确相信诺兰的话，幻想守住西南，等待国际形势的变化，他很希望前方能顶住，一面积极作保卫重庆的准备，决心在重庆来一个大决战。他认为如果能守住重庆几个月，就会有办法了。为此，蒋介石亲自下令将胡宗南的王牌部队第一军调来重庆；同时命令西南补给区司令邱渊，征集 800 辆汽车星夜开往广元接运。胡宗南极不愿意，向参谋总长顾祝同请求勿调，并故意延缓部队行动。蒋介石很恼怒，亲自挂电话与胡宗南通话，在电话中彼此竟互相争吵起来。

当我在一个偶然的机会得知蒋介石下令车运第一军来重庆这一机密紧急情况时，决定立即派人将这一情报送出，并建议解放军迅速向重庆挺进。当时正值兵荒马乱，到处是战线，为了能安全通过国民党层层防线，我叫王文昌化装成国民党军官，穿戴着国民党军衣符号，手持西南军政长官公署的护照，大摇大摆，越过了国民党军队的道道防线，顺利完成了任务。

当蒋介石下令车运第一军来保卫重庆的同时，为了为进行保卫重庆大决战做好准备，决定凡非军事机关和非作战人员一律撤退，作战指挥由国防部直接负责。西南军政长官公署即日起停止对外，作撤退准备，不便携带的文件一律销毁，不必要的人员一律资遣，每人发资遣证一张、资遣费黄金二两，撤走人员一律不准携带眷属。

11 月 26 日下午，由于重庆外围、南川方面情况混乱，涪陵方面作战不利，情况紧迫，便决定非军事机关和非作战人员于 11 月 28 日清晨，一律撤退。但按原来计划是在情况紧急时，取道川滇东西两路向云南撤退，现在贵阳、遵义相继解放，向云南撤退的道路，已面临被截断的威胁，故临时改变计划，向成都方面撤退。由于这是临时决定，成都方面事前不知道，毫无准备，大批机关和人员突然到达，吃住都成问题。故决定由张群提前一天于 27 日飞成都，亲自面告省、市当局，紧急做好住宿安排和供给准备。28 日清晨，长官公署和所有撤退机关及人员，纷纷离开重庆，逃往成都。

由于外围作战越来越不利，解放军不断向两翼迂回包围，卫戍总部在南岸紧急布防的军队 29 日就撤退下来，各自逃命去了。胡宗南的第一军先头运到重庆的两个团，在市区耀武扬威地游行了一番，想借以安定人心之后，刚刚开到南泉附近，即被解放军击溃。市内已隐约听到炮声，蒋介石感到形势不妙，于 11 月 30 日天不亮，即仓皇率领顾祝同、钱大钧、萧毅肃等到白市驿机场爬上飞机、逃往成都去了。

杨森的卫戍总司令部和所属部队，也于 30 日撤离重庆，向成都方向逃跑了。重庆一时成为真空，30 日晚重庆就解放了。

我于 28 日早晨利用钱大钧手令，率领长官公署官兵及警卫团向成都撤退的机会，将队伍交给总务处长刘瑀璜率领先行出发。我托词离开部队，按预先计划，安排好家眷后，即于 29 日去到重庆大学杨清教授家中隐藏起来。解放军进城后，于 12 月 2 日将我接回市区，大地重光，万众欢腾，家人团聚，心里真有说不出来的无法抑制的高兴！

（本文选自《文史资料选辑》第 32 辑，1989 年版，原标题为《重庆保卫战的幻灭》）

宋希濂*：我在重庆被歼灭的经过

彭水被焚

彭水位于乌江东岸，四面皆山，为川东货物集散地，亦为交通要道。县城没有城垣，仅有一条自南至北长约三华里的街道，紧靠河边。居民约有四五千人，多为小商贩及船工。平日经常有民船数十艘往来于龚滩、涪陵之间，彭水为船舶必停之地。有轮渡可载运川湘公路上行驶的汽车，还经常有二三只小木船可渡，虽水流湍急，但河幅仅百多公尺。论理，有这许多可供利用的运输工具，几万人渡江应无困难，而事实竟完全出乎我的意想之外。

当13日我抵达彭水时，得悉江面没有一艘民船，仅有一只专拖运汽车的小汽轮，还有一只小木船。询问何以如此，始知早几天到此的后勤机构及川湘鄂边区军政干部学校，已将几十艘民船全部征发，载运行李、物资等开往下游去了。这真使我气坏了，急坏了！

工兵营于14日到彭水后，曾经用过各种方法，但既没有船，水流又急，架设浮桥的企图完全无法实现，而从东面退下来的部队不断涌至，整个彭水全是队

---

* 作者时为湘鄂边区绥靖司令部司令官兼第十四兵团司令官。

伍，老百姓逃避一空，秩序异常混乱。我乃严命除第二军外，任何部队——包括本部直属的警卫团、工兵营、通信营等，概不准在彭水渡江，即第二军的第九师亦命到上游四十华里处的万足渡江。虽然疏散了一大批，而第二军的直属部队及七十六、一六四两个师，仍有两万人左右要在彭水渡江。自 13 日起昼夜不停地渡运，到 16 日正午止，在东岸待运者，包括担任警戒的一个团，尚有八九千人。我的指挥所设在彭水东面一个小山坡的古庙里，每天目睹渡江这样困难的情形，心中焦灼万状。

16 日下午 4 时左右，忽然市街的北头起火，我立派侍从参谋黄海云前往调查原因，这时火势不大，并要他找附近的部队长迅速设法扑灭。过了约半小时，黄海云回来报告，说是七十六师某团有一排士兵驻在那个店里，这个店是卖杂货的，存有爆竹颇多，士兵烤火不慎，致使爆竹燃烧，因而烧起来了，他已找到住在附近的一位连长迅速救火。但火势不仅没有扑灭和减弱，而且有蔓延之势。

正在这时，东北面一带高地突然枪声大作，间有迫击炮声，留在东岸担任警戒的七十六师某团长（忘其姓名）以电话报告，谓从保家楼（在彭水东 20 多华里）方面有解放军千余人沿着公路及两侧向彭水前进，已与前哨接触，他要求我马上过江去。我乃命指挥所人员收拾行李，随即率他们步行前往渡口。

这时天色已是黄昏，走到门口，看到火势渐猛，西北风也刮得愈来愈大，火势逐渐向南延烧，心中十分着急。适第二军辎重兵团张团长就在隔壁，立即找他来，要他率所部全力救火，并告诉他可在街中心拆毁一部分房子，免得再向南延烧，他答应遵命立刻去做。

我和张团长说话时，彭水电报局局长潘某（忘其名，江苏宜兴人）来找我，我很惊讶，问他为何还没有走。他说："电报局还有十多人在工作。"并问我，"载波机要不要搬过江去？"我说："如果不大笨重，我可派人帮你搬过去，现在情况紧张，你可和我一道过江去。"他先答应了，后来觉得自己不应丢下局里职工不管，又回去了。

我大约是在 7 时左右过江的，过江后，即住在河边的公路站里，8 时左右，看彭水火势稍杀，心里感到一种宽慰，但是到了 10 点多钟又烧起来了，风助火势，愈烧愈猛。这时由于战况的紧张，在对岸的官兵，人人以抢渡为急，谁也不愿去救火了，一直延烧到 17 日凌晨 4 点多钟，才不再看见火势的红光，还有四五处在冒着烟，到 8 时左右才全告熄灭。

17 日上午 10 时，陈克非、罗文山（补给司令）、方暾（新任一一八军军长，原任军长陈希平辞职飞往台湾去了）等来见我，我们谈论了一些情况，我叫方暾率残部退到武隆去再说。随即我偕陈克非、罗开甲、罗文山步行到河边，坐在一条长板凳上，观看部队继续在狼狈地渡河。

我指着彭水感慨地对他们说："彭水烧成这个样子，彭水老百姓将会如何的痛恨我们，咒骂我们！我昨晚一夜未睡，心情实在沉重得很，内心里感到无比的羞愧！自黄埔以来，在军队中 20 多年，从未像这次指挥的部队，纪律败坏到这个地步。我们当年在广东的口号和国民革命军的信条，是'爱国家，爱百姓'，而今天却弄得这样危害百姓，将何以自解！"

我说这番话，一方面由于内心的忏悔，责备自己，同时也是对陈克非说的，因为彭水的被焚，是第二军部队干出来的。但陈克非三年来在山东、河南等地坚决执行蒋介石的"三光"政策，对于这类事，似乎是司空见惯，听了我的话，他丝毫无动于衷，反而满不在乎地说："战争就是最残酷的事情。"然后他又叹息地说："国民党的气数已尽，这也是改朝换代中的一劫。"罗开甲说："战争本身就是一场大火。像彭水这样的事，恐怕也是很难以避免的。"罗文山不大同意他们的话，说："像彭水这样的事情，只要部队长管理得严一点，是可以避免的。"

彭水约有八九百栋房子，被焚达十分之八，自南至北相毗连的一条街几乎是全烧光了，剩下的只是在东南方山坡上一些不相连属的房子。

在江口与蒋经国会晤

蒋介石于 11 月 14 日由台湾飞到重庆，17 日派蒋经国带秘书、副官各一人，由宪兵六名护卫，分乘吉普车二辆来前方看我。我事前接到通知时正在彭水西岸，当与在南川的十五兵团司令官罗广文通话，请其转告蒋经国，约在江口会面（江口属武隆县境，介于南川、彭水之间，为川东一个中等的市镇，我的司令部已于14日移驻该处），并邀陈克非同去。

我们大约是下午5时左右到江口的，蒋经国已先到约半小时，没有多久，一二四军军长顾葆裕也来了。相见寒暄后，蒋经国取出蒋介石写给我和钟彬、陈克非、龚传文、刘平、顾葆裕六人的信，每人一封。这六封信，有的是蒋介石亲笔写的，有由秘书写好蒋介石签名的。给我的一封，共五页，是蒋介石亲自用墨笔写的，字体写得颇大，每页只有六七十个字，全文我记不得，内容大意如下：

首先他说明他于1月间引退求和的“苦心”，但共产党拒绝和平，竟要我们完全投降，这样将使“党国陷于万劫不复之地，吾辈亦将死无葬身之所”。为了救党救国，他不能不起来和大家一道与共产党进行生死存亡的斗争。其次，他特别强调所谓最近在金门的胜利，说“毙伤俘虏了共军万余人”，以此来证明解放军是可以击败的。最后，他勉励我与诸将士同心协力，艰苦奋斗，抱“有匪无我，有我无匪”的决心，巩固川东战线，“给予共军以迎头痛击……”

我们谈了一些战况，蒋经国向陈克非、顾葆裕询问部队情形后，吃完晚饭，已是将近7点，陈克非、顾葆裕相继辞去。大约在8时半左右，我和蒋经国单独会谈，一直谈到深夜1点多钟。第二天（18日）早晨8点吃过早饭后，蒋经国带着我写给蒋介石的一封信和前方战况及部队现况表一份，起程回重庆去了。

兹将我和蒋经国谈话的主要内容记述如下：

一开始，蒋经国问我指挥上是否有困难，各军师长是否有不服从命令的情事。我说这种情况倒是没有，但大家多已丧失信心，战斗意志是不坚强的。接着我分析了在川东战场上失败的四个重要原因：

1. 共军实力雄厚，总兵力远较我们优势，尤以共军指战员们战斗意志旺盛，不怕任何困难，作战时猛打猛冲，并经常从一些崎岖小径抄袭我军侧背，弄得许多部队总是被节节截断，分区包围，最后被消灭。

2. 我所指挥的六个军，除第二军较有战斗力外，大多残破不堪，或者是新编成的，战力脆弱，尤以自国军主力部队在东北、平津、徐蚌一带被歼灭后，许多干部对和共军作战，完全没有信心。

3. 鄂西山地，粮食产量有限，就地征发，到了罗掘俱穷的境地，主要是依靠由重庆方面运补，但由于路程远，运输力不够，常常使得前线官兵吃不饱。

4. 鄂西川东一带崇山峻岭，经常多雨，现在已经相当寒冷，入夜尤甚。但各部队所领到的棉军服，尚仅达到半数，连我司令部的警卫团都是如此。你在江口街上，就可看到还有许多士兵身着单衣服的。吃不饱，穿不暖，当然严重地影响士气，但从根本上来说，就是打不赢。

蒋经国对于我的相当愤激的态度和斩钉截铁的语气，感到有些惊愕。彼此沉默了一会儿，然后把话题转到了其他方面，谈论了国际形势，谈论了党务、政治。蒋经国认为失败的根本原因，就是 20 年来，国民党既没有领导政治，也没有领导军队，只有彻底改造国民党，使每一个政治干部和军事干部，都能真正为党的主义而奋斗的时候，才能产生伟大的力量。最后，我问："贵州已被共军占领，可能一路进取昆明，一路出毕节，进攻泸州，而川东情势又是这样紧迫，总裁对这样严重的局势，究竟打算怎样应付？"蒋经国对我的问题，做不出任何具体的答复，只说："现在打算把宗南的第一军调过来，希望这方面能撑持一个时期。"我说："我只有一句话，尽人事以听天命而已！"

蒋经国之来，不仅没有使我们产生新的希望，而且更使我们感到失望，觉得蒋介石在这紧要关头到重庆来，拿不出挽救危机的新的有效办法，作风仍是老一套，不过是叫我们拼死抵抗，坐以待毙而已！

乌江西岸的战斗

我们在乌江西岸的布防，是右自龚滩起，至彭水西岸为止，由第二军担任；乌江自彭水起折向西北流，由第十五军在郁山镇、保家楼以西一带高地占领阵地，与第二军相联系，但郁河多处可以徒涉，不能成为障碍。

11 日向彭水前进的解放军，遭到七十六师在东岸警戒部队的抵抗，稍有战斗后，即于 17 日解放了彭水。但解放军并未在彭水正面作渡江进攻的准备，而是从两翼攻击我们的侧背。沿川湘公路到达秀山后的解放军，以有力部队迅速排除了一切困难，先于第二军抢占了龚滩要地，先头部队即由龚滩向文武堂（在彭水、江口之间）前进，在万足渡江的第二军第九师，本负有到龚滩占领阵地的任务，不料渡江后得知解放军已到龚滩，该师决定改在黄草坝附近占领阵地，阻止解放军迂回到彭水正面部队的后方。

第九师到达黄草坝附近时，即与解放军先头部队遭遇，发生激烈战斗，当时第九师的兵力和所占的地势，都较解放军那个先头团占优势，因而使那个团受到相当的损失，获得暂时的、局部的小胜利。当我们根据实际情况向重庆国防部报告时，他们便大肆宣传竟发表公报称为“川东大捷”。蒋介石且夸耀为“这是黄埔教导团的精神”（第九师前身为大革命时期的黄埔军校教导第一、二团）。这真是不顾事实的弥天大谎！我派驻在重庆办事处工作人员以电话向我报告重庆报纸所载的消息时，我听了真是啼笑皆非！

解放军得悉先头部队遭受优势的敌人的压迫，便不顾一切疲劳和困难，很快就分几处渡过了乌江，向第九师施行反包围。我和陈克非得悉这一消息时，命彭水西岸部队向江口转进，同时命第九师且战且退，结果是第九师在文武堂附近被解放军歼灭了一部，以后一直逃窜到川滇黔边境，在二野刘司令员、邓政委的号召下，才投靠了人民。

沿着川湘公路西进的解放军，于 11 月 15 日到达郁山镇、保家楼一带，于 17 日开始向郁河以西高地占领阵地的第十五军进攻。在解放军猛打猛冲下，该军抵抗不住，节节向后撤退。到 20 日正午，我在江口突闻西北方面有密集的机枪声和迫击炮声，立即派人侦察，始知十五军部队已被迫退到了江口西边约 30 华里的中官渡，有些溃兵正在从北面渡过江来。

这样，解放军已严重地威胁我们的侧背，如渡过江来截断川湘公路，则我们将全被包围歼灭。我乃命在东面的第二军立即开始向白马山方面转移。白马山位于南川的东北方向，地势很高，川湘公路曲曲折折地在这山上绕行，形势是相当险要的；越过白马山，即进入南川、綦江一带盆地，也就无险可守了。

我率指挥所于 11 月 21 日离开江口，车过武隆时，据传闻当天早晨在武隆下游 20 多华里处的羊角碛附近，对岸有解放军叫喊"我们是八路军，快把船放过来"之说，此消息虽尚未证实，但十分值得注意。

约在下午 2 时左右，我们抵达白马山山顶，适我所乘的吉普车轮胎炸了一个，又无备胎，我下车察看地势，司机在修理车胎。不到半小时，陈克非和刘平同乘一吉普车来了。陈克非看见我的车轮坏了，即把他车上的预备胎交我使用。

我把在武隆所听到的消息告诉他，认为不管有无其事，都值得严密注意，因为如果解放军在羊角碛过了江，走到白马山上截断川湘公路（羊角碛即在白马山北面山麓），居高临下控制了要点，则我们所有从东面撤下来的队伍都通不过来，情势是可虑的。我紧接着问陈克非能不能抽出一两个连迅速前往羊角碛附近防守，他说办不到。我说："既然办不到，你军部直属部队的先头部队看来快到了（从山顶可以看得清楚），可叫他们先在北面山腰占领警戒阵地，以防万一。"陈克非答应了。

我于是晚 9 时左右抵白马场，会见了第十四兵团司令官钟彬。他告诉我，第十五军的二四三师被解放军击破后，损失甚大，师长段国杰还掌握着一部分兵力，退往白涛镇方面去了（白涛镇在涪陵南 30 多公里）。第十五军的六十四师大约还剩下 1000 多人，由师长邱健掌握着，可能已由中官渡附近渡过江来了。

他继续对我说，他手里还掌握着七十九军残部 1000 多人，兵团直属部队 1000 多人，准备明天一大早开往白涛镇附近布防，作最后一次的挣扎。他叹息地说："明知是死路一条，但事到如此，又还有什么办法呢！"当晚我是同意钟彬去白涛的，因为我想第二军主力撤到白马山一带布防后，左翼即可与白涛方面联系，这是我部最后一道防线。这样，我是尽了最大的努力，蒋介石和国防部也就无可责难了。这夜我住在白马场南面的一栋民房里，搜集各方情况，彻夜未眠。

22日晨5时得到消息，白涛镇已于昨晚被解放军占领。我立即派人往找钟彬，叫他停止去白涛，但钟彬却已于半小时前乘民船两艘顺江而下，到是日上午11时左右，他就在白涛镇被解放军俘虏了，其残部亦于第二天被歼灭。至此，在左翼的第十四兵团，已是等于完全消灭了。

传闻并不是谣言，21日下午果有解放军的一部在羊角碛上游附近的一个渡口渡过江来，迅猛地登上了白马山顶，控制了交通要口。沿川湘公路向西撤的第二军部队，只有军直属部队的一小部分约1000余人通过了白马山，大部分在白马山以东地区被解放军俘虏了。后续的第九师残部（第九师在文武堂附近歼灭了大半）、第七十六师主力、第一六四师残部、第六十四师残部，闻白马山退路被截断，乃急急找僻静小道向南逃窜。他们一直逃窜到了川滇黔边区，于1950年春在人民解放军宽大政策的感召下，投靠了人民。至此，陈克非的二十兵团，也就基本上完蛋了！

南川密商出路

解放军占领白马山后，以一部向白马场前进。23日上午9时我获得解放军离白马场只有六七华里的报告，当命川湘鄂边区军政干部学校的教导总队在白马场附近占领阵地，准备迎击，同时命令其他零星队伍一律开往南川待命，并密示教导总队于我们离开四个小时后即开始撤退，不要与解放军胶着，以致不能脱离。

23日正午我离开白马场，将近黄昏时到达南川，清查力量，认为自己可以完全控制的，计有：司令部直属部队——警卫团、通信营、工兵营共约2000余人；一二二军丁树中残部约3000人；一二四军顾葆裕残部约1800余人；川湘鄂边区军政干部学校的学生总队教导总队共约3000人，总数约有1万人。

晚饭后我召集一二二军军长丁树中、一二四军军长顾葆裕、军政干部学校代理教育长孔方，本部副参谋长罗开甲、办公室主任陈定等在一个小楼上密商出路。退出重庆去听候国防部处置吗？不仅会受尽那些人的揶揄，同时见蒋介石、顾祝同时说什么好呢？这样做，觉得实在犯不着。事情很明显，西南快保不住了，整个大陆都站不住脚了，蒋介石毫无办法，我们也不可能到台湾去，今后他也管不了我们了，那又何必再去受气呢！向解放军接洽投诚吗？

说实在的，我们当时对共产党和解放军的政策了解得太少，大家都怀着十分疑惧的心理，恐怕此路走不通。大家倒知道过去被俘的军官包括高级将领在内并没有被杀掉，只是从一些归俘中谣传许多人都在做苦工，感到这样的生活太可怕，丁树中（原名丁昌，做过宪兵三团副团长及宪兵司令部的警务处处长，杀害过不少共产党人和进步人士）、罗开甲尤力持反对。我当时也想到我和张治中先生有 20 多年的历史关系，他去北平前曾一再对我说，要我等他的消息，他会有信给我的，但他一直没有信来，还听说他在北平行动都不自由（事后才知道这也是谣传），无疑，这条路是不能走的。率残部到成都附近去靠拢胡宗南借谋共存吗？觉得这样将是寄人篱下，俯仰由人，亦非善策。

“不管一切，不顾一切，走，快点走，走到较为安全的地方去，不要被共军包围歼灭”，这就是当时我们一致的结论，唯一的结论。选定的目标是：第一步——西昌，第二步——滇缅边境的腾冲一带。选定的路线是尽量避免走大市镇，以减少目标，选择一些偏道绕到峨眉以西地区后，沿着乐西（乐山至西昌）公路到西昌；在西昌休整一两天，即继续走向滇西去。至于沿途可能会遇到一些什么阻碍和困难，以及到达滇西后打算怎么办，我们都没有估计和讨论。会议商定分做三个纵队行进，即由我和顾葆裕、丁树中各率一部，部队到达位置，规定每晚用无线电向我报告。同时规定自行动之日起，禁止无线电台和国防部及其他电台联系。

会议做了上述原则的决定后，我于 24 日晨派副参谋长罗开甲乘车往綦江，对已于前天到了那里的司令部职员讲话，说明今后的艰苦，有家室顾虑的，身体不适于长途行军的，以及不愿再往西行的，一律发薪三个月。这样，当场遣散了 200 余人，使我的司令部大大地简化了。同一天早晨，我派办公室主任陈定乘车前往重庆去找办事处处长冷培元，要他们两人负责将存放在重庆的黄金 3000 多两（这笔款是国防部拨发交本部补给司令部代购 11 月份军粮用的）于 25 日上午送来綦江。

最后的溃灭

我的指挥所仅有的两辆吉普车都派出去了，24 日晨我着草鞋随同大家步行前往綦江。走离南川没有多远，路遇陈克非、刘平，他们问我到哪里去，我不便对他们明言我的企图。尤其是陈克非，因为他是蒋介石的小同乡，而且有如下一段经过，使我对他早存戒心：当 8 月初程潜、陈明仁等起义时，陈明仁曾有电约我和他取一致行动，我虽拒绝了，但我并没有把此事向蒋介石报告过，以致引起蒋介石的怀疑。8 月上旬，蒋介石派其内侄毛景彪（国防部第一厅厅长）到重庆调查情况，毛一到重庆，就和在巴东的陈克非通电话，询问鄂西战场的整个情形，并对陈克非说："老先生指示，要你随时把情况直接用电报报告。"陈克非答："今后一定遵照办理。"他们这次通话被我司令部检查邮电的情报人员记录下来送给我看，我心中大为不快，觉得蒋介石对自己不信任，他在嫡系部队中还仍然以亲属和浙江人为最可靠，实在太自私了。这件事成为我对蒋介石在思想上的一个疙瘩，从此我决心和蒋介石断绝关系。

因为有上述这段经过，所以当陈克非问我向何处去时，我便假说打算去涪陵一带找钟彬。陈克非、刘平都劝我不要去，我便反问他们去哪里，他们说想去看罗广文（第十五兵团司令官，他的队伍刚由贵州境内开来南川一带），交换一下意见。我说："我们军事上失败到了这个地步，见了人也没有什么好说的，所以我不想和你们同去看他。"彼此也就不再说什么，各走各的路了。正午罗开甲由綦江回来，向我汇报遣散司令部人员情形后，我率指挥所人员于当日黄昏时到了綦江附近的三溪镇。

25 日上午 10 时，冷培元带着 3000 多两黄金从重庆来到三溪。我拨给他 100 多两黄金，嘱他送点钱给本部副主任沈静，遣散办事处人员，剩下的作为他今后生活费用；同时我写了一封十分伤感的信，托他带交我的妹妹（那时我的妹妹、妹夫均由湖南来到了重庆），嘱她们俟解放军进入重庆，局势平静后回湖南去。

26 日上午 7 时，我们开始离开公路西行，我亲自带领的一个纵队是本部直属部队及军政干部学校的学生，共 4000 余人。出发前，我集合干部讲话，简单地说明此行的目的，要求大家不要气馁，沿途严禁骚扰老百姓，凡有妄取一针一线者，就地枪决。并编组两个纠察队，指派军政干校教导处长王旸及司令部高级参谋柳峻田分别负责。在路过白沙附近时，有警卫团一排长上树摘食柑橘，纠察队开枪射击，击中该排长的右腿，显然是做得太鲁莽了。我叫他们采取劝告等方式，以后比较好些。

我所率领的这个纵队的行进路线是：綦江—李市坝—白沙—朱家沱—万定场—石洞镇—怀德镇—赵化镇—观音镇—高店场。每日行程约 70 华里，一路尚称顺利。到石洞镇时（石洞在泸州北面 40 华里），得悉解放军已进入重庆，大军正沿成渝公路西进，听说内江一带车辆拥塞，秩序很乱；由毕节北进的解放军快要到泸州，泸州已呈混乱状态。当将情形电告顾葆裕、丁树中，嘱他们迅速向宜宾以西地区集结。

到达高店场附近后，本想过江入宜宾再向西去，但在宜宾的七十二军军长郭汝瑰派参谋来通知我，说奉成都顾总长电话，可许宋希濂带少数人入宜宾，部队不准进城云云。这样，我当然不愿去宜宾。我们不得不绕过宜宾北岸一带高地，多走了一天半的路程，才于 12 月 6 日上午 11 时左右到达宜宾西边 40 华里的牛喜场对岸。

这时在牛喜场有 1000 多自称为红帮的大刀队，拥有少数枪支，封锁江面，不让我们通过。他们都自命为刀枪不入的人，气势汹汹，我派人前往交涉，不仅没有获得他们的谅许，而且把派去的人杀害了一个，迫使我们非用武力对付不可。我乃派高超部（这时一二二军丁树中亦到达那里）及警卫团在上下游两处渡江，围攻牛喜场。不用说，他们的抵抗力量是很微弱的，经过一次扫荡，死的死，伤的伤，大部分逃到南山里去了，我们也没有追击。

下午3时我们渡江到了牛喜场，打算在这里休息一天，因现洋甚少，以金子购买东西找不开，很不方便，预定于翌晨派人去宜宾以黄金换批现洋。当天傍晚，我的参谋长彭劢自宜宾来看我，他因身体不好，带着本部和干校的一些人及行李等，系由重庆乘轮船先到宜宾。

我问他宜宾的情况如何，他说："郭汝瑰部固守宜宾，恐怕没有这个力量，但郭部的师团长多和我是同学，我到宜宾后和他们交换过意见，他们已在雷波、屏山等地囤积粮弹，如共军向宜宾进攻，他们就准备把队伍拖入大小凉山打游击，依此情况推断，郭汝瑰部大致不会向共军投诚。"我听了感到高兴，认为解放军必先解决郭汝瑰部，才会派兵来追击我，到那时我已走得很远了，这样，西行途中就会比较安全顺利。彭劢对我说明他由于心脏不大好，不适于爬高山及长途行军，不能随我西行，表示十分遗憾。我安慰了他一番，嘱他即在宜宾好好养病，并送了他金子20两。当晚，彭劢就回宜宾去了。

由于多日行军和这一天的紧张生活，感到相当疲乏，大约是晚上10点多钟就寝，睡得很熟。不料到深夜，突然有人猛力推醒我，我惊醒了，睁开睡意很浓的眼睛一看，原来是警卫团副团长宋展翔（他是我的堂弟）。

我问他深夜来此有何事，他说："我有一个在军校第二分校15期的同学，也是同乡，一向和我很要好，他现在郭汝瑰部某师某团当副团长，他那个团奉郭汝瑰之命开来牛喜场监视我们，半夜里由宜宾秘密出发，可能不怀好意，他恐宋先生（指我）遭人暗算，特故意请求同尖兵排在前面走，利用机会乘马快跑来通知我们。"我当问那个副团长（忘其姓名）现在哪里，他说："他已急急赶回去了，计算时间，明早六七点钟可到这里。"我一看手表，已是3点多钟。

我当时猜想，郭汝瑰深夜派队伍来，很可能是奉蒋介石（听说蒋介石那时还在成都）的密令，想乘我的不备来解决我的。好汉不吃眼前亏，三十六计，走为上计。我立即起床，通知各部队马上做饭吃，大约在天色微明前，我们便全部离开了牛喜场，冒着滂沱大雨，踏着泥泞道路，高一脚，低一脚，向西行进，足足走了八个钟头，才走完40华里。

到达高家场，顾葆裕、丁树中两部均已于先一天到了这里。当晚我们商定了第二次的行进路线为：高家场—清水溪—黄丹—慈竹坪—沙坪—金口河—富林—冕宁—西昌，并决定顾葆裕先一天出发，其余队伍在高家场附近休息一天。我当时估计，解放军尚未到宜宾，纵然快到了，解决郭汝瑰部也得花两三天时间，其他解放军大部正在向成都附近前进围歼胡宗南部。没有解放军的追击，沿途虽然不免有些困难，例如道路崎岖、粮秣补给的缺乏等问题，总是可以设法解决的。

但事情却和我所设想的相反。12 月 8 日下午 3 点多钟，副参谋长罗开甲带着紧张惊惶的神色跑来对我说："某参谋刚才在长途电话线上听到一个很重要的消息，宜宾郭汝瑰部叛变，已派人前往欢迎共军，共军即可到宜宾。"

我听了这个报告后，看出了问题的严重性和危险性，心情十分沉重。因为解放军到宜宾后，必然很快就会知道我在高家场，必然会派队伍来追击，而且他们行动迅猛，经常不顾一切疲劳和困难，一天行军一百五六十里，在他们不算一回事，这样很快就会追上我们，一经被追上，就很难脱离了。我告诉罗开甲，通知各部队仍按预定计划于明日出发，同时要少校以上的干部于明晨 7 时集合开一个会。

第二天，是一个寒雨的早晨，天气非常阴沉，我带着忧郁的心情来到一个古庙里，对集合在那里约有一百名的将校级人员讲话，大意是这样的："我们在军事上是被共军彻底打垮了，我们剩下的力量已是很有限了！目前的处境，坦率地对大家说，是十分艰苦，甚至是十分危险。但是我们不愿做共军的俘虏，不愿在共产党统治下过残酷可怕的生活，我们是三民主义的忠实信徒，是忠党爱国的军人，有一分钟的生命，便应尽一分钟的责任。现在，我们计划越过大雪山，走到很遥远的地方去，找个根据地，等待时机。今后的日子是越过越苦的，走的是崎岖难行的小道，吃的有时可能很粗糙，甚至不够吃，如果情况紧张的话，可能一天要走一百多里……你们自信有勇气有决心愿意随我一齐去干的，便同生共死，勇往直前，不愿意干下去的，就由此分手，当酌发遣散费……"

我讲话约一个小时，说得悲凉慷慨，在场的人，多有泣下者。我说完后，要求他们每一个人都慎重考虑一下，结果，司令部及军政干部学校共有二三十人领了遣散费走了。我决定把队伍分作几路走，以免太长，耽误行军，并发给各单位一些金子，有100两的，有50两的。

川南多山，且值寒冬季节，经常多雨，道路不好走，行军进度颇受影响。我们14日下午2时左右才到了犍为县属的清水溪。这是岷江上游一个相当繁华的市镇，我派人找商会以黄金换银圆，他们答应想办法，但只限于少数，最多只能换30两，而且规定每两只换银洋40元，我也同意了。不料这件事情尚未办好，忽然原驻在那里的四川队伍刘树成部（刘湘嫡系）约一个营，仓皇地离开清水溪，开向沐川去，同时商会的负责人及地方行政人员都纷纷逃避，街上商店突然乱纷纷地关上门板。询问之下，始知是解放军离清水溪只有四五华里了。

这个消息，不啻是一个晴天霹雳，我们正在吃饭，我立即从座位站起来，说了一声："来得好快！"随即率部队自清水溪向南行，大约走了五六华里，在一个小山坡上便听到清水溪市街上的机枪声和步枪声，大约是解放军扫荡少数的地方团体。

我们走了20华里，到了一个小村庄，已是天黑了。大家都觉得行军一天疲乏了，主张在此宿营。我说："绝对不行！如果今晚不走，不到明天早晨，便都会被共军所俘虏。"命各单位立即做饭吃，晚上9点多钟，开始夜行军。

到15日上午8时，先头部队到了铁炉场（那里有一个煤矿公司）。忽然后卫部队枪声大作，继之迫击炮弹也连续地射击过来，这是解放军追击来了。我即传令前卫部队加快行军速度，同时命警卫团的一个营在南面山头占领阵地，阻滞解放军的行进。

我们于下午1时到黄丹，与昨晚到了此地的顾葆裕部及干校教导总队会合，我命顾率所部立即先行，教导总队在黄丹东北高地布防，掩护警卫团撤下来，我率干校学生随顾部之后行进。翻过了几个高山，晚上9时左右到达大渡河边的一个小市镇铜街场宿营。当警卫团回来时，始知该团的第二营已被解放军追击部队在铁炉场以北地区包围解决了。到深夜，一二二军的高超部也来到了，始知丁树中所率的 2000 多人，被另一路解放军追上包围歼灭了，丁树中下落不明，高超部因走在前头，没有被解放军截获。

自綦江出发，落伍沿途逃散，加上被解放军解决的，达 4000 人左右，16 日晨到达大渡河边的，实仅 5000 余人了。除顾葆裕部已先行外，在我身边还稍有战斗力的，为高超部和教导总队。我们沿着大渡河南岸西行，命这两部轮流作后卫。

16 日上午 10 时左右，解放军又追上了我们。由于受地形的限制（右有大江，左有高山），解放军追击部队无法超越我们，只能与后卫部队保持接触，我们昼夜不停地走，解放军昼夜不停地追，追得我们没有喘息的余地。每天都有几次小规模的战斗，担任后卫的部队，常是一个连或一个排的被歼灭，力量愈来愈少了。道路是这样的难走，司令部原有几十匹骡马，至此有的饿死了，有的堕入悬崖救不出来，行李大部分丢光了。我们只得依靠两条腿，在黑夜中摸索前进。忘记了饥饿，忘记了疲乏，走，快走，为了一个目的——逃命！

当 18 日正午，解放军追我们追得很紧，后卫部队又在进行着抵抗，枪声响彻大渡河谷时，警卫排的名叫万朝生的一个战士（有高小文化程度），忽然在行列中自言自语地说："七十二战，战无不利，忽闻楚歌，一败涂地！"我听之不由得打了个冷战，觉得这是一个不祥的预兆。想到楚霸王的乌江自刎，想到石达开在大渡河的结局，联系着自己的目前处境，看来是很难摆脱覆灭的命运了。

经过整整三天三夜极度紧张的战斗行军，我于 18 日深夜，也是 19 日凌晨 2 点多钟，抵达了川康边境的峨边县——沙坪。我感到心力交瘁，疲困万分。顾葆裕已于六个小时前到了这里。原属川湘鄂边区绥靖公署的补给司令罗文山，他所属有 1000 多人，还有几十辆卡车，路过成都时，顾祝同委以第八纵队司令的名义，率部并带着几十辆卡车于 12 月 17 日到了峨眉县南边的龙池、新场一带。通过无线电的联系，我告诉他可于 18 日晚到沙坪，他便派了上校站长宋湘陵来沙坪候接我。

在这危难万分之际，加添了这支力量，使我又产生了希望。但事情总是朝着我所设想的相反方向发展，解放军第十八军的第四十七师这时到了峨眉县，他们的任务本是防止胡宗南部向西昌逃窜，得知龙池、新场一带有反动武装，还有车辆，便立即派了一个团追击。这个团于19日拂晓到了新场，罗文山率部投诚，而我是不知道这个情况的。

19日天甫微明，顾葆裕便率所部沿南岸西行向金口河去了，我由于太疲乏，睡了一觉，到早晨7点多才起来，吃过早饭后，便命本部及干校一律渡河，然后会同罗文山部沿乐西公路走。到10点多钟，约渡过了1000人，我也渡河到了北岸山脚下。突然山上枪声大作，机关枪的火力对着南岸待渡的队伍扫射，那边队伍便乱纷纷地向南面一带山地逃窜。已经过了河的，一部分向西走，走不到300步，便被解放军堵住了。我率警卫排向东走，走不到一华里，也被解放军堵住了。在山上的解放军，又分几路冲下来了。这样，大家就毫无抵抗地解除了武装。

我在这走投无路之际，觉得当俘虏是多么可耻，抽出手枪准备自杀，正举手时，被警卫排长袁定侯一把抓住。很快解放军就过来了，我成了解放军的俘虏。但不到半个小时，十天来一直紧紧追击我的解放军某部，来到了南岸东南一带高地，因两岸的解放军事先没有联系，他们便向北岸射击，弹如雨下。我乘解放军无暇看管时，又带了几个人跑到一个庙里的楼上躲藏起来。

两岸的解放军通过号音的联络，知道都是自己部队，误会消释了，北岸的解放军随即进行搜查，我们又被搜出来了。我平时着与士兵同样的草黄色棉军服，当解放军干部询问我的姓名身份时，我答我叫“周伯瑞”，是司令部的一个军需。他们信以为真，在河边沙滩上，解放军团政委向大家说明解放军对待俘虏的政策后，要大家指出谁是宋希濂，也没有人吭声。就这样，19日晚在北岸的一些民房里，大家默默地坐在地下过了一夜。不用说，这一夜，我精神上所感受的痛苦，是无法用文字来形容的。

20日晨7时左右，解放军命我们在沙滩集合，准备把我们这1000多人押送到峨眉县去。我想这在路上可能还有逃脱的机会，便暗暗地叫几个亲信靠着我一道走。不料正在这个重要关头，突然王尚述过河来了。

王尚述是苏北人，据他说，他原在解放军，是个相当于营教导员的地位的干部，于 1948 年冬在湖南衡阳打入我所办的军政干部学校，在校进行秘密活动。1949 年 8 月他在恩施被发觉，通过审讯后，供出他投入军政干校的目的及种种活动情形。本部第二处和干校的一些重要干部，均主张将他枪毙，我没有同意，亲自找他谈了一次，随即派他在校本部办公室工作。

我军转进时，他一直一路跟着走，可能由于走得太累，他掉队了，所以 19 日他没有过河来。这天早晨他过河来后，看见我坐在被俘的行列里，立即走向解放军指挥员所住的屋子里去，很快就来了一位许教导员找我去。我懂得了这是为什么，当他一开口问我是谁时，我毫不犹豫地说："我是宋希濂。"

1949 年，对于我来说，可以说是有生以来最不幸的一年。在这一年里，死了父亲，死了妻子，打了败仗，弄得身败名裂，家破人亡。虽说这一年我还只有四十二岁，但头发已脱落了不少，两鬓也开始花白了。由于几乎一切事情都不如意，感到心力交瘁，意态索然，觉得应该是自己生命的终结了，活下去还有什么意味！

不，1949 年，应该说是我有生以来最幸运的一年，应该说是我一生中的转折点。我跟随蒋介石背叛革命，干了 20 多年反革命反人民的罪恶活动，而自己并无认识。蒋介石集团以这样大的一个军事力量，仅仅三年时间，被解放军消灭殆尽，这是怎样失败的，我过去也是十分模糊。但是，经过党对我的宽宥和教育，使我认清了是非和真理，使我懂得了蒋集团失败的真正原因。这样，才使我没有带着花岗岩的头脑走向坟墓里去。

（本文选自《重庆的解放》，重庆出版社 1989 年版，原标题为《我在西南的挣扎和被歼灭经过》）

第四章

拨云见日，山城迎来新曙光

胡志恒*：解放重庆的捷报

突然起来的喜讯

连续十几天的追击，把蒋匪军赶得连滚带爬地往重庆逃命。我们越追越起劲，一天走了多少路也记不清。脚上唯一的一双胶鞋也磨起了大窟窿，只剩下布帮和一圈胶。幸好在路上拣到一副国民党的党旗和国旗，我把它裁成了 6 副包脚布，包起脚继续追击敌人。

我们报务员们，白天和部队一起行军，晚上还要拍电报，而且一干就是半夜。两眼都熬起了红丝，人也一天比一天消瘦。有时过度疲劳，一边走路，一边睡觉。

可是，胜利的消息不断地鼓舞着我们，离重庆越来越近了。我，作为一个报务员，总是盼望着早日向全国人民发出解放重庆的信号。

11 月 30 号的晚上，我们宿营在离重庆还有 40 华里的乡场上。半夜，邢永堂交班给我，我揉了揉惺忪的眼睛，舒一舒酸痛的骨头。戴上耳机，和各台校对了波长和呼号，便两手支着下巴，一边回想起进川的日子，一边使劲地睁开两扇石磨似的眼皮。虽然，后半夜的工作一向比较清闲，但我在值班，生怕打瞌睡！

* 作者时为报务员。

我也不知道自己睡着没有，摇机班的同志们躺了满屋。小刘正张开大嘴，一只腿压在邢永堂的身上，响着呼呼的鼾声。

在朦胧中我仿佛看见一个人走进门来。

“胡志恒，快来！快来！”

我揉一揉眼睛，趁着微明的星光，看出是师参谋长陆忍同志。

“赶快报告军司和野司，我们已经解放重庆了。”

“什么？”

“我们已经解放了重庆，重庆已经解放了。”参谋长笑着，在我身旁坐下来。

我兴奋得忘记了疲劳，甩开披在身上的夹克，赶快对摇机员说：“马德成，赶快点灯，点两盏。”

“两盏？”马德成诧异地望着我。.

是啊，自从进川以来，我们发报就从来没有点过两盏灯或两根蜡。记得在露宿“三百蹬”的大山上，我们点完了从师长那里匀来的最后的小半截蜡烛。实在再找不出灯火来了，只好用稻草燃起篝火，就映着那熊熊的火光，发出了当天的战报。也难怪叫老马点两盏灯，他要感到惊奇了。

陆参谋长插言说：“老马，重庆已解放了，你就赶快点起两盏灯吧。以后你还要后悔当时为什么不挂上几个大灯笼呢。”

捷报传遍中国

摇曳的豆油灯下，摇机员摇起马达，我扶正耳机，对好波长，清晰地敲打着电键。

“波、波、波、波……”电波振荡在静谧的夜空里。不，那不仅是电波，那是我们全师同志珍贵的心意和希望。电波会在几分钟内，一个接着一个，传给毛主席，传到全中国，传遍世界的每一个角落。我意识到自己正干着一件多么神圣的工作，我紧张得手腕有些发抖，生怕发错了一个字，巴不得把所有的感情，都随着电波传播开去，让全国人民都分享我的快乐。

第一组电报发完了。可是，野司电台仍然没有回答。表上的小芒针在有节奏地跳动着，已经过了 5 秒钟。我想，野司的报务员同志，也许正在向战友们传达这振奋人心的喜讯，而忘了及时地给我回答吧？

“的的，嗒嗒……”收音机里传来清脆的电键声。对方在请我再发一遍。我用更缓慢更稳重的手法，一个字一个字地敲着电键。偶尔，有不够清楚的地方，我便略停一会，然后重复一遍。我希望对方能顺利地抄下电码，让胜利的消息更快传扬。

发完电报，我摘下耳机，伸一个懒腰，情不自禁地哼了起来。我一边哼，一边在电稿上值班报务员签名的地方，用钢笔郑重地写上“胡志恒”三个字。

这时，我看一看表，正好是 4 点 35 分，1949 年 12 月的一个胜利的日子。

（本文选自《重庆的解放》，重庆出版社 1989 年版）

刘原*：迎接中国人民解放军入城

重庆是1949年11月30日解放的。这天上午10时许，“重庆市各界代表迎接解放军代表团”一行40多人，由旧市参议会议长范众渠及市商会会长蔡鹤年等率领，过长江去南岸对中国人民解放军入城表示热忱欢迎。代表团成员基本上是以部分旧议会议员和商会会员组成，各报记者也参加了这次活动，我以《商务日报》记者身份参与了采访活动。代表团成员的政治思想和背景极为复杂，有几位议员在肃反中被处决。然而，这次活动是我一生中旅途最短，精神紧张，令人难忘的一次旅行。

解放前的混乱状况

重庆临近解放的一周，城市完全处于紧张恐怖之中，许多稀奇古怪的现象真叫人难以理解。

我在朝天门码头就亲自见到这样的情景，不少城里人急急忙忙收拾细软往乡下去避难，而许多乡下人却又往城市搬迁，在那些日子里，无论城市、农村时时传出杀人抢劫的凶讯。重庆市区周围的合川、长寿、巴县、江津等县山区抢劫更

* 作者时为《商务日报》记者。

为猖獗。

在市区解放碑（当时称“抗战胜利纪功碑”）一带，街头卖美国奶粉、洋烟、玻璃梳子、丝光袜子等小摊贩喧嚣不绝，邹容路一带马路两旁卖旧家具、衣物、小百货的也不少。

入夜，市中区主要街道照样灯红酒绿，猜拳行令之声溢于窗外，“皇后”“颐之时”“凯歌”等舞厅轻歌曼舞，嘣嚓之声不断。大小餐馆生意照样兴隆，有钱大户其醉生梦死胜过往昔。

在那些日子里，国民政府的法币（金圆券），用一块银圆可兑换一亿元以上。市场上买卖、上饭馆吃饭多数以银圆交易。吃一碗面条要纸币 500 万元，贫苦市民只有投亲靠友，节衣俭食以应时变。

传言像长了翅膀，一日数变，特别是对解放军的情况，上午传言解放军已翻过秦岭，下午就说已接近成都郊区。一会儿说已抵达万县，不久又说解放军扮的游击队快到长寿县离重庆市区只有五六十里路了。

11 月 28 日晚 9 时江北刘家台国民党兵工厂突然发生剧烈爆炸，整个市区房屋玻璃大部分被震坏（事后，据说是该厂内部特务火并，引发数十吨炸药爆炸，死伤数十人，刘家台地区整片房屋被毁）。11 月 27 日，国民党特务在沙坪坝歌乐山渣滓洞、白公馆惨无人道地枪杀了 200 余名革命人士。11 月 30 日清晨，传说重庆市市长兼重庆警备司令杨森已带领卫队逃离重庆。

重庆市人民此时处于水深火热之中，亟盼人民解放军的到来。

初次见到解放军

11 月 30 日早上，许多旧市参议会议员和商会负责人及其他社会人士不约而同地聚集在林森路（现解放东路）西三街市商会会堂，即旧市参议会临时会址（这年“九二”大火，烧毁了旧市参议会会址）商议如何对付目前重庆市无人管理的局面。参议长范众渠介绍了重庆的局面：市长杨森带领卫队逃逸，国民党军队大部分沿成渝公路去成都，城内盛传国民党特务组织留有爆破、暗杀人员以阻止解放军正规部队入城，还说一些黑社会人士及青、红帮、“一贯道”等，也准备窥探时机而动，希望大家出出主意，缓解民困。不少人提出各种意见，最后统一成三点：一是迅速与解放军联系，尽快进城维持地方秩序；二是旧议会与商会应帮助解放军组织军管以推动各项工作的开展；三是动员旧市政府人员照常工作，旧警察局照常站岗，维护社会秩序，听候军管安排。

按照达成的共识，“重庆市各界代表迎接解放军代表团”立即成立了，公推议长范众渠、商会会长蔡鹤年为负责人，人们用整幅白布，写上代表团的名称，以供解放军识别。代表团一行 40 多人，在望龙门码头上船，准备横渡长江去南岸找寻解放军负责人。那天是个阴天，枯水季节，江面不宽，但水势很急。

船刚离岸，还未到江心，突然一声清脆的枪声发自望龙门东侧城墙。一时，有些人面无人色，直往船舱下层钻，有位姓刘的参议员浑身颤动，有人说他腰下湿了一块。船继续逆江向海棠溪方向前进，南岸河滩十分宽阔，江上又响起了两声枪声。有人主张都下到底舱去，以免发生危险。这时，我发现长江两岸悄然无声，静得使人害怕，只听见船壳外的哗哗水流声。

代表团派人向南岸河滩喊话，但始终无人应声。这时，有人大喊：“当心水雷”，全船人为之一震。人们看见，一捆捆的青菜擦船身而过，船上管事叫水手用竹竿将菜捆一一推开。水雷之说，有“惊弓之鸟”之嫌。轮船快到海棠溪正码头时，我们才见到一穿黑布衣裤，头扎白毛巾，身背卡宾枪的一汉子。在他的指引下，我们去了“海棠别墅”（旧时一旅馆）见到了解放军的负责人。

我们被引进一会议室，让茶敬烟，人们心中一惊：原来解放军也讲究礼仪。据这位同志介绍，他们是二野某部的先遣团，他的名字叫刘明辉（事后得知他是先遣团长，后任重庆市公安局局长，60 年代曾任云南省副省长）。他们两天前从贵州进入四川，分三路靠近重庆市区（泸州、巴县、涪陵）。他代表部队，欢迎重庆市代表团的到来。

同时，这位先遣团长提出以下要求：一、希望以民生公司为主将所有能渡江的交通工具天黑前集中南岸沿江各码头，便于解放军渡江进城；二、旧市政府照常上班工作，推出负责人主动与部队联系；三、盼望各界支持军管工作。他希望新闻界帮助宣传中央人民政府的有关政策、法令和解放军的“三大纪律、八项注意”等文件。大家对这位年轻的先遣团长的谈话、风度都留下极好的印象。

在回程的路途中，我们见到了五六位先遣团的战士。他们个个年轻剽悍，脸膛黑红，一式黑色中式上衣、黑裤、扎绑腿，身背美式卡宾枪，腰插盒子短枪。在交谈中，这些战士彬彬有礼，有的甚至害羞。据他们用河南口音谈，一般都参军有三年了。先遣团的任务是为后续部队扫清道路，遇小股敌人也有战斗任务。昨夜在南温泉地区曾与地方武装战斗，我军伤亡 20 多人。他们每个人身上带有法币及数十块银圆，以备急需。

过江十分顺利。一到岸，一时鞭炮齐响，爆竹声声，鼓锣齐鸣，人们把代表团像“凯旋英雄”般的欢迎起来。从人们的笑脸中看出，恐怖和不安已经过去了！

晚上，当我写完稿子时，已得知解放军的正规部队十分顺利有序地入城了。当我走上大街时，深感整个重庆沸腾了起来。

狂欢的日子

从 1949 年 11 月 30 日深夜解放军入城后一直到 1950 年元旦以后，整个重庆市都是在狂欢中度过。

从朝天门至小什字，由小什字至解放碑、较场口、七星岗、上清寺，一连十几里都成了红旗的海洋，欢乐的世界。

群众穿着彩色衣服，跳秧歌、打腰鼓、打连宵，边舞边唱，宣传党的政策，这种自发的热情真是旷古未闻。在交通要道，自发地形成了许多表演的“舞台”，许多著名的演员如京剧界的厉慧良、厉慧敏、厉慧兰、厉慧森等；川剧界的陈书舫、周企和等；还有许多文艺界前辈、著名曲艺名人，都热情地为群众献艺，以祝贺城市的新生。

人民的热情，从旧时代的压抑中被释放了出来，不分男女老少相互见面都格外友善，许多老人为游行群众送茶送水，提供食用方便。

12 月上旬，举行了盛大的解放军入城式，队伍从下半城经小什字、小梁子、解放碑、七星岗、中一路、上清寺……解放军队伍整齐，有步兵也有炮兵和坦克的方队，许多人向解放军抛撒鲜花、彩带、礼花、红绸。以后许多天，各街道、工厂、学校人们自发捐款购买肥猪、牛、羊、蔬菜，排着队敲锣打鼓，有的还有秧歌队等，去各处营房慰问人民子弟兵。半月后，部队文工团在重庆的各戏院、剧场，演出场所公演了《白毛女》《刘胡兰》《赤叶河》《九件衣》《血泪仇》等戏剧。许多地方文艺单位也自编了许多活报剧、小品、快书、金钱板、清音等节目歌颂解放军的英雄事迹，军民一家，支援前线等。如当时演出的《活捉蒋介石》《十二把镰刀》、秧歌剧《兄妹开荒》就很有名。许多大学生也组织了许多演出队，除表演短小精悍的短剧、活报剧外，还向市民教唱了数十首革命的进步歌曲。如《国际歌》《东方红》《南泥湾》《送郎参军》《解放区是个好地方》《朱大嫂送鸡蛋》《茶馆小调》《古怪歌》等。这些进步的、热情的、反映群众情绪的演出，至今也令人难忘。

12 月下旬，重庆市附近各县、乡、镇掀起了一股进城慰劳解放军和军民联欢的热潮。各主要街道里歌声不断，锣鼓铿锵，处处是欢歌笑语，这与国民党统治时期形成了鲜明的对比。

1950 年元旦后，重庆市面和各行各业、各工厂、学校慢慢转入正常，各项政策、法令在迅速学习和贯彻之中。

重庆的旧时代死亡了，新的时代正在蓬勃地发展，全市人民共同期盼着重庆美好的未来。

（本文选自《巴渝文史荟萃》第 2 卷，2009 年版）

陈锡联*：回忆解放初的重庆接管工作

成立领导班子，准备接管工作

1949年7月16日，中央军委下达进军华南、西南的指示。7月17日，中央军委命令二野主力向湘西开进，待广州解放迫使国民政府迁至重庆后，当四野在广西作战之时，进军川黔。毛主席在彻底消灭华南、西南之敌的指示中具体指出：对白崇禧和西南各敌，均取大迂回动作，插至敌后，先完成包围，然后再回打之方针。野战军前委在南京召集了扩大会议，讨论了进军西南的作战部署、城市接管工作、部队政治教育和后勤保障等问题。

一天，刘、邓首长找我谈话，在座的有张霖之同志。刘、邓首长指示：部队在进军大西南，重庆解放后，重庆市军管会主任由张际春同志担任，陈锡联同志任重庆市市长。我说："我不会也不懂地方工作，更不熟悉城市情况，还是请有地方和城市工作经验的同志当市长。"刘、邓首长说："不会不懂可以学嘛！你是兵团司令员，下边还有人嘛！"当时确定了重庆市的主要领导人有我、张霖之和曹荻秋同志。那时，曹荻秋同志在上海工作，我们还没见过面。

---

* 作者时为重庆市市长。

当时的具体分工是：我任市长、市委第一书记兼军管会副主任，专管军管工作；张霖之同志任市委书记兼军管会副主任，主管党务和群团工作；曹荻秋同志任副市长、市委副书记，主管市政府工作。还确定了市委常委和委员人选。常委有李唐彬（负责组织工作）、刘明辉（负责公安工作）、任白戈（负责文教工作）和罗士高同志；委员有尤太忠（负责城市卫戍工作）、杨松青（负责统战工作）等。重庆市解放后主要领导人和工作班子负责人就这样确定下来，实际上从此便开始了重庆解放后接管的各项准备工作。

1949 年 7 月 25 日，三兵团在南京召开了团以上干部会议，野战军刘伯承司令员莅会作了向大西南进军的动员报告，并宣读了党中央、毛主席进军大西南的命令。我们在会上传达了刘、邓首长进军大西南的指示，讨论了作战方案，下达了战斗任务。

10 月 14 日，广州解放后，蒋介石以退入广西的白崇禧集团和麇集西南的胡宗南集团为依靠，妄图以四川为防守重点，组成“西南防线”。胡宗南三个兵团依秦岭主脉构成主要防线，阻挡我军由陕入川；宋希濂两个兵团，位居建始、恩施一线与位于巫山、奉节之孙元良兵团扼守川东地势险要，交通不便，大兵团行动困难之地，而湘桂尚有白崇禧十余万人，足以保证其云、贵后方和胡宗南侧背安全，判断我军不会由此入川。

针对敌防情况，当野战军指挥机关率三兵团乘车由南京、徐州向湘西开进途经郑州时，刘伯承司令员在群众大会上宣布：我军要向四川进军，佯装西进。当我三、五兵团集结于常德、邵阳地区后，四野为策应其主力向广西进军并以四十二军主力、五十军及湖北省军区部队配合二野作战和一野一部抑留胡宗南在秦岭的同时，刘、邓首长决心以三、五兵团发起川黔作战的三兵团主力和四十七军为左集团，直出彭水、黔江，迂回敌之右侧；协同五十军、四十二军主力、湖北省军区部队组成的右集团，会歼宋希濂集团于彭水以东地区。担任战略迂回的五兵团及三兵团之十军（军长杜义德、政委王维纲）直插贵阳、遵义，进击宜宾、纳溪、泸州，断敌逃往云南退路。三兵团四十二军（军长、政委王近山兼）为左翼，四十七军（军长曹里怀、政委周志萍）为右翼，十一军（军长曾绍山、政委鲍志先）随兵团跟进。

遵照刘、邓首长指示，部队打到哪里就接管到哪里，建立人民政权。五十军进到川南自贡市，成立川南军区，杜义德是司令员，王维纲是政委；十一军随兵团部进到川东，接管万县地区，成立川东军区，我兼任司令员，政委是谢富治，副司令员王近山，副政委阎红彦，十二军进到重庆，参加军管工作和执行城市警备任务。

1949 年 9 月，部队在常德时，曹荻秋同志从华东带领华东支前司令部一批地方干部和上海一批进步青年学生所组成的西南服务团，与二野的部队会集在一起，准备跟随部队进军大西南。在常德开了一个会，参加会的有部队、地方领导同志和四川地下党的负责同志。会上，主要研究了重庆解放与接管工作三方面的事情：

一是军事准备。遵照刘、邓首长的指示，根据当时的敌情，对进军大西南、解放重庆几个军的行进路线、作战方案、部队政治工作、后勤保障以及组织筹粮队等，进行了详细研究和具体部署。这方面的落实工作由我负责拟定出战斗实施方案，上报批准。

二是班子准备。由军队干部和四川地下党的同志组成接管班子。军管会下设七个接管委员会，对国民党政权机构、厂矿企业、财政金融、文化教育及物资、财产和档案等进行全面接管。大体确定了接管工作各个方面的负责人选。

三是政治准备。着重分析了重庆的军事、政治、社会、经济情况。重庆是国民政府抗战八年的陪都，也是国民党妄图盘踞大陆的最后据点，全国各地许多反动头子、特务分子、地痞流氓等麇集在这里，敌情、社情极为复杂。特别是抗战八年，敌人的反动宣传有一定的欺骗性。针对这些情况，认真研究了重庆解放后在接管中政治上可能遇到的问题和应采取的对策。

这次会上，请参加南京、上海接管工作的地方干部介绍了经验，四川地下党的同志介绍了情况，使参加重庆接管工作的同志正确认识有利条件和不利因素，做好充分思想准备。

在常德期间的一系列准备工作，是遵照刘、邓首长的指示进行的，分工由谢富治、曹荻秋负责主持。在进军途中，张霖之、曹荻秋等同志一路行军打仗，一路研究接管问题。重庆解放后的接管工作所以能够按照预定部署顺利进行，并取得成功，都是与刘、邓首长的正确领导、事先进行了周密准备分不开的。

11 月 1 日，与广西作战的同时，我军发起川黔作战。担任大迂回的十五兵团及十军以迅猛的动作，在 11 月 10 日前挺进黔境，解放了镇远、三穗地区，直插贵阳、遵义。此时，兵团主力与四十七军亦突破了宋希濂防守两翼，解放了恩施、秀山、酉阳、黔江等城。

为了贯彻执行刘、邓首长的指示，迅速全歼敌人，不给敌人喘息机会，全体指战员与敌人争速度、抢时间，昼夜兼程，勇猛前进，许多部队步行 150 里以上，争先恐后追击敌人。11 月 16 日，十一军解放彭水，突破乌江，十五兵团亦解放贵阳，十军攻克遵义，继向宜宾、泸州进击，将敌之“大西南防线”拦腰斩断。

这时，蒋介石急令胡宗南一军空运重庆；孙元良兵团由万县西撤；宋希濂二十兵团和罗广文兵团在南川以东布防。据此，刘、邓首长即令：继续诱敌迂回、包围。于 11 月 24 日占领南川城。11 月 28 日终将宋希濂集团主力之罗广文兵团 3 万余人歼灭于南川以北地区，并乘胜解放了重庆外围之綦江、涪陵、江津，逼近重庆。11 月 29 日，四十七军先头部队在重庆以东渡江前进，十二军主力部队在重庆江津之间渡过长江指向璧山。11 月 30 日，十二军先头部队在李家沱、海棠溪渡江；我军兵临城下，守敌溃逃，当日下午解放了重庆。

兵团领导同志于 11 月 30 日随部队进入重庆。目睹山城，感慨万分。在重庆解放前，国民党不甘心失败，蒋介石两次飞渝亲自部署，一面加强镇压进步力量和对被关押的革命志士进行血腥的大屠杀；一面从台湾调来“爆破专家”“技术大队”，用飞机运来大批炸药，阴谋对重庆进行毁灭性的破坏。由于我军进展神速，所向无敌，敌人大量被歼，节节溃退，自顾不暇，也由于重庆广大工人、职员、学生和进步人士在地下党的领导下，进行了坚决的斗争，保护工厂、学校，保护重要设施，使得敌人的罪恶计划未能得逞。敌人破坏了一个国际广播电台就仓皇逃跑了，整个重庆基本完好地回到人民手中。

12 月 3 日，重庆市军事管制委员会宣告成立，开始全面接管工作，建立革命的新秩序，建设人民的新重庆。

重庆的接管工作是繁忙而艰巨的，面临的问题是复杂而急迫的。但是，在刘、邓首长的直接领导下，上下团结一致，工作朝气蓬勃，废寝忘食，艰苦奋斗，联系实际，实事求是，所采取的措施得当有力，各方面的工作卓有成效，市民生活得到保障，社会秩序迅速恢复，人心日益安定，各界拍手称好。

当时，在接管过程中，遇到许多复杂而急需解决的问题，我们都采取了相应的对策，一个一个加以解决，述略如下。

宣传教育群众，揭穿反动谣言

重庆解放后，敌人的反动宣传仍然嚣张，制造谣言，扰乱民心，破坏接管。我和刘明辉、任白戈等同志一起，几乎每天都听取汇报，分析敌情，掌握动向，研究对策，针锋相对，打击敌人。针对敌人的反动宣传，大力宣传我们党的政策和人民军队的宗旨，以事实揭露国民党、蒋介石消极抗日，发动内战，镇压进步力量，奴役劳动人民的反动本质和真面目。

对社会上出现的谣言，及时揭穿阴谋，回击敌人，澄清真相，教育人民。如 12 月 10 日公布人民币兑换金圆券、银圆券，敌人造谣说是共产党欺骗老百姓。由于我们宣传工作得力，组织得好，方法得当，人民手中有了钱，可以买到东西，城乡物资交流顺利，生活有了保证。广大群众得到好处，亲身体会到共产党真正为人民谋福利，从而相信党的宣传，拥护党的政策，兑换工作进展顺利。

镇压暗藏敌人，保护人民安全

重庆解放后，一些上层进步人士、工商界头面人物经常收到恐吓信，他们的人身安全受到严重威胁。我也收到过恐吓信，挨过两次黑枪。经过周密侦察，掌握了有破坏活动的暗藏敌特 1000 余人，报请刘、邓首长批准后，于 1950 年 1 月 18 日上午，在军管会严密组织指挥下，全城统一行动，封锁了大街小巷，控制了交通要道，进行了第一次全城大逮捕。

这一行动，对暗藏的敌人震动很大，纷纷将暗藏的枪支、弹药、电台等军用物资丢在大街上、角落里；有不少自动到军管会交枪自首、交代罪行。下午，我在广播电台讲了话，宣传党的“坦白从宽、抗拒从严”的政策，号召全市人民提高警惕，检举坏人。但是，这次抓到的大都是浮在面上的，我们便采取快审快放的办法，从速从宽释放了一批主动坦白、愿意悔改的敌特分子，以此分化瓦解、引诱麻痹藏在深处的敌特。

大逮捕后，电影院、戏院、茶馆、商店很快开门正常营业。敌特以为无事了，又冒出来活动。于是根据掌握和被抓特务检举的线索，当天就攻其无备，出其不意，公安便衣一齐出动，又来了个第二次大逮捕，抓捕了 100 多罪大恶极的特务头子。经过审讯，进行大张旗鼓惩办。此后，社会日渐安宁，人心日益安定。

治理社会秩序，改造乞丐妓女

据调查，全市流落街头的乞丐有 1000 多人，妓女明的暗的数千人，每天，三五成群的乞丐见到穿得好一点的人就拦路要钱，不给钱的就要挨打，晚上，结伙偷盗、抢劫。众多妓女更是不分昼夜活动。他（她）们扰乱社会，影响治安，许多民主人士和各界代表反映强烈，建议尽快采取治理措施。

经过调查研究，我们对乞丐和妓女分别采取了收容教育的办法，力求挽救他

（她）们重做新人。第一次收容乞丐没有经验，有不少进了收容所后放了，继续流落街头。第二次收容后，就做感化教育工作，给他们理发、洗澡、换新衣服，还检查身体，治疗疾病，组织学习，参加劳动。生活上多方关照，政治上给予做人的权利，使他们消除疑虑，亲身体会到新社会带来的好处。

在收容的乞丐中，有些是中学生、大学生，在国民党的反动统治下，他们就业无门，生活无着，流离失所，沦为乞丐。通过教育学习，新旧社会对比，激发了他们做人的信念，都表示决心弃邪归正，做自食其力的人。同时，中央决定修建成渝铁路，经过动员，把他们组成了参加成渝铁路的劳动队伍，后来许多在劳动中成了骨干，转变为新中国的工人。

为了教育挽救大批妓女从良为善，我们组织了一些妇女干部和医生参加这项工作。妓女是旧社会的受害者，饱经人间凌辱。针对妓女的情况，运用收容改造乞丐的基本经验，主要是教育启发她们不断提高思想认识，恨旧社会的罪恶，克服心灵深处的自卑感，恢复做人尊严，鼓起生活的勇气，做新社会的劳动妇女。在这方面做了大量工作，收到了极其良好的社会效果。

整顿码头秩序，建立劳动工会

重庆沿江码头多，码头工人多，人力车夫也多，他们生活在旧社会的最下层，阶级的压迫，把头的剥削，受尽了饥寒和苦难。解放了，他们扬眉吐气了，敢于斗争。但是，不少码头的“把头”本身就是封建恶霸、地痞流氓，思想反动，民愤极大。解放后，仍控制码头，迫害工人，暗地捣乱，挑起事端，提高运价，敲诈勒索。

为了维护码头工人的利益，建立码头正常秩序，军管会一方面派出部队维持码头秩序，宣传群众；另一方面采取专政措施，把民愤极大的封建把头抓了起来，开了公审大会，判刑劳动改造。同时把码头工人和人力车夫组织起来，分别成立劳动工会，自己管理自己，当家做主人。经过走访，对确实有困难的工人，该救济的救济，该治病的治病，该就业的就业。这样，广大工人在组织上有了领导，生活上有了保证，社会地位提高了，劳动劲头也足了，码头秩序很快改观。

治理脏乱环境，改变山城市容

解放前，重庆既脏又乱，下水道不通，污水街上流，垃圾成山，臭气熏人，苍蝇满天飞，老鼠成灾害。解放后，在召开的全市各界人士座谈会上，大家提出治理脏乱、整顿市容的问题。我们很快找到重庆市政建设工程图纸，请技术人员和老工人一起研究治理方案。组织工人疏通管道，搬运垃圾，发动市民清扫街道。这样，用开展群众卫生运动的办法，很快解决了脏乱问题，重庆市展现出新的面貌。在解决脏乱问题的同时，安排了一批工人就业，组成了从事城市环境卫生的工人队伍。

合理解决劳资关系，恢复发展生产

重庆大小工厂很多，要尽快恢复和发展生产，首要的是做好工人的工作，妥善解决劳资关系问题。解放后，工人阶级的地位发生了变化，由被压迫者变为新中国的领导阶级，广大工人强烈要求合理解决劳资关系问题，充分体现工人阶级的地位和利益。凡官僚资产阶级开办的工厂，我们都接收过来了，按党的政策办事。可是，其他经营的工厂怎么办？也有个政策问题。所有工厂都面临恢复生产需要原材料，工人做工要发工资等许多实际问题。这方面的工作政策性很强，劳资双方都要做工作，有个劳资双方利益和国家利益的问题。因此，这项工作花费的时间最多、力量最大。

张霖之和曹荻秋同志主要负责这方面的事，做了大量调查研究和深入细致的工作，有效地解决了劳资关系问题，工厂的生产很快走上新的轨道。李震负责工会，主要抓了建立工会和工人教育工作，广大工人的阶级觉悟、劳动热情空前高涨，在接管中充分发挥了主人翁的作用，做出了应有的贡献。

在接管过程中，党政军民同心协力，各项工作卓有成效，为建设新重庆创造了良好开端。1950 年 1 月 23 日，召开了重庆市第一届各界人民代表会议，1 月 24 日我代表军管会在会上宣布："从总的方面说，现在我们的接收工作已经结束，开始转入正常的管理阶段了。"

西南军政委员会主席刘伯承司令员在会上所做的《为建设人民的生产的重庆而斗争》报告中指出："在重庆进一步建立革命秩序、保卫治安、恢复生产、开展文化教育运动，以渐次康复起来的人民的重庆，来支援即将完成的解放战争，协助农村土改，发展农业生产，然后在农村土改的完成与农业发展的基础上，进一步发展重庆市的生产建设，使之稳步地繁荣起来。"

重庆市的接管工作，经过短短一月又 23 天，就改变了山城人民长期处于帝国主义、封建主义和官僚资本主义统治下的政治形势，使山城历史开始了根本变化，进入了一个崭新的时代，这一切归功于党中央、毛主席的英明决策，归功于刘、邓首长的卓越领导，归功于广大指战员和人民群众的团结奋斗。

（本文选自《重庆文史资料选辑》第 32 辑，1989 年版，原标题为《重庆解放与接管》）

徐众军*：参与重庆接管的历史回顾

顺利完成调查研究任务

1949年12月进军重庆后，我参加了重庆解放的接管工作。当时我分配在重庆市委政策研究室郊区组，为了接管工作需要，市委政策研究室对重庆的概况进行了全面调查，对重庆的经济、工业、农业、财贸、金融、文教、卫生、城市建设等做了大量的调查研究，编写了《重庆概况》一书，供各级领导了解旧重庆的状况，对各方面的接管工作起了一定的参考作用。我参加了郊区农村的部分调查研究工作，后又参与了制定“重庆市郊区减租减息办法”“重庆市郊区土地改革试行条例”和农业合作化试点等工作，写了一些郊区土改、农业合作化材料供市委领导参考，并选写了一些材料，如农业互助组的几个问题等，在《重庆日报》发表。

重庆刚解放工作条件比较艰苦，但大家干劲很大，我们市委政策研究室郊区组几个青年同志，当时都20多岁，有刘铭、邱刚泽等几个同志到郊区搞调查研究，都是步行（当时很少有公共汽车）自带行李住在农民家里，与农民同吃同住

* 作者当时在重庆市委政策研究室郊区组工作。

同劳动，和农民打成一片，关系很融洽，工作比较顺利。记得我们在南岸区（当时是重庆市的第五区）四公里调查研究后步行回市中区（当时的一区），中午在较场口一家小饭馆吃豆花饭，四五个人吃了旧人民币几万元（折合新人民币几元），花钱少吃得饱，几个青年同志吃得津津有味。当时工作紧张，生活艰苦，办事勤俭节约，思想愉快，顺利地完成了市委交给的调查研究任务。

开展城市建设，人民安居乐业

完成接管任务后，随即恢复经济发展生产，进行大规模的城市建设。当时重庆是中央直辖市，西南大区所在地，中共中央西南局、西南军政委员会、西南军区等领导机关都在重庆。在西南局第一书记、西南军区政委邓小平，第二书记、西南军政委员会主席刘伯承，第三书记、西南军区司令员贺龙等领导同志的直接领导下和在重庆市委、市政府的具体领导下，重庆的城市建设发展很快。大田湾体育场、体育馆、人民大礼堂、两杨路（两路口到杨家坪）、文化宫等都是这一时期建成的。

当时领导气魄大，决心大，既有雄心壮志又有艰苦奋斗努力拼搏的实干精神。如两杨路鹅岭公园地段要从西南军区住地中间通过，西南局领导果断决定将西南军区住地一分为二，公路从中间通过，公路左下边是西南军区本部，公路右上边是西南军区附属部门，这样两杨路在这一地段减少了弯路，路直了，节约了投资，减少施工时间，使两杨路顺利建成，这是重庆解放后建设的第一条大马路。大田湾体育场原是丘陵山地，人工劳动挖山开辟出来。依山建成了人民大礼堂（当时叫西南行政委员会大礼堂，西南大区撤销后改为重庆人民大礼堂）。当时没有现代化的施工机械，这些大建设工程都是人工操作，体力劳动建成的。当时市区机关干部每周都参加一天义务劳动，我也参加了大田湾体育场、人民大礼堂开山挖土劳动。没有艰苦奋斗、愚公移山的精神，这些重大工程是建不起来的。

还应看到当时重庆刚解放不久，在财政比较紧张的情况下搞大规模的城市建设，体现了邓小平、刘伯承、贺龙等老一辈无产阶级革命家的高瞻远瞩的伟大气魄，这些建筑宏伟巨大，特别是重庆人民大礼堂当时称为亚洲第一宏大建筑，现在时间已过去半个多世纪，至今仍不逊色。

从 1949 年 12 月重庆解放至 1954 年重庆是中央直辖市，经济恢复发展很好，城市建设发展很快，社会安定，治安情况良好，真是夜不闭户、路不拾遗，人民生活改善，广大人民群众安居乐业，欢欣鼓舞，这一时期是重庆兴旺发达最好的时期之一。

（本文选自《重庆市渝中区文史资料》第 10 辑，1998 年版）

傅真[*]：西南服务团与重庆接管

七千里徒步行军

1949年初，中国人民解放军在辽沈、平津、淮海三大战役胜利后，突破长江千里防线，迅速解放南京、上海等城市。中央军委电令第二野战军进军大西南。第二野战军政治委员邓小平根据党中央的战略部署，于1949年6月16日在上海组建了中国人民解放军西南服务团。第一团（上海团）团长曹荻秋，下设重庆、川东等支队。第二团（南京团）团长彭涛，下设云南支队和川南支队。西南服务团总团长宋任穷，副团长张霖之、曹荻秋、彭涛。

西南服务团以一万余名大、中学生、青年职工为主体，以6000余名老红军、老八路、老干部为骨干，共计一万七千余人。它的任务是为解放、接管和建设大西南服务。

1949年7月至9月，西南服务团在南京集中训练3个月。1949年10月1日，在新中国成立的日子里，西南服务团开始了七千里徒步行军。重庆、川东、川南、贵州等队于1949年12月底到达目的地，云南支队于1950年2月到达目的地。

---

* 作者时为重庆《新华日报》记者。

重庆是西南重镇，是长江上游的政治、经济中心。也是全国最后解放的一个大城市。由于长期在反动派统治下，市场萧条，经济崩溃，社会混乱，民不聊生。1949 年 11 月 30 日重庆解放，满目疮痍、遍体创伤的重庆，终于回到人民手中。

1949 年 12 月 3 日重庆市军事管制委员会成立，主任张际春，副主任陈锡联、张霖之，秘书长罗士高。

公安部部长：刘明辉

政务接管委员会主任：罗士高、宋学武（副）

财经接管委员会主任：段君毅、万里（副）、沈兰芝（副）

交通接管委员会主任：程占彪、肖鹏（副）

房地产接管委员会主任：张际春、汤成功（副）

文教接管委员会主任：任白戈、陈斐琴（副）

后勤接管委员会主任：邓存伦、黄友仁（副）

军事接管委员会主任：王蕴瑞、杨松青（副）

北碚军管会主任：王公杰

中共重庆市委和市人民政府也接着成立，市委第一书记陈锡联，第二书记张霖之，第三书记曹荻秋；市长陈锡联，副市长曹荻秋。

市军管会接管重庆的方针，第一是自上而下，各按系统对旧机构及其主管人员进行接管；第二是大力发动工人、职员、群众参加接管。在接管方法上，多数是先接后管，一些直接关系国计民生的单位，如公用、交通、卫生等单位，则采取边接边管或先管后接。

当时参加重庆接管工作的主体力量是西南服务团，还有军队干部、地下党干部。西南服务团干部占 85%—95% 以上。

西南服务团干部 6100 余人于 12 月 8 日、16 日、28 日分三批到达重庆。在市委、市军管会、市政府的领导下，西南服务团干部同军队干部、地下党干部并肩作战，积极投入各项接管工作。

认真做好接管党政群工作

西南服务团重庆支队（五支队）支队长汤成功、郭焕中（副），政委陈筹、沈兰芝、王长俊（副），政治处主任林琳，辖第一、第二、第三大队、工会大队、青委大队，共计 1650 余人。

第一大队是政法大队，大队长胡润吾、郭克刚（副），政委张文绪，辖一中队、二中队等队。第二大队是党政大队，大队长张明远，政委王玉珏，辖四个中队。第三队是党政大队，大队长李久恒，政委高兰戈，辖四个中队。三个大队共计 1000 余人。

到重庆后，辛玉、叶长青等同志分配在市委政策研究室，朱一心、孙致孚、汪晓晖等同志分配在市委组织部，徐雄、虞皓、潘程万等同志分配在市委办公厅和市府各单位；大批同志分配在市属 18 个区委、区公所（名单载本会会刊第 27 期）。他们在市军管会领导下，接管了行政、司法、卫生、公用、农林、水利、社会事业、各区公所等 109 个单位（包括旧法院、监狱、看守所等），建立了市人民法院、各区人民法院等司法机构，接收旧机构人员 6406 人，遣散人员 709 人。对原行政司法机关，立即停止职权；对公用、卫生等单位边接边管，保持继续工作，水电照常供应，交通照常运行，公共汽车由 4 辆增到 32 辆，受到市民欢迎。

西南服务团干部队队长于江震，副队长梁华，政治处主任杨超，副主任陈野苹，参谋长程占彪，辖四个大队，共 600 余人。到重庆后，一部分人分配到西南局机关，多数人分配到重庆党政机关、工会、青年团，投入接管和组建新工作单位。

工会大队大队长陈其祥、杨登福（副），政委邵子言、尚天善（副），辖四个中队，共计 400 余人。他们到重庆后，一部分同志分配在中华全国总工会西南办事处，西南地区党政领导机关以及公安、新闻等部门做接管工作。大部分同志参加重庆市总工会筹备委员会工作，除少数分配在机关、工人日报、工人出版社、工人文工团，绝大多数都参加市总工会工作组，深入到工厂、矿山、商业、交通、财贸、码头上，发动群众，恢复和发展生产，进行民主改革。在全市发展了两万多名工会会员，建立了 136 个基层工会，还办起了第一家工人报，开办了第一所工人学校，创办了第一所工人疗养院，被誉为重庆工人运动史上的黄金时代。

青委大队大队长周海如，政委高维新，辖两个中队，队员有于克书、丁道三、蒋际华、夏元东、黄怀甫等 250 余人。他们首先接管了两路口复兴路（现长江一路）三青团团部。紧接着，和地下党负责青运的三支队伍会合：以廖伯康为首的新青社，以刘康为首的民青社，以王竹为首的民协社。青委大队和这三支队组成中国新民主主义青年团重庆市工作委员会，团市委书记康乃尔、李止舟（副）。

不久，市民主青年联合会、市学生联合会和各区团工委相继成立。青委大队的同志们在市、区团委的领导下，把青年工作朝气蓬勃地开展起来，成为党的有力助手。编入青委大队的，还有接管重庆市妇联的十位同志：孙念兰、张连芸、王金兰、王云庆、许小用、王兆英、李成德、胡成祥、刘玉卿等。这十位同志以后成为市妇联的骨干力量。

肃清匪特，建立人民公安队伍

西南服务团公安支队（六支队），支队长周兴、刘秉琳、李俊成（副），政委赵苍璧、段大明（副），辖三个大队。第一大队队长刘国华、焦成（副），政委邓家辉；第二大队队长兼政委杨正凡；第三大队队长于忠德，政委郝建。全支队 1500 余人，接管了伪中央警察学校、第二监狱、消防队、宪兵 24 团等 33 个单位和 20 个警察分局，收容了旧宪警 3560 余人、将校军官 217 人，收缴了各种枪支 10704 支。还进行了反动党团登记、处理散兵游勇、破获偷盗抢劫案件、肃清匪特、健全户口管理、管制交通、整顿市容等工作。1 月 18 日逮捕匪特 1300 余人。同时加强了公安队伍建设，成立了 20 个公安分局和 100 多个派出所，完成了接管治乱，建立了人民公安队伍的历史使命。

整顿财政金融

西南服务团直属财经大队，属西南财委领导，大队总负责人霍衣茹，大队队长王芝，政委马忠太，辖四个中队，共400余人。第二至四中队由二野军大第一团二营第四、五、六连组成。财经大队从武汉乘船，12月26日到重庆，住两路口康宁路原国民党水利部旧址。12月30日由西南财委统一分配工作，一部分到西南财委机关和西南财政部、西南贸易部、西南工业部等部门参加接管工作；另一部分到重庆市财政、税务、工商等部门参加接管工作。

西南服务团重庆支队直属财经大队队长程明轩，政委田景风，辖财政、税务、粮食、贸易四个专业中队和两个干部中队，共计500余人。原计划将财经大队同志分配到重庆财经系统参加接管工作；根据工作需要，除少数同志留在重庆参加接管工作，大部分同志分配到川东区党委所属璧山、大竹、涪陵、万县地委和各县财经部门参加接管工作。

直属四支队支队长屈兴栋，政委邓止戈，副政委吴星峰，辖四个大队10个中队。全支队1200余人。第一大队队长杨林山，政委王耀祖，副政委刘跨东；第二大队队长王正福，副大队长尹孤萍、政委张建平、副政委汪慈音；第三大队队长陆士元、副大队长张志忠、政委刘东平、副政委张伯峰；第四大队队长张茂林、副大队长马长合、政委阮中。四支队的同志到重庆后，分配在西南一级单位，从事财政、司法等部门的接管或业务工作。

分配在财经部门的同志，共接管单位69个，接收职工48616人，并且通过调查研究，整顿财政金融，解决了银圆券兑换、债权债务、工厂复工、增加税收、处理旧人员等问题，成立了人民银行区行、分行和各种贸易公司，为完成接管任务，建立新的财经制度，做出了积极贡献。

接管邮电交通

西南服务团邮电中队系重庆支队（五支队）一大队四中队，全队 51 人。邮电中队队长艾云楷、马方青（副），指导员方刚。他们自带邮车一辆、邮票 32 箱，行军到重庆，投入邮电接管工作。市军管会交通接管委员会派崔鹤鸣为军事代表，接管原第四区电信管理局及无线电一厂、三厂；派马焕樾、王琪为军事代表接管邮政储汇局，交通部电信总局办事处等单位。经两个多月的努力，相继恢复了电话、电报、信函业务，2915 个邮政局、所开始营业，成立了西南邮政总局和西南电信总局，完成了邮件、报刊等投递任务。

西南服务团技术大队属二野后勤部领导。技术大队队长陈志坚、王成志（副），政委刘雅清、宋望平（副），辖三个中队，共计 118 人。他们到重庆后，分配在西南区各部参加接管工作；陈志坚、彭永寿等 20 人在西南铁路局；方兆镐、吴时霖、冯汝为、张洪铭等 20 人在西南交通部；刘雅清、蒲吉五、张振东、赵文刚、张丕源、何云骝等 30 余人在西南工业部；王成志等 20 余人在农业部、水利部、林业部等。

西南服务团邮电中队、技术大队和二野后勤部，共接管了成渝铁路工程局、公路工程局、轮船公司等 34 个单位，接收职工 11242 人，使长江复航、公路通车，货物运输通畅、通信工具畅通，为恢复和发展生产创造了重要条件。

清理、接管全市房地产

西南服务团房产中队系重庆支队（五支队）二大队三中队，全队 51 人，中队长于文雅，指导员王炎、王子典。房产中队到重庆后，分配在市军管会房地产接管委员会工作。

市军管会房地产接管委员会，派王炎为原四川房管所军事代表，派王子典为伪地政局军事代表，接管了中央局、军区、重庆警备部、银行区等单位房屋 1326 栋，接收原有人员 98 人。对营房、档案、图表、契约、权状、仪器、稻谷等详细清点后，分别造册上报。为便于房产接管和分配，设了四个接管分配处：

第一处：助理员马怀森，负责 1，2，3，5，9 区；

第二处：处长于文雅、助理员李永海，负责 11，12，15，16 区；

第三处：处长赵继，负责 6，7，8，17 区；

第四处：副处长张玉辉，负责 10，13，14 区。

房产中队的同志分工合作，互相配合，有计划有步骤地完成了全市房地产清理、接管、分配工作。

文教新闻工作打开新局面

市军管会文教接管委员会，设教育处、文艺处、新闻出版处。

西南服务团文教中队，系重庆支队（五支队）三大队三中队，大队长周海如，中队长李志宏、马敬通（副），指导员李忠诚，全队 77 人。1949 年 12 月 27 日，文教中队进入重庆，到文教接管委员会驻地（求精中学内）接受工作分配。分配在教育处的有朱龙渊、王幼生等 58 人，分配在文艺处的有茅苓、唐轲等 8 人，分配在人事处的有张盛裕等 6 人。

文教接管委员会教育处的同志，接管了重庆市公私立学校 352 所，其中大专院校 15 所，中等学校 80 所，小学 257 所，学生总人数 12 万余人，占全市总人口 103 万的 12% 左右。甘道铭、刘贝子、刘华伯参加了重庆大学接管工作。各类学校迅速复课，教学秩序正常。

文教接管委员会文艺处的同志，对图书馆、博物馆、青年馆、美术馆、影片公司、影戏院、舞厅等文化、文艺、娱乐单位进行了接管、审查或查封。放映《百万雄师下江南》《淮海战役》等影片 80 余场，演出戏剧、歌舞 60 余场，初步占领了文艺阵地。

西南服务团文艺大队副大队长田晓东，指导员李庆升、冯旭（副），设文学、戏剧、音乐、美术四个专业队，共 90 余人。到重庆后，改为重庆市文工团，接管了演剧 12 队、川剧院、京剧院、杂技团、曲艺团等单位，演出了反映修建成渝铁路的大型话剧《四十年的愿望》，深受欢迎。

西南服务团新闻出版中队，系重庆支队（五支队）三大队二中队，大队长周布、何明生（副），政委任国昕、高维新（副），中队长孙建华，指导员雷勃，全队 90 余人。军事代表周布、雷勃、周志等在文教接管委员会新闻出版处的领导下，接管了一家通讯社（中央通讯社）、五家报纸（《中央日报》《扫荡报》《重庆日报》《黎明日报》《世界日报》）、三家广播机构（国际广播台、中央广播事业管理局、广播器材修造厂）、三家书店（正中书店、中国文化服务社、独立出版社），还接管了国民党行政院新闻处等单位，共计接管单位 15 个，接收人员 874 人。《新华日报》1949 年 12 月 10 日创刊发行，重庆广大人民热烈欢呼："新华日报回来了！"在观音岩正中书局原址，建立起西南第一家新华书店——新华书店西南分店，把精神食粮及时地供给如饥似渴的西南人民。

文教中队、文艺大队和新闻出版中队的同志，共接管文教单位 217 个，接收职工 6144 人。

全市西南服务团干部和军队干部、地下党干部共接管单位 579 个，接管职工、宪警 104149 人，接收黄金 10796 两、白银 8555 两、银圆 148690 元，美钞 50218 元，汽车 1986 辆。

最初，市政府的办事机构只有一个税务局。1950 年 1 月 9 日至 13 日先后成立了民政局（局长陈筹）、建设局（局长李仲直）、劳动局（局长马力）、文教局（局长黄觉民）、工商局（局长霍衣茹）、企业局（局长程占彪）、地政局（局长汤成功）、卫生局（局长周洪生）、市法院（院长宋学武）等单位。以上 9 个局、院，除文教局、卫生局、劳动局外，其他 6 个局院的局院长都是西南服务团干部。

1950 年 1 月 23 日重庆市第一届各界人民代表会议隆重召开，会议宣告接管工作告一段落，转入正常管理阶段。

在治乱接管时期，匪患猖獗。在重庆地区征粮剿匪斗争中，西南服务团干部70余人为保卫红色政权，献出了生命。

重庆接管工作的胜利完成，是市委、市军管会正确领导的结果，是广大人民大力支持的结果，是军队干部、地下党干部和西南服务团干部共同努力的结果。

原重庆市军管会、市委、市府的领导同志对西南服务团干部在重庆接管工作中的作用给予了很高的评价。

原市军管会秘书长罗士高1985年4月28日在《重庆接管工作的回忆》中说："参加重庆接管的同志，有的参加过南京、上海的接管工作，有一定的经验和政策水平，但数量少。大量的工作是靠西南服务团的年轻干部。他们在接管中起了很大作用……成立市人民政府后，也主要靠这批力量。"

原市委书记任白戈同志说过："在中共中央、西南局、市委的领导下，整个山城的接管工作历程仅50多天。这在当时形势和条件下，其速度之快，效率之高，的确堪称奇迹。除党中央的英明决策和二野前委的正确领导之外，党在占领京沪后，有战略眼光，及时组建了西南服务团这支接管工作干部队伍，这支队伍思想作风好，有饱满的政治热情，组织纪律很强，执行党的政策坚决，他们是接管重庆的一支主力军。"

（本文选自《巴渝文史荟萃》第2卷，2009年版）

刘明辉 *：治乱是接管山城的首要任务

奉命筹组重庆市公安局

作为当年亲身参加了解放重庆、接管山城这一场战斗中的一员，每当回首往事的时候，我的心里总是久久不能平静。虽然解放重庆时，中华人民共和国已宣告成立，没有经历过像战上海那样连续几昼夜的攻坚战。然而要推翻国民党政权在重庆的黑暗统治，把山城接管过来，建立起一个人民的、生产的新重庆，确实同样也经历了一场异常激烈的战斗，一场围绕接管而展开的极其尖锐、极为复杂的战斗。

在胜利完成了渡江战役之后，1949 年秋季，按照毛主席亲自制定的对西南残敌实行大迂回、大包围的重大战略部署，我第二野战军奉命向大西南挺进，开始了夺取全国最后胜利的西南战役。伟大的历史使命鼓舞着我全体指战员。“宜将剩勇追穷寇，不可沽名学霸王”，毛主席将革命进行到底的战斗号召，时刻激励着每一个战士的斗志，大家都为能亲自参加这次战役感到无比的光荣和自豪。

我就是在进军大西南的征途中，受命筹组解放后的重庆市公安局的任务的。

---

* 作者时为重庆市公安局局长。

当时的心情十分激动。既高兴国民党反动派行将彻底崩溃，我们将很快就要接管西南重镇重庆了，将实行由城市领导乡村的历史性转折；又担心自己由于长期从事军队工作，对地方工作很不熟悉，尤其是要去接管重庆这样一个敌情、社情极其复杂的大城市，更是感到责任重大，难以胜任。

据当时重庆地下党同志介绍：重庆虽然人口只有 120 多万，但社情、敌情之复杂确为全国之冠。抗战期间，蒋介石把重庆作为陪都，前后长达八年之久；又出于反共、反人民的需要，在美帝国主义的支持下，建立了所谓的“中美技术合作所”，培植了一大批特务；解放战争期间，蒋介石又把重庆作为反共的一个主要基地，一个残杀共产党人和革命志士的集中营；南京解放后，蒋介石便把重庆作为他负隅顽抗的最后据点，妄图以川、康、云、贵为后方，割据西南，建都重庆。所有这些，充分说明了重庆战略地位的重要和敌情、社情的复杂。这从客观上讲，一方面使自己那种担心进入重庆后完不成任务的心情加重了，但另一方面，确实也帮助我进一步认识到了解放重庆的重大意义和接管山城的艰巨性、复杂性。

当时，摆在我人民解放军肩上有两重任务：一是迅速解放重庆，彻底捣碎蒋介石这个复辟巢穴；二是接管好这个大城市，建设一个人民的、生产的新重庆。

为了这个目标，我们加快了接管重庆的组织准备工作。

复杂艰巨的治安任务

1949 年的 10 月，当部队到达常德时，我们从十二军抽调了近 400 名干部，从兵团部、十军、十一军也各抽调了一部分。这时从南京市公安局抽调的 300 多名干部和公安支队的 700 多名大中学生也陆续到达了常德，一共 1500 多人，这些同志是我们进入重庆后接管公安的主要干部力量。

在抓紧进行组织准备工作的同时，还积极进行了思想准备工作。在常德，我们就组织这些干部认真学习党的七届二中全会决议和人民解放军的“约法八章”，请兵团首长给他们讲解当时敌我军事势态，介绍重庆的敌情、社情等。使他们从思想到行动逐步适应由战斗队变为工作队这一重大转变，为即将开展的接管工作做了充分的思想准备。

我是 1949 年 12 月 1 日随军进入重庆的。先头部队入城后除留下一部分担任城防外，其余继续向西推进追歼残敌。当时军管会尚未成立，公安支队还在途中，整个城市处于无政府状态，到处一片混乱。我乘车巡视了车站、码头、交通要道、白市驿机场，又驱车去磁器口、渣滓洞（中美合作所）凭吊了惨遭美蒋特务杀害的死难烈士。眼前的重庆，真是千疮百孔，破烂不堪。只见这里冒烟，那里无人管，工厂停工，散兵游勇到处都是。这个混乱的局面，向我们提出一个紧急的问号：怎么办？

12 月 3 日，人民政权的第一个标志——重庆市军事管制委员会成立了。当时我是委员之一，兼军管会公安部长；7 日，警备司令部成立，我又兼任了警备司令部副司令。战争所留下的痕迹——生产停顿、商业歇业、交通阻塞、人心不安，这一切混乱现象亟待着我们去从头整顿。

当时，我们所面临的治安任务的确复杂、艰巨。

一方面，重庆是全国最后解放的一个大城市，各地的反动势力随着南京、上海、武汉、广州等大城市的相继解放，最后都逃集到这里来了。寄生在旧社会这个机体上的一切腐败现象，这里应有尽有。据当初调查，各种特务人员在 6000 人以上，旧员警 3000 多人，散兵游勇 9000 多人，杨森的“保民军”20000 多人，土匪、流氓、扒手 10000 多人，妓女 10000 多人。临解放前蒋匪还从台湾调来一支“技术大队”专门进行爆破活动，还有计划地从监狱中释放了一批惯匪盗窃案犯流散市区。

另一方面，刚解放时公安支队还未到达，加上警备力量有限，他们除了担任工矿、桥梁、仓库、码头、电台、发电厂、自来水厂等要害部门的看守外，抽不出更多的力量来维持社会治安。因此，各种破坏活动不断发生，社会治安极其混乱。敌特主要采取暗杀、纵火焚烧我工厂、仓库，炸毁交通设施，组织暴乱武装，冒充我人民解放军进行接管，抢劫市民财物，盗卖军用物资，扰乱金融市场，窝藏战犯财物，制造各种谣言，挑拨离间各阶层人民的团结等手段进行公开或隐蔽的破坏活动。一度使国家财富和人民的生命财产遭受到严重的损失，极大地影响了革命秩序的确立。

行之有效的治乱措施

面对敌人的破坏和捣乱，针锋相对地给予严厉的打击，使社会治安由大乱达到大治，这是当时我们公安部门所面临的一项首要任务。在这一思想的指导下，军管会公安部在中共中央西南局和中共重庆市委的直接领导下，在警备部队配合和重庆市各阶层人民的支持下，先后采取了一系列的治乱措施。

（一）遵照中国人民解放军重庆市军事管制委员的命令，对国民党反动派的军事、政治、经济、文化等机构按系统实行军事接管；

（二）迅速派出人民解放军城防部队担任机关、工厂、银行、仓库、交通要道、公共场所和公共工程的守卫任务，立即派出军事代表进驻上述单位进行军事接管；

（三）颁布国民党反动党团骨干自首登记办法；

（四）勒令解散一切游杂武装，停止非法接收，依法逮捕冒充人民解放军进行接收的犯罪分子；

（五）颁布蒋军官兵登记办法，收容散兵游勇；

（六）命令解散中统、军统等一切特务组织，并着令各该组织的一切成员立即停止活动，向人民政府悔过自新，立功赎罪；

（七）收缴非法武器与电台，抗拒不交者依法惩处；

（八）颁布交通管理暂行办法，加强交通管制，对所有车辆实行登记，发给通行执照，没收非法车辆；

（九）整编处理“保民军”，留下一部分在我警备部队的指挥下，担负维持社会秩序的部分任务。

（十）统一流通币制，宣布人民币为唯一合法货币，公布金银管理暂行办法，明令禁止银圆为流通媒介，取缔银圆黑市；

（十一）整顿市容，禁止乱摆摊点，惩处强讨硬要乞丐和沿街聚赌者；

（十二）针对敌特分子由溃退时的混乱逐渐转向稳定后开始破坏活动等情况，在警备力量增强了的情况下发布戒严令，实施戒严；

（十三）结合党和政府的各项措施，广泛开展党的方针、政策的宣传，及时揭露敌人的各种阴谋和造谣破坏活动。

配合以上治乱措施，我们还于 1 月 18 日对潜伏本市的国民党特务、残匪及扰乱金融的坏分子等实行搜捕，逮捕 1300 余人。陈锡联同志当即代表军管会通过电台向全市人民作了广播讲话，宣传党的“坦白从宽、抗拒从严”的政策，把打击面尽量缩小到最顽固的分子身上，进一步促进了敌人内部的分化瓦解。

为了有效控制城市户口，1 月 20 日还由市公安局颁布了“户籍登记管理暂行办法”，还配合军管会各有关部门的政策法令的贯彻，严厉打击了金融投机犯、盗窃军用物资犯、强占房地产等犯的犯罪活动。并对混迹在码头工人中的封建把头进行了打击，对一切不安定的因素进行了严密的控制。

由于采取了以上措施，敌特活动的嚣张气焰基本上被打下去了，敌人活动的社会基础也大大缩小了，社会治安迅速好转，人民民主专政的威力得到了发挥，有力地保障了各项接管任务的胜利完成。

在接管期间，我们对已经登记的旧警人员采取了争取、改造的方针，并根据他们的特长和愿意为人民服务的愿望，分别安排他们担任刑事、交通、消防、户籍警等工作，对维护当时的社会治安方面起到了积极的作用。实践证明，这样做是正确的。

与此同时，我们还特别注意了公安队伍的自身建设。当时主要抓了这样几项工作：一是迅速建立了 20 个公安分局，100 多个派出所；二是在磁器口筹办了公安学校，第一期招收学生 1000 多人；三是加强了对公安人员的政策、纪律教育，及时表彰模范执行政策、纪律的好人好事，树立正气，抵制资产阶级糖衣炮弹的袭击；四是认真总结交流工作经验，不断提高业务工作能力。

整个接管时期，我们在对敌斗争上基本上是做到了打得稳、打得准、打得狠的。起到了确立革命秩序、保障人民生命财产和维护社会正常生产的目的。

1月23日，重庆市召开了第一届各界人民代表会议，标志着全市的整个接管工作胜利结束，重庆市进入了民主建政的新阶段。

（本文选自《重庆文史资料选辑》第32辑，1989年版）

白银彰[*]：回忆重庆解放初期的金融工作

1949 年 11 月 30 日重庆解放，由张茂甫带领的先行工作组于当天进城，组员有陈心波、余跃泽、段谦大、程衡、余勉、龙在天、邓春林、高焦、于振海、杨德祥、沈至宝。我是随王磊等一行 15 人由山西临汾出发，经石家庄、济南、徐州、汉口、常德，沿川湘公路于 12 月 5 号进城的。我们抵渝时，接管工作刚开始。

中国人民银行重庆分行建立初期，我在业务、计划、秘书部门负责过，1951 年 7 月任副行长，没有抓过全面工作，仅凭自己的切身感受和所见所闻回忆如下：

成立金融接管小组

刚解放的山城，一方面是一队队青年学生集会游行迎接解放；一方面是工厂停工、商店关门、市场混乱，一片萧条景象。怎样在短时间内把山城搞活，困难显然很大。就金融战线来的人手说，由邓辰西、张茂甫从北京带领到渝的干部 46 名，由王磊带领到渝的 15 名（其中干部 13 名），西南服务团分来干部 10 名左右，加上地下党的干部约 80 名，就是我们的全班人马。

---

* 作者时为中国人民银行重庆分行副行长。

为了迅速建立革命新秩序，重庆市军事管制委员会立即宣布成立，下设几个部。金融部由邓辰西、张茂甫任正、副部长，负责接管金融单位，并于12月5日派出军代表和联络员，分赴原国民党中国、中央、交通、农民四大银行、合作金库、保险公司、四川省银行、外地驻渝的省市地方银行办事处，以及重庆市银行、大川银行等18个单位进行接管。除纯属官僚资本的国家行局外，尚有公股比重大的川康、川盐、工矿以及川盐银行保险部也是由金融部派人接管的。至于中央信托局，邮政储金汇业局则分别由贸易部门和邮政局接管。

金融部接管小组1949年12月18日成立，到1950年1月20日就完成了任务，张茂甫、郝振乙、余勉、毛步奇、李士彬、余跃泽、陈心波分别担任过接管行局的军代表。对属于官僚资本的17家行局，我们共接管留用员工2433人、黄金5517两、白银77793两、美钞7300元、房产305幢（3408间）、地皮10块、大小机动车64辆。

从发动群众到登记、清点、造册、汇总，工作量是很大的，而仅仅一个多月时间就顺利地完成了任务，其原因除了全国解放人心所向，地方党组织的帮助外，最主要是党的政策的感召。

接管一开始，军代表立即召开员工大会，详细讲解约法八章，把政策讲得既全面又清楚。还宣讲了“包下来”的政策，留者欢迎，去者欢送，解除员工的思想顾虑，调动他们的积极性。同时，对留用员工采取团结、教育、改造的方针，在工作分配上和工资待遇上尽量照顾了他们的资历，开始他们的工资还略高于老区来的同志。对其家属凡有一定文化程度，能工作的，经过学习后都吸收他们参加工作。那时十分重视人才培养，专门办有银行学校。我们不仅对接管的官僚资本金融机构是如此，对官股资本大的几家金融机构也是这样处理的，因此深受广大员工的好评，也为建立人民银行和开展业务打下了基础。

接管工作得以顺利进行，与我党解放前的宣传和地下党的工作是分不开的。接管时除中央银行解放前即将重要物资、档案、账表运走，人员遣散外，其他单位大体保持完整。中国、交通两行的员工在解放前夕还组成防护团，保护资财安全，迎接解放。中央印刷厂的员工曾封存物资，造具清册，为接管创造了有利条件。

选调干部，支援金融工作

1949 年 12 月 10 日，中国人民银行重庆分行正式成立，同时在市中区、近郊区按经济区划设立了若干办事处。重庆分行以原中央银行重庆分行为班底，适当增添力量在原中央银行房屋内开始营业。张茂甫任经理，余跃泽、郝振乙任副经理。1950 年 5 月 12 日，西南区行成立，王磊、邓辰西分任正副行长，1951 年上半年他们先后调离银行，由张茂甫、张连方（原贵州省行行长）接替。这时改由余跃泽任重庆分行行长，我任副行长。

1950 年 2 月 1 日中国人民银行川东分行成立，郝振乙、李士彬分任正、副行长。同年 4 月 11 日川东分行与重庆分行合并，10 月两行又分开，郝振乙、张宗汉分任正、副行长。

1950 年 1 月 23 日西南区保险公司在重庆成立。同年 12 月 10 日中国银行复业，办理出口业务，经理为毛步奇。同日交通银行复业，专营扶助工矿、交通、公用事业，整顿投资机构，江冬任经理。

1951 年 4 月 1 日保险公司川东分公司成立，张宗汉兼经理。同年 12 月 1 日重庆保险公司成立，白银彰兼经理，张维仁为副经理。

重庆是西南重镇，解放初期是中共西南局驻地，西南的经济中心。当时驻渝的大区级和省、市级金融机构就有 8 个，它们是西南区行、西南保险公司、重庆分行、川东分行、重庆保险公司、川东保险公司、中国银行、交通银行。处、科级的基层机构就更多了，仅重庆分行与川东分行合并时期（1950 年 4—10 月），基层单位就有 73 个，其中县支行 31 个、办事处 25 个、营业所 4 个、分理处 13 个。1950 年 8 月份，仅重庆市分行就有科级机构 15 个、办事处 26 个、分理处和储蓄所 38 个，共计 79 个基层机构。而老区来的干部，1949 年底不过 70 名，加上川东地区的也不过100多人，人手非常缺乏。因此1950年到1952年从老区和部队以及西南地区银行系统陆续调来一批干部，如参加重庆分行工作的周炳琳、晋希侃、张益民、曹建业、吕文扬、吴绍文等；参加西南区行工作的张连方、段其寿、曹子文、牟正茂、胡明、张汉、张恩等；加上川东军区随军来的干部，总共也不过100人。如果不依靠接管干部和吸收新干部，显然是不能应付日常工作的。

兑换群众手里的银圆券

为扭转混乱的货币局面，稳定金融秩序，为重庆以及西南的经济发展打下良好的基础，军管会做了艰巨的工作。1949年12月10日，在人民银行重庆分行成立的同时，重庆市军事管制委员会就发布了“军（金字第一号）”布告：一、宣布人民币为唯一合法的货币；二、禁止黄金、外币计价流通；三、银圆券作废。

对于留在人民群众手里的银圆券，因涉及千家万户，人民银行决定按100∶1的价格收兑。银圆券是国民党掠夺民脂民膏的工具，我们本来是可以不负责任的，那时我们还处在十分困难的条件下，也明知收兑回来的银圆券只是一堆废纸，但我们想到人民的困难，还是收兑了。仅仅5天时间，在重庆就收兑银圆券1000多万元，兑付人民币10亿元（旧币，下同），使山城人民感受到人民政府是真心为人民着想的。

为了照顾人民群众使用银圆的心理习惯，也由于我们还缺乏货币手段，在宣布黄金、外币禁止流通的同时，还允许银圆以1∶6000的比价流通使用。后来由于特务造谣，投机分子兴风作浪，出现了银圆黑市，影响到人民币的币值稳定和群众的根本利益。因此人民银行于1950年1月12日开始禁止银圆流通，只允许储蓄。有关宣传部门随即发动群众，开展全市性的“拒银运动”，清除银圆公开市场。另外对黄金、外币进行严格管理，从而建立起人民币的统一市场。

1950年4月，川东、重庆两行合并，组织人民币下乡为当时的重要工作之一。我们一面扩展川东地区的建行工作，一面配合财政贸易部门，对物资进行适当吞吐，调节流通货币，严禁银圆交易买卖，使人民币流通领域逐渐由城市扩大到农村乡镇。随着城乡物资交流，人民币开始深入农村。

1950 年 6 月朝鲜战争爆发，国际金价波动，导致我国上海、天津、武汉、广州等大城市金价上涨，走私活跃，牵动重庆。重庆分行及时拟定打击投机、铲除黑市的六条意见，经上级同意后实施，并加强管理调整税收额度，沉重地打击了金银黑市，最终使其销声匿迹，更加巩固了人民币市场。

改造私营行庄

采取利用、限制、改造的政策，改造私营行庄，一直是人民银行的一项重要工作。

重庆解放前金融业最多时达 150 家（不包括保险公司）。由于恶性通货膨胀，工商萧条，加上“九二”火灾，不少金融业纷纷倒闭，解放前夕仅余 94 家，奄奄一息。解放后除国家接管 25 家外，尚有私营银行、钱庄 69 家。

为了工商企业，也为了私营金融业的恢复创造条件，1949 年 12 月 17 日重庆军管会发布《关于清理银圆债权债务纠纷的决定》。1950 年 1 月陆续开门营业的有上海、新华、四明、聚兴诚、和成、金城等 22 家银行，宜丰、信通、深后、金源等 12 家钱庄，将近占私营金融业的一半。

尽管这些行庄恢复了营业，然而一方面由于国家银行普设机构，承揽了主要融资业务，私营行庄存款来源枯竭，放款对象难找；另一方面政府取缔了私营行庄过去惯行的囤积居奇、投机倒把活动；因此开业当月，私营行庄的亏损即达 15.5 亿元。尽管我们采取了“管理与疏导相结合”“积极疏导、深入改造”、成立“联合贷款银团”“委托代理业务”等政策措施，但到 1950 年 6 月只剩新华、四明、中实、建业、聚兴诚、和成、上海、金城、浙江兴业、永利、大同 11 家继续营业，其他 23 家相继停业。这 11 家行庄存、放、汇业务的百分比较之 1 月份显著增加，而绝对金额很小。又由于人浮于事，开支庞大，加之利率下降，收入减少，收不抵支，后来除引导合营外别无他法了。

重庆私营金融业的合营是由小到大的。最先合营的是新华、四明、通商 3 家。1950 年 3 月因违法，通商被责令停业。4 月中实、建业参加合营，形成所谓的"小四行"。随后，浙江兴业、聚兴诚、和成加入合营行业。1951 年 5 月 27 日在京组建公私合营银行联合总管理处，重庆则由以上 7 家组建成公私合营银行联合总管理处西南办事处。1951 年 9 月上海商业储蓄银行、金城银行也参加合营，至此，重庆共有 9 家私营行庄走上了联合经营的道路。

对停业清理的 60 家私营行庄的善后问题，我们采取了积极慎重的态度。对资不抵债的 15 家行庄，是将其资产负债移送法院破产清偿后结束的；对资、债基本相抵的 36 家，是通过偿付公私债务后结束的。美丰、重庆、华康等 9 家在经过清理后尚剩财产价值 143.77 亿元，经动员投入生产，员工一部分资遣，一部分吸收到人民银行。这样终于顺利地结束了善后，达到了安定民心的目的。

回笼货币，支援建设

围绕恢复经济，发展生产，稳定物价，人民银行做了大量工作。

1950 年 3 月中央人民政府政务院发布《关于统一国家财政经济工作的决定》，这是新中国成立后对财政、经济、金融工作采取的第一个重大措施。同年 4 月又公布了《现金管理办法》，规定各国有企业、机关、部队的现金除经核准保留的库存额度外，必须一律送存中国人民银行。上述各部门的一切交易往来的货币收支，除零星小额及准予使用的现金外，一律用转账方式，集中到人民银行进行核算。从此，中国人民银行就成为全国的现金中心和决算中心。为贯彻统一的财经决定，实现全国财政收支、物资调拨、现金收支的三个平衡，总行规定 1950 年全行的中心工作是"收存款、建金库、灵活调拨"。

银行十分重视存款和储蓄工作，早在"三个平衡"政策尚未公布前，就紧跟全国成立储蓄部，举办折实存款，保证市民和职工利益，回笼货币支援建设。1950 年 5 月，由于物价基本稳定，停办折实储蓄。但从保证人民生活不受物价上涨下跌的影响出发，在停办折实储蓄的同时，开办了保值储蓄。同年 12 月还开办了保本保值定额储蓄和保本保值有奖储蓄。

上述几种储蓄开办后，对稳定币值，鼓励储蓄，发挥了重要作用。1950 年全市折实保本保值储蓄存款余额为 182.96 亿元，占当年储蓄存款总余额 224 亿元的 81.68%。这说明它们是受广大人民拥护的。

信贷也是银行的一项重要工作，要把消费的山城变成生产的山城，是离不开信贷的。

除了对国有企业予以扶持，人民银行对私营工商业的贷款也是逐年增加的，解放不久就对私营中小企业发放了小额贷款以活跃市场。1950 年 5 月发放了 55 亿元扶助航运事业。目的是促进物资交流，结合开展廉价多汇的汇兑业务，争取兄弟行的支持，克服商品缺乏的困难，使日需千猪百羊万担粮的山城市场恢复正常，维持 120 万市民的日常生活。

1950 年 8 月举办了各种农村贷款，主要有桐油加工贷款、土产运销贷款、土产加工与手工工业贷款、农业贷款四种。另试办稻谷储押贷款共计 600 亿元，发展农业生产，促进城乡物资交流。1950 年 12 月由于农村退押进入高潮，部分工商业抽资退押，市场资金短缺，银行特向私营工商业贷款 82 亿元。

总之，人民银行在解放初期对私营工商业是大力支持的，因为当时对国有企业采取的是商业金库制度和上贷下拨的办法，企业的自有资金比重较大，相对来说，私营工商业的贷款好处反而比较多。由于采取了一系列有效措施，1950 年底重庆就与全国大城市一样，经济形势开始全面好转。

重庆解放初期的金融工作是有成绩的，效果是显著的，这应当首先归功于党的政策，那时采用的不少政策措施至今仍有参考的价值。

解放初期的工作之所以顺利，与解放前的准备是分不开的。有的同志说早在 1948 年人民银行建行前夕就办过入城训练班，这我是相信的。据我所知，晋南区行在1949年3、4月份就开始准备参加新解放区的接管工作。我是那年4月从山西运城调往临汾西南区行任秘书的，一去就参加学习，了解新解放城市的风俗民情、入城注意事项等，更重要的是提高思想认识，准备迎接新的任务。

我记得当时主要学习了毛主席在七届二中全会上的报告、《论人民民主专政》《中国人民解放军布告》等文件。记忆犹新的是毛主席的告诫："繁重的经济建设任务摆在我们面前，我们熟悉的东西有些快要闲起来了，我们不熟悉的正在强迫我们去做。这就是困难。""我们必须学会自己不懂的东西。"

我觉得这些教导对南下干部是起了很大作用的，对团结全行同志做好工作是有影响的。在写这篇回忆录的时候，我深感党的政策的威力。"得人心者昌，失人心者亡。"这是我们过去、现在、将来都必须牢牢记取的。

赋拙诗一首，聊以抒怀：

回思解放初期日，重庆人民激昂情。
布告八章社稷定，财经三项物价平。
区别对待求实事，留去自由顺我心。
群众至今思解放，只缘政策感人深。

（本文选自《城市接管亲历记》，中国文史出版社1999年版）

邓林春*：接管银行的一段往事

1948 年 12 月老区的华北银行、北海银行和西北农业银行合并建成中国人民银行，南汉辰任总行行长。1949 年 1 月北平解放；由北平旧银行的留用人员和老区干部组成了第一个专业银行——合作银行，邓辰西任行长，受中国人民银行总行领导。1949 年 9 月邓辰西奉命进军西南，负责组织接收重庆旧银行和建立人民银行的工作。

选调干部，组织力量

银行的专业性和技术性很强。为此，邓辰西曾请示邓小平政委如何组织人力，邓政委表示：可以就所接管的旧人员中选择调用。于是一部分合作银行的干部便被调南下，作为第二野战军后勤部金融组的成员。

参加南下的除我之外有：段谦大、于勉、韩复元、石岳、龙在天、章泽川、刘康、王湧河、阎佩诗、阎念祖、沈至潜、陶学多、王广泰、渝平卿、伊宗祥、邹德忠、张同修、王书铃、费宅仁、冯德铭、贠鸿策、司如椿、张鸿逵、谢树垣、王岚（女）、马力（女）、陈枝（女）、常旭莲（女）、宋毅（女）、杨达仁（女），

* 作者时为银行职员。

还有几位同志姓名回忆不起了。另外，从老区还调来了张茂甫（太原分行行长）、李明、于德海。

整个队伍由邓辰西和张茂甫率领，1949 年 10 月 10 日从北京出发经徐州、郑州，15 日到达武汉。不几日，其他地区调来的同志也到达武汉会合，其中有陈心波、余跃泽、程蘅、蔡光潜、江冬；行军到常德后又加入了一部分西南服务团的同志，记得的有陈鸿儒、尹一民、唐卫民、吴正吉、夏生玉（女）；还有从老区赶来的郝振乙、王惠（女）、张忠汉。

离开武汉的前夕，组织上决定将队伍分成两部分，一是先头工作组，由张茂甫带领先行，成员有陈心波、余跃泽、程蘅、于勉、段谦大、于德海、龙在天、邓林春，还有警卫员沈至宝、杨德祥。到常德后，高进也参加到先头工作组；其余大队人马押送现金，编成车队，由蔡光潜、李明、石岳率领，浩浩荡荡，紧随二野大军，依次行进。

1949 年 11 月 30 日，二野后勤部段君毅部长和邓辰西，以及后面张茂甫带领的先头工作组，继二野指挥部进入重庆。记得当日在海棠溪江边受到重庆各界代表和群众的热烈欢迎，人群如潮，锣鼓震天，彩旗飞舞，大家怀着胜利的喜悦心情，万分激动。

严肃纪律，廉洁自重

重庆一解放就成立了军事管制委员会，一切由军管会领导。军管会设金融部，由邓辰西负责，任务是接管旧银行、清理整顿私营银行、钱庄以及包括银楼在内的金融市场，并建立人民银行。

进城的当晚，住在上清寺的“范庄（现市府招待所）”，金融部的领导紧张地安排工作，几乎一夜未睡。领导决定由张茂甫、郝振乙负责接管中央银行及其所属机构、四联总处、中国农民银行、中央合作金库；于勉接管中国银行、中央信托局、各保险公司；江冬接管交通银行；陈心波负责监督清理各私营行庄、银楼等；余跃泽接管四川省银行及其所属储信部、重庆市银行以及其他省分行驻渝机构。我被指派为余跃泽军代表的联络员。第二天，我们首先进驻四川省银行重庆分行，余跃泽宣布接受，讲了有关政策，我留驻该行办理具体接管工作。

行军路上，全体干部反复学习了党的城市政策，接受纪律教育。因而从接管到建行，人人注意自己的一切言行举止可能产生的群众影响，自觉遵守纪律，执行政策，秉公办事，防止产生任何有损党和人民解放军声誉的事情。

我在四川省分行留驻约一周时间，做好该分行及储信部两处收缴公私枪支弹药、封库、物资清理、查看决算报表和人员登记造册。不久，作为联络员的吴正吉同志接替我进驻该分行，我则转驻储信部。行军时我感受风寒，患恶性疟疾，只能自行服药，坚持工作，和该银行员工一道搭伙，不搞特殊。

整个接管时期，严格执行了请示汇报制度，各行接管小组集体汇报大约每周两次。

接管工作人员大都谨慎守纪，但在清理私营行庄工作中竟有人发生受贿事情，有意为一资方隐瞒财产，被检举揭发后，该员立刻受到严厉处分，被清除出革命队伍。

我遇到这样一件事，一位老同学的侄子知道我和他叔叔是复旦大学同学，托他叔叔从上海写信给我，希望加以关照，并拿了一条烟送我，被我拒绝。随后将此事报告了军代表。军代表认为：在私人来往中要有所警惕，廉洁自重。

还有一件事，现在看来处理有些过分，但也能说明当时对干部的要求是十分严格的。南下干部须将家属从北京接来，但北京家属大都没有组织关系，只能变卖衣物家具作为路费。因之，有的干部没有将在重庆借支的接眷路费汇往北京，而在此地购置了安家所需物品。金融部王磊部长知道后，在全体银行干部大会上进行了严厉的点名批评，指出这是利用两地物价之差运用公款占便宜。

重视人才，求贤若渴

经济已完全崩溃的国民党政府，它所留下来的是一片烂摊子，所有旧银行已成为空架子，金融资产可谓虚无，仅有的一点资金只有倒卖一些物资以维持员工生活，或作为应变费发给员工。除房地产以及一些营业用具外，只有大批在业人员等待接管。实际上，接管的主要对象也正是这批人员——活的财富。

对旧银行人员党的政策是去留自愿。记得当时原四川省分行及储信部职工中只有三人要求离去，其他都希望留用，为人民服务。对留下来的人员如何安排使用？首先需要了解他们。重庆地下党为迎接重庆的解放做了大量的工作，其中之一即收集了重庆各银行钱庄各级主要负责人的职务经历等情况，当时每一驻行接管人员都有一本印好的这种参考资料。

为了弄清人员情况，必须和所有人员直接交谈，接管过程的绝大部分时间都是花费在这方面的。谈话的内容主要是了解每人的经历和对党对人民事业的态度，后来人员的安排大都根据这时的初步了解。例如，原储信部会计李开阳就是首先被吸收到接管清理组的，该组由王湧河、伊宗祥负责；原储信部会计股长聂士懿则被派任人民银行磁器口办事处主任。

党从来就是非常重视发掘并使用人才的，当时并不以个人出身、成分等作为决定因素，而最主要的是着眼其政治态度和才能，于勉曾介绍原中国银行储信股长林世丕，说他为人耿直而业务能力强，我们便让他担任新建的储信部业务秘书，他确实提出过很好的建议。林又向我们介绍：原交通银行储信股长冯韶不但是业务里手，而且精于珠算，作风正派，为当时重庆金融界人士所敬重。林调分行监察室后，冯韶接任业务秘书。他工作认真细致，责任感强，待人宽厚，有长者风度。

回忆解放初期，不论新老干部，大家都不计较职称、待遇，无不尽心尽力积极工作。

着眼改革，提高效率

在恢复国民经济和准备社会主义改造时期，银行的改造必须是先行的。在接管旧银行的同时，其他同志即忙于拟定各项新的业务规章和内部管理制度，为建行做准备。1949 年 12 月 10 日一个崭新的为迎接社会主义建设、为人民服务的中国人民银行重庆分行宣告成立，张茂甫任行长、郝振乙和余跃泽任副行长。这一时期的主要任务是收兑旧钞，发行人民币，办理汇兑，军政拨款，收兑金银，开办折实储蓄等。因此分行营业部、储信部、合作部也相继开业，营业部主任为王惠、阎念祖，合作部主任为章泽川，储信部则由我负责。

宣布收兑金银并办理折实储蓄转存业务后，深得广大人民群众拥护，人们潮水般地持金银前来兑换，储信部营业厅内拥挤不堪。

旧银行的业务处理手续固然细密，但失之于烦琐。一笔存款从接柜到经办、记账、复核、出纳、有权签字人签字再到顾客手中，这一过程的时间很长，远远不能适应解放后业务大量集中并日益蓬勃发展的需要。这时，摆在面前的是柜面业务处理手续必须加以改革，要求简便快捷。

我们召集大家反复研究提高工作效率的途径，大家认为首先减少重复复核，责权下放，签字权交给复核员，接柜与经办合一，提高责任心，这样一来，大大缩短了柜面处理时间。金融部长邓辰西到各对外营业部门视察，用手表测定柜面工作效率，发现储信部办理业务速度最快。分行领导亲自来总结经验，进一步发展成为三人小组形式，各组独立处理业务，最后分别交由会计股、出纳股进行总扎账，效率又大有提高。这项改革后来得到了普遍承认。

建行后，在引进苏联银行制度之前，全行就已兴起了改革之风，总的精神是改变原来的银行陈套，建立当时所需要的新的规章制度。

事物总在发展变化，重庆金融业解放以来就是在不断适应新形势而起着推动国民经济发展的杠杆作用。

（本文选自《重庆渝中区文史资料》第 8 辑，1996 年版，原标题为《回忆解放重庆接管银行的一段往事》）